デイヴィッド・バーチ

ビットコインはチグリス川を漂う

マネーテクノロジーの未来史

松本裕訳

みすず書房

BEFORE BABYLON, BEYOND BITCOIN

From Money That We Understand to Money That Understands Us

by

David Birch

First published by London Publishing Partnership Limited, 2017

本書は、30年以上にわたってコンサルト・ハイペリオンでビジネスパートナーでいてくれているグロリア・ベンソン、スチュアート・フィスクとニール・マケヴォイに捧げる。彼らがいなければ、今の私を夢中にさせているデジタルＩＤとデジタルマネーの世界に出会うことはできなかったかもしれない！

そうなると、すべては、貨幣によって評価されなければならない。そうすることによって人は仕事を交換することができ、その交換によって初めて社会が成立するからである。

——アリストテレス（前３８４—３２２年）『ニコマコス倫理学』第５巻第５章

ビットコインはチグリス川を漂う▒目次

第Ⅱ部　現　在——私たちが理解していると思っているマネー　91

アンドリュー・ハルダンによる序文

経済の中でもっとも興味深い問題は、技術と社会の交差点（「衝突点」の場合もあるが）で生まれる場合がよくある。たとえば、今まさに一番話題となっている厄介な問題は、最新のテクノロジー（ロボットや人工知能、ビッグデータなど）が仕事の世界（個人、業界、コミュニティ、社会）に与える影響だろう。実際、歴史は技術と仕事との創造的な摩擦が何千年も前から存在してきたことを浮彫りにする。

マネーはまた別の問題で、いつの時代も、ビジネスとテクノロジーとの間のこのややこしいタンゴを生々しく描写してきた。マネーは、テクノロジーだ。まさしく、人と人との間で負債のやり取りを実現させるカギであり、経済においては取引を記録し、交易や金融、商売を容易にしてきた。だが、マネーは社会善でもある。まさしく、市民のアイデンティティの象徴、社会的信頼と秩序の目安なのだ。

テクノロジーと社会は概して、貨幣問題に関しては調和してきた。貨幣技術が向上するにつれてマネーに対する信頼は高まり、その供給を後押しして社会における公益を増幅させてきた。たとえば、貨幣技術のもっとも変革的な進化のひとつは、物々交換から法定不換通貨への移行だ。これによって資源がもっと生産的に使えるようになっただけでなく、時代を経るにつれ、マネーの魅力が強まることになる。

だが、新たな貨幣技術はいつでも信頼を高めてきたわけではないし、即座に高めるようなことも当然なかった。実際、良くない政府や民間企業の手にかかると、一部の貨幣技術は信頼を損なう結果にもなったことがある。ここ数世紀の間の不換通貨の相対的な安定は、中央銀行の役割を安定化させてきたと考えられる。

現在、マネーの世界には新たな技術の波が押し寄せてきているのかもしれない。一部の人々にとって、これはまったく新しい貨幣の時代の到来とも言える。それはマネーが物理的ではなく完全にデジタルで、マネーに対する信頼を生む構造が中央化されるのではなく分散化され、中央銀行の役割が根本的に変えられ、あるいは形骸化してしまう時代だ。

この問題は、ロボットと雇用との関係とまったく同様に激しく議論されつつある。キャッシュレスな社会に対する興奮は高まっている。少なくとも、マネーが今までも、これからも、そして今後もずっと、単なる暗号ではなく、社会慣習であり続けることはわかっている。昔ながらのしきたりは、徐々に変わっていくものだ。そしてその方向性を決めるのはたいていテクノロジーではなく、社会だ。

デイヴィッド・バーチによる本書は、マネーが経てきた歴史とその過程で起こった技術革新の完全な記録を詳細かつ明快に教えてくれる。もっと言うなら、本書は変革的なテクノロジーの進歩の可能性を踏まえて、未来のマネーの道筋として想定し得る輪郭を描き出してもいる。

歴史学者や技術者、金融経済学者や政策決定者は誰しも、歴史やテクノロジー、金融、政策に対する見方を作り直し、何かしら注意を引くものを本書の中に見出すことができるだろう。マネーの歴史について語る章に、同意することもあれば反対することもあるだろう。だがいずれにしろ、本書はマネーの過去とマネーの未来について、ここまでの歴史を十分に調べ上げた魅惑的な物語であることに変わりはない。

アンドリュー・ハルダン
（イングランド銀行貨幣分析調査統計部門チーフエコノミスト、エグゼクティブディレクター、金融政策委員会委員）

ブレット・キングによる序文

本書は、マネーと銀行、金融市場が来る世紀にとてつもない混乱を巻き起こす理由を理解するために絶対に欠かせない論点をいくつも教えてくれる。本書でまず重要な枠組みは、マネーそれ自体が単なるテクノロジーにすぎず、したがって現在私たちが目の当たりにしているテクノロジーの大きな変遷を逃れることはできないというものだ。

2500年前にリディアで最初に確認された硬貨から貝殻、シェケル、木の合札、モンデックス、そしてビットコインまで、デイヴ・バーチはマネーと価値の交換がなぜ、どうやって今のような働きをしているのかを知る旅路へと連れて行ってくれる。だがそれよりも重要なのが、様々な手法が失敗する中でも多種多様な通貨や両替システム、価値の貯蔵手段が成功してきたその理由を検証していることだ。本書の2番目に重要な枠組みは、資本主義がマネーを主に通貨の所有者（封建時代の領主など）の気まぐれで規制されるシステムから、資産に対する権利とレバレッジ可能な負債に基づくシステムへと移行させたという考え方だ。

本書から私が学んだ3番目の枠組みは、現金が粘着質であってそれを取り除くことがどれだけ難しいかについて主張する人々のためのものだ。本書には、それが事実ではないことを示す実例が山ほど登場する。その中には、ペイメントカードそのものが技術的、社会的、ビジネス的、そして規制の急激な変化を体現する明確な証拠だという事実も含まれる。

もうひとつデイヴ・バーチが指摘しているのは、「銀行へのアクセスがない」という言葉を使うのがいかに些末な問題であるかということだ。人々に銀行を使うことを強制するのはもはや金融包摂への前触れなどではない。たとえば、ケニアやインド、中国で起こっていることを見てみればいい。現金の寿命についての議論は、脇に置いてしまおう。現金にはもう未来などない。私たちがモノの代金を支払ったり価値を貯蔵したりする方法を、テクノロジーがすっかり変えてしまうからだ。それを踏まえて、本書はそれでもなお現金があと数年は残るであろう理由についても述べている。

本書の読みやすさの秘訣は、皮肉に満ちたユーモアのセンスだ。それが、マネーの独特な歴史と未来についてのひとつの見方を提供してくれる。一例が、ヘンリー8世時代の敏腕商人サー・トマス・グレシャムについての本からの引用だ。「その後、サー・トマス・グレシャムは卒中を起こして死亡した――マネーについて真に理解する者には共通する末期かもしれない――が、彼が残した遺産は驚異的なものだった」。あるいは、1866年に破綻したイギリスの銀行オーバーレンド&ガーニーの裏で糸を引いていた銀行家たちについてのこんな話も。「ちなみに銀行の重役たちは詐欺容疑で告発されたが、彼らは犯罪者ではなくただの間抜けだと裁判官が判断したおかげで、有罪を免れた」

バーチは、何が起こっているのかを説明し、自分の論点を説明するためにぴったりの物語を見つける、とどまることのない欲求を持っている。それがインターネットで下着を買う話であれ、初の大陸横断電信線が破綻させたポニー・エクスプレスの話であれ、肝心なのは物語の部分だ。バーチはマネーの物語に関しては天才的な語り手で、とりわけ、テクノロジーと行動パターンの急速な転換が、この古代から存在する仕組みにもたらしている変化について語るのが非常にうまい。本書にはあまりにも多くのすばらしい見解が盛りこまれているので、私も大量のネタを仕入れることができた。これで、金融サービスにおけるテクノロジーの重要性とそれが現在引き起こしつつある混沌について——そして、新しいテクノロジーが過去数世紀の間に常に引き起こしてきた混沌について——理解しない頑固者たち相手にも話をすることができる。

本書は、私たちが経験してきたと思っている世界とマネーや銀行、規制が過去に果たしてきた役割、そして私たちがマネーを実際に純然たるデジタル形式で使うだろう近未来の世界との間の概念的なギャップを埋めてくれる。自信を持ってお勧めできる一冊だが、それはこれが非常にうまく書かれていて、面白くて、すばらしい事実や歴史が詰まっているからだけではなく、マネーの未来にかけては著者が地球上で一番賢い男だと言っても過言ではないからだ。

金融業界に従事していて本書を読まずにいるのは、目隠しをして地雷原を歩くようなものだ。……そして、地雷原を歩いたときと同じ、屈辱的な結末を迎えることになるだろう。

ブレット・キング

（ベストセラー『増強』著者、ラジオ番組『ブレーキング・バンクス』司会、革新的銀行「ムーヴン」創業者兼ＣＥＯ）

まえがき

マネーの創造は、政治的活動だ。
――マーチン・メイヤー『ザ・バンカーズ』

だいぶ前、2015年1月にイングランドのサリー州ウォーキングで初めて開催されたTEDxで講演をするために招待を受けて故郷に錦を飾ることになったとき、私はマネーの話に立ち戻ることにした。電子支払の世界における変革についてはもう数十年も前からだいぶ考えるようになっていて、紳士淑女のちょっとした立ち話の中でビットコインが話題に上ることも多くなってきたので、そのイベントではマネーの未来について話すことにしたのだ。もっと具体的に言うなら、テクノロジーがマネーを過去に連れ戻そうとしているのではないか、今の私たちになじみがあるものよりももっと局所的で多様な形のマネーへと引き戻そうとしているのではないかという考えを掘り下げてみた。これについては、私の前著『アイデンティティこそ新しいマネーだ *Identity Is the New Money*』[1]でも触れている。その後2015年7月にオンライン誌『キングズ・レビュー』でマネーの未来について記事を書いてくれないかと言われたとき、私はTEDxで話した内容を膨らませて前後編の連載に仕立て上げ、さらに思い切ってその記事をもとにこの本を書き始めた。社会学者ナイジェル・ドッドの画期的な著書『マネーのソーシャルライフ *The Social Life of Money*』にインスピレーションを得てマネーの技術的系統樹とその社会的側面との関係を再検討した私は、社会科学とテクノロジーについての予測を組み合わせて、テクノロジーがマネーをどこへ連れて行こうとしているのか、情報に基づく意見を構築できたら面白いのではないかと思ったのだ。

物事の一面だけ見ていたのでは、その質問には答えることができない。テクノロジーの道筋は、今よりももっとすぐれたツールを目指すものだからだ。社会がそれらのツールの使い方をどう選択するかは、まったく別の問題だ。この本が、マネーについて有意義で系統立った形で考える手助けとなり、社会としての私たちがマネーを進化させるために新しいツールをどう使うべきかというアイデアを生み出せればと願っている。

ツールに関しては中立的とはいえ、テクノロジーがある程度の方向性を定め、社会の背中を押していくのではないかと主張する者もいるだろう。その方向がおおむね脱中央、分散、そして国家権力の相対的な低下を指しているのだとすれば、社会人類学や「古未来」研究（つまり、過去に人々が未来について考えていたこと）などを含む学問からの情報を取りこむことは可能だ。そして、それらの情報に基づいて、マネーの未来についての（できれば、あっと驚くような）予測を提供できたらと思う。その未来とは、私たちがかつてのような複数の、重複するコミュニティ通貨に回帰するが、それがスマートなマネー、価値を持つマネー、私たちについて知っているマネーになっているだろうというものだ。

謝辞

言うまでもなく、この本は妻ハーラの支えがなければ実現しなかった。何か思いついたら何時までも寝ずにキーボードを叩き続ける私に腹を立てずにいてくれてありがとう。

また、ジャーナリストのウェンディ・グロスマンにも心からの感謝を。彼女の言葉「私たちが理解しているマネーから私たちを理解するマネーへ」をこんな形で誤用した私のことを彼女は大嫌いだろうが、この物語の方向性をあまりにも完璧に言い表しているので、使わずにはいられなかったのだ。

ビットコインはチグリス川を漂う

はじめに

マネーは商業の道具であり、尺度である。
――ニコラス・バーボン『新たな貨幣を軽く鋳造することについての論文』（1696年）

これは、私がどこかで読んだ物語だ。「催眠術で眠らされた男が100年後に目を覚まして理想の社会を目にするが、結局全部夢だった」という話が軸になっているのだが、現代の目で見るとなかなか理解に苦しむ。物語の作者が描く理想の社会というのが、スターリンが運営するディズニーランドみたいな共産主義の超大国だからだ。全国民が政府のために働いていて、政府の立案者が生産を最適化することができるから、自由市場の「非効率さ」は存在しない。

物語の主人公である時間旅行者は、未来で彼を受け入れてくれた親切なレッテ博士から、この世界にはもう現金が存在しないと告げられる。代わりに人民が使っているのは、「クレジットカード」だ。(1) これは、ユートピア思想としてはずいぶん奇妙だと私には思えた。ナイジェル・ドッドが指摘しているように、(2) プラトンの『国家』から映画『スタートレック』に至るまで、理想郷にはチップや暗証番号はもとより、そもそもマネーというものが存在しないかのように語られているからだ。

作者は電話やインターネット、飛行機、知識経済には触れない一方、マネーの進化についてはなかなか興味深い予言をほかにもいくつか記している。あるアメリカ人がベルリンを訪れるときのことを話す際、親切な博士は外貨の代わりにカードを使うことがどれだけ便利かを説明しているのだ。

「アメリカのクレジットカードはな」とレッテ博士は答えた。「昔のアメリカの黄金と同じくらいの価値があるのだよ」

金本位制が終焉したあとの世界の、なんとすぐれた説明だろう。だが、マネーの未来に関するもっとも興味深い見解だと私が考える部分は物語の後半、時間旅行者が21世紀の友人にこう尋ねる場面だ。「クレジットカードというものは、男性と同じように女性にも与えられているんですか?」答えは「もちろんだとも」

この答えを聞いて、この物語が書かれた時代に関心が向いただろうか。フィクションの中で、私が見つけたかぎり最初にクレジットカードが登場するこの本はエドワード・ベラミーの手になるもので、タイトルは『顧みれば』。クレジットカードがマネーを代表する象徴となるより100年も前の1886年に書かれた小説で、当時のベストセラーだった。いま私の手元にあるのは1946年版だから、(3) 約60年経ってもまだ増刷されていたということになる!

この本に出てくるマネーについての話は、SFがいかに未来の話ではなく現在の話なのかを教えてくれるすばらしい例だ。女性もクレジットカードを持てるのかという問いに対する「もちろんだとも」という答えは明らかに、雨の日に歩道を覆うガラスのトンネルが存在するという予言と同じくらい、ヴィクトリア朝時代の読者を驚かせる意図をもって書かれている。本書で、私も現代の読者を同じくらい驚かせる物語を描き出したいと思っていて、そのためには（技術を変化の原動力およびインフラとして利用しつつ）ベラミーの例に倣い、社会科学に目を向けて私なりの予言をしていきたいと思う。

物語を探して

この物語の中核には、二つの関係がある。貨幣技術とより幅広い技術革新との関係、そして貨幣技術と社会がマネーについて抱いている考えとの関係だ。よく知られているたとえだが、科学者たちがそもそも時計を見たことがなければ、「時計仕掛けの宇宙〔宇宙は神によって作られた時計のようなもので、ニュートン力学に従って時を刻んでいるという考え方〕」を想像することは難しかっただろう。

硬貨を発明するためには誰かが鋳造技術を発明していなければならないし、紙幣は印刷技術、通信会社のウェスタン・ユニオンは電報技術がなければ存在し得なかった。まあ、当たり前の話だ。だが、未来のマネーについて考える手助けになるような現代の技術とは、どういうものだろう？　たぶん、ほとんどの人はマネーといえば100ドル札やフォート・ノックス軍事基地に隠された金塊、500ユーロ札やクレジットカード、50ポンド札やイングランド銀行を思い浮かべるだろう。一般大衆や政治家が考えるかぎり、それが現在のパラダイムだ。だが、彼らは間違っている、と私は思う。私たちは、もう未来に生きている。マネーの未来は1971年、アメリカ政府が世界の準備通貨と物理的なものすべて（この場合、黄金）とを完全に切り離した瞬間に始まったからだ。

未来のパラダイムを形作り、それが私たちをどこへ連れて行くのかを知るために、私たちはマネーに関する固定観念を調整して、未来のパラダイムを探求し始める必要がある。マネーは古代バビロニアで記録というものが始まる前から存在した。そしてビットコインがとっくに忘れ去られてからもずっと存在し続けるだろう。だがバビロニア人たちが使ったマネー、私たちが今使っているマネー、そして未来に使われるマネーはどれも、まったく異なっている。今のマネーの仕組みは自然の法則に従って生まれたものではなく、特定の取り決めや制度的構造の結果生まれたものだ。

答えは42

少し前、雑誌『アトランティック』が車輪の発明以降で最高の技術革新ベスト50を発表した。(4) 数多くの著名な科学者や歴史家、技術関係者に取材をし、技術革新をランキングして、特集にまとめあげたのだ。第1位は印刷機だったが、私の目を引いたのは、42位に登場した紙幣の誕生だった。私は、時代の大きな流れの中で、ある種のモノがある種の記録によって置き換えられるという現象は、もっと昔からあったのではないかと考えた。古代バビロニアには穀物銀行があったし、楔形文字が刻まれた粘土板もあった。それが現在まで続いて、分散型台帳を管理するのに暗号を使うべきかという熱い議論へと発展したのだ。古代バビロニアにとっての粘土板や、世界中に普及したインターネットにとっての暗号ブロックチェーンと同じくらい、紙幣は大きな技術革新だったのだろうか？

マネーと貨幣技術との関係は、双方がどれだけ昔から存在したかを考えると、一般に認識されているよりずっと複雑で、ほとんど理解されていない。ヴィクトリア朝時代、ジェヴォンズがこのように書いている。[5]

致し方ないとはいえ、その研究が政府の造幣局で働くごくわずかの役人にしか許されていないということは、貨幣技術の科学とでも呼ばれるべきものの不遇であろう。このため、競争が広く自由におこなわれているモノづくりのほかの分野と比べて、貨幣の生産については同様の進歩は望むべくもないのである。

まあ、それは昔の話だ。今は違う。「貨幣技術の科学」はもっと幅広く研究されるようになってきて、スマートカードや携帯電話、ビットコインの到来のおかげで、自分のオリジナル通貨を創造して実験するのはずっと簡単になった。私の息子はもう何年も前からすでにiPhoneを使ってオンラインゲーム『ワールド・オブ・ウォークラフト』のゴールドを取引していたが、その洞察力と巧妙さはウォールストリートの敏腕トレーダーにも匹敵するほどだった。今ではロンドン南部のブリクストン地区だけで使える地域通貨「ブリクストン・ポンド」専用のアプリをスマートフォンにダウンロードすることも可能だし、今この瞬間にも、「ドージコイン」や「ドラクマ」に続く新たな仮想通貨を妄想している子どもがどこかの家の地下室にいるはずだ。

マネーの時代

１９６０年代に発明された技術（磁気ストライプなど）や１８６０年代に発明された技術（統一された価値を持つ、全国規模の米ドル紙幣など）が、まだ完全に発明されきっていない技術と共存している状況では、マネーの進路を見極めることは難しい。[6] 金融引き締めや不況、２００８年の金融危機や数々の債務・通貨危機が、今までにはなかった形で人々にマネーと銀行、経済について考えさせるようになったと私は見ている。これは転じて、人々が貨幣技術を活用して1世代前から使ってきたマネーのデジタル版を導入するよりも、新たな形のマネーを生み出すことを考え始めているということでもある。

経済が気持ちよく前進しているときは、誰も（中でも経済を「担っている」政治家は特に）立ち止まってマネーとは何か、銀行は何をするところなのか、技術の変化がもたらす破壊的な影響は何かなどを考えたりしない。私は社会人になってからほとんどの時間を銀行や支払会社、政府が新しいテクノロジーを活用できる方法について考えることに費やしてきた。そうすると必然的に、デジタル経済がどう進化していくかについてもしょっちゅう考えなくてはならない。マネーはその経済に欠かせない要素だが、マネーは今まで通り続いていくだろうという共通の認識があるように思える。まるで、ブレトン・ウッズ後の不換通貨が自然現象か、あらかじめ定められた進化の過程における最終段階だとでも言うようだ。

ハーヴァード・ロー・スクールのレオ・ゴットリーブ法学教授であるクリスティン・デサンは、産業化時代の資本主義が17世紀に起こったマネーの「再設計」の結果だったとするなら、なぜいまマネーの仕組みについてもっと議論しないのかという疑問を投げかけている。[7] 私も、心底から彼女に同感だ。議論は、するべきだ。いま存在する中央銀行、商業銀行、国際機関の構造は別の時代に生まれたもので、変わっていかなければならない。過去には存在せず、未来にも存在しないものなのだ。

過去――マネー1・0

金融（銀行）業界における最初の偉大な革新は、かなりの時間差でマネーより前に生まれていた。その起

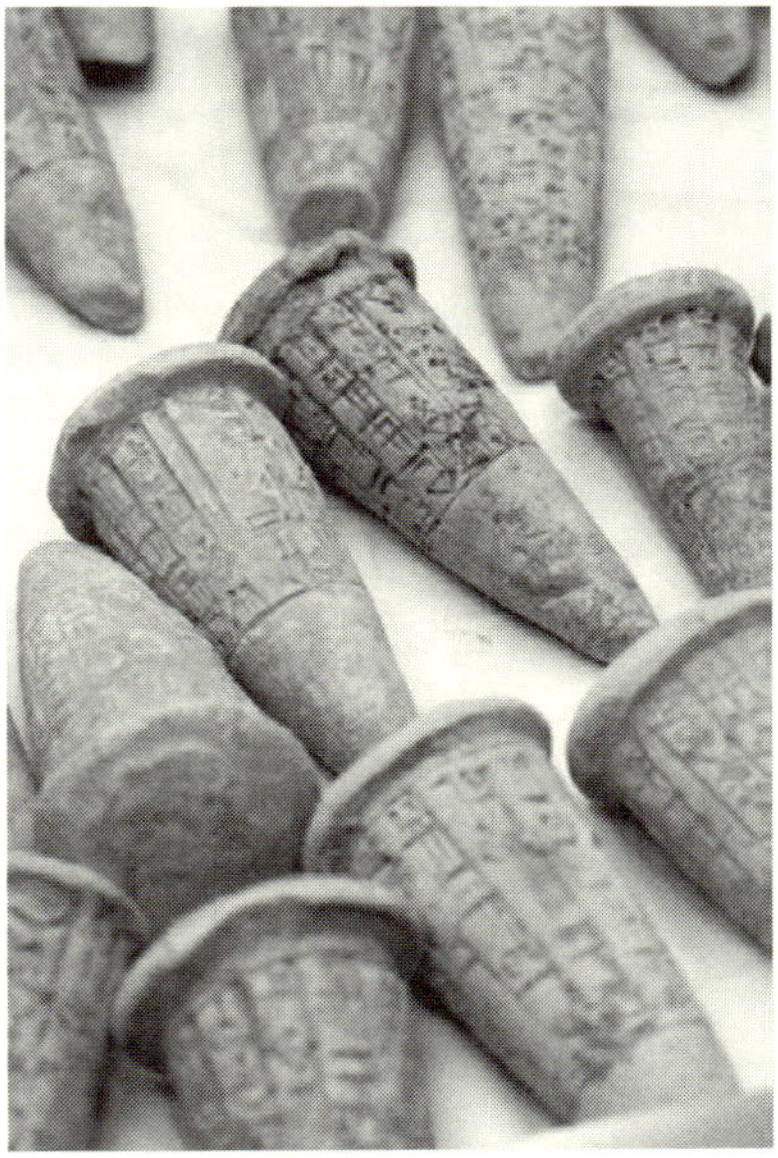

図I-1　シュメールの楔形文字が刻まれた焼成粘土の硬貨、西暦紀元前2900年ごろ
（出典：バグダッド国立博物館）

源は、古代アッシリアやメソポタミアの王国で使われていた穀物銀行にさかのぼる。5000年前の粘土板には銀行や外国為替について楔形文字で書かれているし、担保・無担保の貸付についても書かれている。きっと、歴史の中で失われてしまった記録の中には、鉄器時代が到来しつつあるのに青銅の未来に誤って投機してしまったイシュタル銀行が救済された、というような話がもっと記されていたに違いない。4000年ほど前、バビロニアの神殿では貯金や融資をおこなったりしていたし、西暦紀元前750年までには「ハンムラビ法典」に「バーゼルI〔銀行の自己資本比率や流動性比率に関する国際統一基準〕」に似たものが記載されている。

その時代のマネーは粘土板という、まったく共有されない台帳に記入されるものだった。マネー自体が商品となったのは、もっと最近になってからの改革だ。確認されているもっとも古い硬貨はリディア（今のトルコ）のもので、２５００年前までさかのぼる。[8] これは金と銀の合金である琥珀金《エレクトラム》で作られていて、その主な特徴（正貨として重さが標準化され、なんらかの形で鋳造元の印がつけられた）はそこから急速に普及していった。９世紀のイングランドでは、アルフレッド大王が鋳造制度を構築し、運営していた。

その次の改革である紙幣は、中国で生まれた。金融に先見の明があったことで知られるフビライ・ハーンが、極刑というわかりやすい方法で紙幣を普及させたのだ。彼の作った紙幣の代わりに金や銀を使おうとした者は、ことごとく死刑にされてしまった。マルコ・ポーロが、『東方見聞録』にこんなことを書いている。

……それに加えて、インドやそのほかの国々からやってくる商人で金銀や宝石、真珠を携えてくる者は、紙切れで任意の金額を支払う皇帝ただ１人にしか商品を売ることができなかった。……そして、この紙幣を使って、商人たちは帝国中のどこでも、好きな物を買うことができたのだ。

中国ののちの支配者たちはフビライの財政的な清廉潔白さに縛られることなく、紙幣という技術のもっとも危険な利用法に手を出した。部分準備制度、つまり持っているより多くのマネーを動かす手法だ。商人たちが紙幣を信用している以上、帝国の金庫に本当に金銀や宝石、真珠があるかどうかはどうでもいいはずだと彼らは考えた。そうして、支配者たちは量的緩和の甘い誘惑に負け、どんどん紙幣を印刷し始めた。しかも、おそらくはかなり行き当たりばったりに。そうするとハイパーインフレが起き、やがて14世紀に紙幣制度は崩壊する（どう考えても最終的にはそうなるだろう）。そして、１６９８年にマサチューセッツ湾植民地で法定不換通貨が印刷されて初めて、次の貨幣的実験の巨大なつぼである新世界で独自に再発見されることになった。

紙幣技術が再起動されたのとちょうど同じころ、アムステルダムのコーヒーショップとは名ばかりの合法的大麻店周辺で近代以前最大の貨幣的技術革新である中央銀行制度が誕生した。何を吸っていたのやら。だがこの中央銀行の概念が広まり、1692年にはイングランド銀行がフランスとの戦争に資金を投入するというたいそう立派な目的のために設立される。ちなみにフランスは、ありとあらゆる突拍子もない貨幣的実験を繰り出しては失敗していた。アッシニア〔1789—96年までフランスで使用された紙幣。ハイパーインフレの原因となって廃止された〕、ジョン・ローの土地銀行〔土地の価値に応じて価値が変わる貨幣の概念〕、ラテン通貨同盟〔ヨーロッパ何カ国かの異なる通貨を統一し、単一の通貨を作るという同盟〕、そして……ユーロ。

過去は、商品に対する負債としてのマネーから始まり、次に商品（穀物から貝殻、黄金まで）あるいは商品に対する所有権としてのマネーへと移行していった。農業革命により都市が興り、銀行業が生まれ、やがて硬貨が誕生する。古代から近代の間に、技術革新は楔形文字から紙幣へ、そして印刷された小切手へと進化していった。そして産業革命がこれらを馬から蒸気機関車へ乗せ換えて加速化させ、ついに技術は物理的制約から解放されるに至る。過去のマネーは、原子としてのマネーなのだ。

現代——マネー2・0

現代が始まったのは1871年、ウェスタン・ユニオンが電報を活用した公式な電子送金を開始し、発明と革新とをはっきりと区別してくれたときだ。当時、ウェスタン・ユニオンの経営陣は電話という発明を拒絶し、こう言ったことでよく知られている。

> 「電話」は、通信手段として真剣に考慮するにはあまりにも欠点が多い。この機器は本質的に、我々にとって

なんの価値も持たない。

それが経営陣の言うことか、と思うかもしれないが、当時の電報会社が電話を取り入れる必要を感じていなかったのは、マイクロソフトにグーグルを発明する理由がなかった、あるいはもっと言ってしまえば銀行にペイメントカードの後継を発明する理由がなかったのと同じようなものだ。彼らは愚かだったのだろうか？　電話が電報業界に深刻な影響を与えるようになるまでには25年かかっている（電報業界のピークは１９２９年だった）。ウェスタン・ユニオンが最後の電報を送信したのはつい数年前だが、会社自体は今も電子資金決済でかなり儲けている。ちなみに、貨幣的革新が銀行ではなく通信会社から生まれることがあるという論点を強調するために言っておくと、ウェスタン・ユニオンは１９１４年、得意客に利息なしで支払を繰り延べできるチャージカードを発行している。グーグル検索では確認できなかったが、私はペイメントカードが今の大きさと形になったのは、ウェスタン・ユニオンが発行したこの「金属《メタル》マネー」が起源なのではないかと睨んでいる。

　銀行業における革新は、継続的な事業の変化だ。同じ事業を新しいテクノロジーで提供することとはわけが違う。[9] この間、金融と支払と投資の事業はがらりと変わった一方で、マネーはブレトン・ウッズの約定によってなんとなく物理的な形に縛られてはいたものの、基本的には変わらないままだった。個人の資産は銀行への預金から投資信託へと移行していく。現金は銀行の支店からＡＴＭへ、支払は小切手からクレジットカードへと移っていった。それでも、マネーは変わらないままだった。

　この時代を、私は現代と定義する。電子通信とともに到来し、紙でさえ物理的すぎて社会にとっては遅すぎると思われるようになって、電報という発明が電子マネーの革新を加速化させた時代だ。この時代が、市井の人々が今でもマネーといえば頭に思い浮かべる内容を支配している。これが最優勢のパラダイムだが、真実ではない（覚えておいてほしいのだが、パラダイムというのはモデルであって、現実とは異なる）。したがって、現代とは、物理的なモノについての情報としてのマネー（黄金の代わりとなる紙切れ）、あるいは言い換えれば、アトム（物質）についてのビット（データ）の時代だ〔ニコラス・ネグロポンテは「アトムからビットへ」と発言した〕。

未来――マネー３・０

消費者が使うマネーを非物質化するというステップ――ペイメントカードと連邦政府の保険付き預金口座という戦後の大きな貨幣的革新――は、支払と銀行を切り離し始めた。ちょうど、マネーと価値の切り離しが１９３０年代の金本位制が終焉したときに始まり、１９７１年にニクソンが米ドルの兌換性を打ち切ったときに完了したように。これらのプロセスは間もなく完了し、最終ステップは金融サービスの基本プラットフォームが携帯電話に移行するというものになる。携帯電話でマネーを受け取ることも支払うこともでき、個人間で現金のやり取りをする必要がなくなる、というごく単純な理由からだ。この発明が引き起こす革新は、どんなものだろう？　マネーが完全に非物質化されると、新しい通貨を導入するためのコストはゼロになる。フェイスブック・クレジット〔フェイスブック社による仮想通貨〕、電子ゴールド、ブリクストン・ポンドがたったワンクリックで使えるのに、硬貨にこだわる人間なんかいるだろうか？

そこで、私は未来が１９７１年に始まったと主張したい。マネーがどのような商品で保証されるよりも信頼で保証されるようになった時代だ。この時点で、マネーはビットになった。もう、原子すらなくなってしまった。マネーのすべての機能（特に支払繰り延べの仕組み）を果たせる信頼性の高い通貨を発行できる組織は国家だけだったので、マネーといえば国の不換通貨しかないという概念が刷りこまれた。だが、この類のマネーはいまや中年にさしかかり、更年期が始まっているところだ。その中核となる原動力はもはや接続性ではなく（今ではもう何もかもが何もかもにつながっている時代なのだから）、コミュニティだ。フェイスブックやイーベイ、ゾパとZキャッシュ〔いずれも仮想通貨〕、ペイパル、クレイグスリスト〔アメリカの求人広告サイト〕に、私たちは一筋の希望の光を見い出せる。今はリードの法則〔ネットワークの有用性は、その大きさとともに指数関数的に増幅するという法則〕の時代、国家から技術を切り離し、通貨を分断する時代なのだ。

変化の速度

未来が始まったのがもう一昔前で、信頼を取引の大前提とするキャッシュレスな世界に移行しつつあるというなら、なぜ私たちはいまだに米ドルを銀行から銀行へ送金するのにSWIFT〔国際銀行間金融通信協会が提供する海外送金ネットワーク〕を使っているのかと疑問に思うかもしれない。それは、人々がいつでも、マネーにおける新技術の影響の速度を過大評価してきたからだ。50年以上前の1965年4月、『ニュー・サイエンティスト』誌に掲載された小切手処理の自動化についての記事では、あと1世代もすれば送金手続きは完全に自動化され、「おじさんからお気に入りの甥っ子へ誕生日に渡す5ポンド紙幣が、電磁波の方向とタイミングだけの話になる」と予言している。[10] それから1年以内にはイギリスで初のクレジットカードが消費者の手にあり、それからさらに1年後、バークレイズ銀行がイギリス初のATMを（ロンドン北部のインフィールド区に）設置した。翌年の1968年、銀行間自動決済サービス（BACS）の前身が構築され、自動引き落としが始まる。だが、誕生日の5ポンドはまだ郵便で送られていた。1975年になっても、1985年になっても、1995年になってもだ。ひょっとすると、本当にひょっとすると、2005年にはペイパルで送られたかもしれない。ちなみにそのころまでにＢＡＣＳは年間20億件の送金を処理していた。だが、今はどうだろう？　今ならインターネット送金やペイＭ、ウィーチャット、ヴェンモ、エムペサ〔いずれもモバイル送金サービス〕やフェイスブックで送られるかもしれない。では、２０２５年になったら、『ニュー・サイエンティスト』の予言の60周年を祝う誕生日の５００ポンド（インフレを考慮してみた）はどうやって送られることになるのだろう？

未来学

私たちは、この脱工業化の時代にマネーを再構築する問題をどう考えていけばいいだろう？　では、まずは遠慮がちに一歩を踏み出して、そこから先へ進めていってみようか。２０１５年に本書の下書きをしていたとき、私は２０２５年の支払方法の状況を見通すという困難に立ち向かっていた。新たな支払技術がマネーそのものに与えるかもしれない影響を見ようとするのに、この困難がちょうどいいプラットフォームになるのではないだろうか、と私は考えた。

まず取り組む最初の問題は、どの手法を選ぶかだった。少し範囲を狭めて、今から10年という控えめな距離にある支払の構図を思い浮かべるという目標を達成するためだけの手法だ。たった10年でも、技術的、社会的、ビジネス的、そして何より重要なのが法規制的側面に、本当に多くの変化が起こることが予想される。さて、未来学者たちが技術に伴う変化の規模と方向性を測ろうとしている手法のひとつが、過去に比較可能な適切な地点を見つけようとするものだ。今から1世代後に訪れる変化を想像したかったら、過去2世代を振り返って、加速化する変化の速度を補正するべきだ、というのが彼らの主張だ。

この考え方は、今から10年後のデジタルマネーを想像したかったら、変化の大勢と力学を理解するために

図I-2　支払方法の時系列図――商品、年、技術、セキュリティ

過去20年を振り返る必要がある、ということを意味している。これを実行する簡単な方法（図Ｉ－２参照）は、市場に出回る商品を支える技術に目を向け、とりわけ、それらの商品を役立てるために必要なものを見ることだ。

この視点を重視するアプローチは、いま目の前にある問題に関しては道理にかなっている。１９９０年代半ばは、支払方法と技術、セキュリティの共進化の黎明期だったからだ。20年前、世界は大衆市場における様々なデビット手段、スマートカード技術、オフライン技術や「電子化」の方法を実験しているところだった（給与、給付金、請求書支払等々）。いくつかのデビット手段は失敗し、いくつかはうまくいった。そしてこれらの実験により、デビットカードが消費者の支払の選択肢として浮上する一方、プリペイド方式が大衆市場に普及し始める成長の時代が幕を開けた。この電子化の波は、ほとんどの消費者が毎月の請求書のほとんどを支払う手法として自動引き落としが選ばれるようになったことを意味する（イギリスでは成人10人につき8人が少なくとも1件は自動引き落としをしている）。ウェブの誕生によって消費者や企業が新しいソリューションを欲しがるようになったが、イギリスが世界に先駆けてリアルタイム決済（規制対象機関が保有する支払口座間の即時送金）を導入するのはここからさらに10年後の話だ。「典型的なイギリス風の」懐疑主義にもかかわらず、ＦＰＳ（Faster Payment Service）は驚くほどの成功を収めていて、[11] イギリスの消費者が携帯電話を使っていつでも安全に送金できることが期待できるまでになった。世界各国があとに続き、そのインフラをさらに進化させてもっと洗練されたデータ表示やデータ管理を取り入れ、支払に加えて付加価値的なデータも追加できるようになってきた。

テクノロジーと時系列

図Ｉ－２の時系列は、支払方法とテクノロジーとの間の関係について有意義な教訓を与えてくれる。これから未来に目を向けていくうえで、念頭に置いておくべき教訓だ。１９９５年、金融業界は可能なかぎりもっとも効果的なオフライン支払システムの構築に力を入れ（それがすべての「チップおよび暗証番号」システムを使うカードに採用されるＥＭＶ、すなわち「ユーロペイ・マスターカード・ビザ」基準につながった）、そのシステムを使って現金を置き換えていくことを目指していた。世界中がオンラインになり始めたまさにそのとき、携帯電話が普及し始めてインターネットがもうすぐそこまで来ていたころの話だ。

ヨーロッパでは、小売店舗での現金のやり取りをなくす目的で、電子財布の様々な構想にスマートカードが使われるようになっていた。だがそのほとんどが失敗して、小売業界になんの影響も与えずじまいだった。一方アメリカでは、インターネットを活用して現金や小切手に代わる手段を創り出そうという数々の努力が見られた。そのほとんどがやはり脱落していった中で、ひとつだけ残ったものがある。ペイパルだ。ペイパルは既存の線路に乗っかり、もっと便利なサービスを消費者に届けた。それまでの参戦者たちもできたのに、しようとしなかった手法だ。かいつまんで言えば、オンラインが勝った、というわけだ！　ただ、電子財布が失敗したとは言っても、それを大衆市場に届けるために使われた技術（スマートカード）はあまりにも広く普及したために、今では気づかれもしないことは覚えておいてほしい。

今の状況を見渡すとき、次々とおこなわれているビットコイン関連の実験をこのレンズを通して見てみたいという欲求はとても強い。実際、抑えがたいくらいだ。この新しい支払の仕組みが牽引力を手に入れることは、決してないかもしれない。モンデックスやディジキャッシュと同じようにビットコインも失敗し、街角の店でビットコインを使う日が来ることはないかもしれない。だがそれでも、基盤となったテクノロジーである共有台帳が進化してあまりにも広く普及し、スマートカードのように気づかれないくらい日々の生活に浸透していくかもしれない。世界経済フォーラムは、当然のように物事をそういうふうに見ている。共有台帳テクノロジーの上に構築された新しい金融サービスインフラが、「プロセスを新たに引き直し、現代のビジネスモデルの基盤となっている正統的手法に疑問を投げかけることになるだろう」[12]

ここで、私たちが目を向けるべきではない場所がひとつある。自分のデスクの上だ。私たちは、もうその変曲点は通過してしまった。スマートフォンやタブレットの構築基盤は、もうデスクトップやノートパソコンのインストールベースよりも大きくなっている。iOSデバイスのインストールベースだけでも、すべてのパソコンのインストールベースをもうすぐ超えてしまう勢いだ。２０２０年までに、世界中のパソコンの出荷数はタブレットの出荷数を下回るだろう（２０１５年7月にドイツの統計・調査会社スタティスタが発表した予測によれば）。だが、もしかして、私たちはスマートフォンのさらに先を見通したほうがいいのだろうか？　１９９５年のデザイナーたちがオンラインになりつつある世界でオフラインの構築を始めていたのと同じように、私たちは今のインフラではなく、未来のインフラのことを考えたほうがいいのかもしれない。そして、これが「モノのインターネット《インターネット・オブ・シングス》」なのではないかという見方を私は強めている。この「シングターネット」（こう呼ばずにはいられない）は当然、今までとはまったく異なるビジネスモデルを引き起こすだろう。図Ⅰ－3に示す通り、ちょっと見回せばもうその成長を見ることができる。

これらの変化による影響は当然、小売業界にも広まる。全米食品マーケティング協会は、２０２５年まで

	インターネット	シングターネット	その意味は？
価値創造			支払はデバイス間の絶え間ないやり取りになり、支払関連のデータは支払によって得られる利益よりも貴重なものになる
顧客ニーズ	既存ニーズに反応	新生ニーズに反応	
提供内容	独立型の商品：陳腐化	商品は常時ネット接続、更新	
データの役割	将来の製品要件のためにシングルポイントデータを使用	情報の収束がサービスを生み出す	
価値獲得			支払はもはや銀行が管理する商品ではなくなり、多種多様な価値をやり取りする複数のエコシステムが重なり合ったその一部となる
収益性への道	次世代商品の販売	経常収益の実現	
制御ポイント	IPとブランド	商品間のネットワーク効果	
能力開発	コア・コンピタンスと既存リソースの活用	パートナーが事業を構築できるようなプラットフォームを造る	

図 I-3　シングターネットの考え方（Smart Design / *Harvard Business Review*, 2015 年 7 月）

に消費者がスーパーでレジに並ぶ必要がなくなり、「フリクションレス（無摩擦）会計」でカートの中身が自動的に会計されてそのまま店を出て行けるようになると予測している。しかもこの予測は、レジのない店舗「アマゾン・ゴー」のパイロット店が発表されるより前に出されたものだ。これは間違いなく支払業界に影響を与えるだろうし、私たちをキャッシュレスな世界へと押し進めていくだけでなく、小売業界における支払方法をさらに「地下」へと潜らせることになるだろう。

　こうした傾向はもちろん、携帯電話を軸にしている。アプリ中心のモデルへと移行してきた携帯電話は早く、安全で、透明性の高いソリューションで連携できるようになった。今この瞬間にも、スターバックスでの支払の5件に1件はすでに携帯でおこなわれているのだから、これはもう急進的な見方などではない。今ではアンドロイドペイやフォードペイ、ウォルマートペイ、CVSペイ、テスコペイ、チェイスペイまである。傾向は明らかだ。レジや現金箱は小売店から姿を消していて、それが意味するところは、小売業の取引の流れが再構築されるということだ。

店舗で、携帯で、ネットで、あるいは友人にでも、マネーを支払うという行為は、すべて同じ方法になる。ネットに接続している機器、リアルタイム決済、不正防止メモリーが保持するトークン信号での堅固な認証システムが目に見えない支払の収束型インフラとなって、次世代のマネーのプラットフォームを形成するのだ。

次はどこへ?

ここでちょっと、「カティ・サーク号」のことを考えてみてほしい。ロンドンのグリニッチで保存展示されている、有名な古い帆船だ。これはお茶を運ぶ快速帆船「ティークリッパー」として知られ、一時期は同じ大きさの船の中で最速を誇った。当時最速だった蒸気船を負かしたことでも有名で、オーストラリア－イギリス間を67日で航海したことでも知られている（もちろん、オーストラリアにはお茶はない。だがスエズ運河のおかげでこの船がお茶を運んでいたのはほんの数年で、その後は南から羊毛を運ぶ仕事をしていたのだ）。この船が造られたときは、高速というのが経済的に重要な要素で、お茶会社からは一番速い船を手に入れろという激しいプレッシャーがあった。ただ楽しむためや技術を見せびらかすためだけでなく、経済的に必要だったから造られたというわけだ。

　カティ・サーク号の造船が発注されたのは、１８６９年だった。このタイミングに注目してほしい。最速の帆船が造られたのは、最初の蒸気船が誕生してからかなりあとだったのだ。最初の鉄製汽船「アーロン・マンビー号」がイギリス海峡を横断したのは、１８２２年。世界初のスクリュー付き蒸気船「アルキメデス号」がイギリスで造られたのは１８３９年、ブルーネルの鉄製スクリュー推進船「ＳＳグレート・ブリテン号」が大西洋を横断したのは１８４７年だ。２００１年、クリストファー・フリーマンとフランシシュク・ローサが、この技術の重なりについてこのようにまとめている。

しかし、蒸気船が帆船からの挑戦に勝利できるようになるまでにはかなりの時間がかかった。帆船も鉄の船殻を使うようになっていたのだ。競争に勝ちたいがための帆船の技術革新は今でも「帆船効果」と呼ばれることがある。新技術が登場して脅かされた業界で、旧来技術が技術的に競争力を持ち続ける可能性を意味する言葉だ。

長期的に見れば帆船はやがて姿を消してレジャー用としてだけ生き残り、蒸気船が競争に勝利することになる。だが、蒸気船が初めて登場したときには、帆船業界に技術革新の最後の大爆発を引き起こした。それがある意味、有終の美とでもいうような形ですばらしい船の建造につながったのだろう。

この「帆船効果」は、マネーにもあてはめられるかもしれない。ビットコインの暗号化ブロックチェーンは、一種の共有台帳だ。初期の蒸気船「アルキメデス号」と同じようなものだ。やがてほかにはない豪華さで大西洋を越えて乗客を運ぶようになった定期船とはわけが違うし、世界のほぼすべての商品を世界中の市場に届ける不定期貨物船とも、ブリタニアが海を支配するために用いたドレッドノート型戦艦とも違う。それは、帆船が戦力になるのだということを見せつけるような帆船で、世界の仕組みを変えるような、持続的な変化を引き起こす一連の革新を誘発するものだった。

ここで、この苦しいたとえが事実だとしよう。共有台帳という発明が、帆船と同じように、「過去の遺物《レガシー》」である金融サービス・インフラに革新を最後にもう一発引き起こすと想像してみるのだ（規制金融機関の口座間で法定不換通貨を交換する買い手主導の支払）。さて、マネー２・０がティークリッパーと同じ運命をたどっているのだとしたら、蒸気船であるマネー3・0はどうなるだろう？

何年も前、私は仕事仲間のニール・マケヴォイと連名で『ワイヤード』誌上に記事を掲載した。国の法定不換通貨という現行の貨幣制度を改善するために、時代に反応する形で交換媒介物となる新技術が展開されているのが現状だが（言い換えれば「帆船効果」だ。もっとも、実際に議論していたときにはそういうふうには考えていなかった）、将来的には貨幣制度の分散化が促進され、不換ではない通貨を生み出すために使われるだろうというのが私たちの主張だった。[13] 私たちは、新技術、とりわけ暗号ソフトウェアと不正防止チップの融合が通貨「市場」への参入コストを大きく引き下げるだろうと訴えた（ほかにも大勢が同様の主張をしている）。

そうなると、中央銀行や商業銀行以外の多くの組織が、独自のマネーを造りたいと考えるかもしれない。それはたとえばノーベル経済学賞を受賞した経済学者フリードリヒ・ハイエクが１９７０年代に思い描いたような信用提供の手段となるかもしれないし、１９９０年代に水平思考の提唱者エドワード・デボノが研究したような顧客ロイヤルティを促進する手段となるかもしれない。また、２００８年に暗号化された資産であるビットコインを生んだ謎の発明者「サトシ・ナカモト」が探究した理想主義的な理由もあるかもしれない。[14] 本書では、これらすべての可能性についてマネーの創造に関する「５Ｃ」（中央銀行 Central banks、商業銀行 Commercial banks、企業 Companies、コミュニティ Communities、暗号化 Cryptography）の中で詳細に見ていく。そして最後に、読者を驚かせるかもしれない「次世代のマネー」について話したいと思う。

第I部　過　去——私たちが理解しているマネー

マネーとは、技術的には記憶の原始的な形に相当する。
——ナラヤナ・コチャラコタ、ミネアポリス連邦銀行総裁時代の発言（1997年）

マネーは、どこから来たのだろう？　マネーと銀行はともに、文書記録が残っているかぎり昔から存在する。なのに、マネーの起源は完全に経済的なものではない。マネーは取引の道具だけでなく贈り物として、賠償金や花嫁の持参金としてだけでなく物々交換の道具として、伝統儀礼や宗教儀式の道具としてだけでなく商業の手段として、見栄を張るための装飾品としてだけでなく、経済人たちがこなさなければならないつまらない仕事の種として使われてきた。

ユヴァル・ノア・ハラリがその圧倒的な人類史『サピエンス全史』で議論しているように、親族集団内で誰が誰にどんな債務を負っているかを覚えておくのは簡単だが、貸し借りの経済は、特に第三者がかかわってくると、測るのが不可能に近くなる。人類が部族や氏族からコミュニティや王国へと推移していくにつれ、記憶を増強する技術が必要になってきた。ある時点で、文明は技術が記憶に取って代わる瞬間を迎える。それが、本書で過去が始まる瞬間だ。

1　マネーはテクノロジーだ

マネーはしゃべる。マネーは比喩であり、取引であり、橋であるからだ。……マネーは専門家の技術だ。ちょうど、筆記のように。

——マーシャル・マクルーハン（１９６４年）

マネーは、自然の法則で生まれたものではない。人間の発明品だ。さらに言えば、私たちが現在使っているマネーは、比較的新しい形だ。いまや中年期に差しかかり、更年期障害のようなものを迎えている。リチャード・ニクソンが１９７１年に米ドルと金の互換性を断ち切ったとき、私たちは本書冒頭で説明した法定不換通貨の世界に突入した。その日から、ドルはアメリカへの十分な信頼と信用、ただそれだけに裏付けられている。世界中の通貨が今では「各政府が生み出した、統治権の純然たる意思表明」だ。[1]「バーチャル通貨」の議論が見当はずれのところをさまよっているのは、このためだ。通貨は、いまやすべてがバーチャルなのだ（言い換えれば、ビットになっている）。イングランド銀行には私の５ポンド紙幣を裏付けてくれる黄金はないし、私の財布に入っている１００ドル札はアメリカのフォート・ノックスにある黄金と換えることはできない。

どうして、私たちはこのようなマネーに落ち着いてしまったのだろう？　ここでは、詳細な歴史は紹介しない。マネーの歴史については良書が何百冊も出ているから、ここでそれらの本と張り合うつもりもないし、ここで概要をまとめるつもりもない。ただ、技術がマネーにもたらす歴史的影響にまつわる特定の糸は引き出したいと思う。それは、負債の「マネー化」をテクノロジーがどうやって可能にし、[2] 価値の貯蔵手段を支払繰り延べの仕組みに変換し、次にそれ自体が計算単位になり得る交換媒介物へと変えたかについての話だ。「マネー化」というのは品のない言葉だが、マネーの過去についての物語を始めるのに私がその言葉を使う理由は、のちのちわかってもらえると思う。

マネーの機能

何かモノに対する技術の影響を検証し始める際、そのモノが何をするのかを考えるのが普通だ。この点について、私は保守的以外の何物でもない。さて、マネーとは何をするものなのだろう？　マネーについての議論はその大部分が迷走してしまっているが、それはマネーの性質についての理解が足りないからだ。そこで、まずはこの問題をはっきりとさせるところから始めたい。マネーについての主張の多くは、マネーには四つの基本的な機能がある、というところから始まる。

●マネーは、計算単位だ。計算単位は、もちろん、物理的な実体を持つ必要はない。欧州通貨単位（ＥＣＵ）と特別引出権（SDR）がその一例だ。ブラジルのクルゼイロからレアルへの移行は、市場を基盤とした計算単位として「実価の単位」を構築するところから始まった。そして、法定通貨としての地位を確立するまでに少しずつほかの機能を追加していったのだ。

●マネーは、受容されうる交換媒介物だ。データのパックであれタバコのパックであれ、取引する両者にとって受け入れられるものでなければ、マネーは交換媒介物としては役に立たない。

●マネーは、価値の貯蔵手段だ。ただし残念ながら、どんな媒介物が選ばれていたとしても、貯蔵されたマネーの価値をインフレが損なってしまう場合がある！

●マネーは、支払繰り延べの手段だ。社会が機能するためには、関係当事者間の契約を裏付けて、価値の貯蔵手段がインフレやその他の変化にさらされた場合でも将来の支払を保証する必要がある。

これらの機能はそれぞれに、異なる形で実践される。私のお気に入りの例は、18世紀になったころのアメリカの入植地の話だ。入植者たちは、海で拾った貝殻（「ワンプン」と呼ばれた）を交換媒介物に使っていた。これは、ネイティブアメリカンに倣った一種の貨幣だ（ちなみにネイティブアメリカンはこの貨幣制度の中央銀行の役割を果たしていて、貝殻を動物の生皮と交換し、富を蓄積して対外貿易に使っていた）。計算単位はイギリスポンドで（ほとんどの入植者は実際にポンドを見たこともなかったのだが）、支払繰り延べの手段は金塊だった。

そうなると、契約はこのように交わされる。人物Aが、なんでもいいがたとえば「土地の賃料として毎年10ポンド分の黄金」を支払うという約束を人物Bと交わす。賃料の支払日が来ると、それが10ポンド分のビーバーの毛皮で支払われる（イギリス本国が植民地に金塊を輸出することを拒否したせいで、誰も黄金や銀を持っていなかったからだ）。ビーバーの毛皮はワンプンと物々交換で買い取られた。これで経済は回って、「通貨供給」は商品（生皮）を基盤として何年も安定して続いた。だがやがて、乱獲でビーバーの数が減ってしまう。生皮が貴重になってくると、ワンプン対生皮の「為替レート」が跳ね上がった。

記憶としてのマネー

マネーは、物々交換の負担を減らすための硬貨として始まったわけではない。マネーは硬貨よりもずっと早く存在したし、銀行もまた同様だ。(3) 5000年前、近東の社会は文明化し、すでに代用貨幣の形のマネーが貯金や支払うべき税などに使われた。(4) これらの代用貨幣は、当初は三つの基本的な「通貨」の代わりとしてだけ使われていたらしい。つまり労働、穀物、そして家畜（ヤギとヒツジ）だ。だが都市が発展すると、新しい通貨が生まれて製造加工品（織物など）にも用いられるようになる。大都市になる前の初期の近東で働いていた労働者たちにとってもっとも重要な商品は穀物（オオムギ）だった。それで賃金が支払われていたからだ（オオムギはパンとビールという、古代の二大食物の原材料だった）。

世界中で、異なる時代に様々な種類の代用貨幣が使われていた。コヤスガイ、クジラの歯、ヤップ島の石貨はいずれも、代用貨幣として使われたものだ。その多くが、通貨となった。つまり、ほかの代用貨幣を測る計算単位として使われたのだ。これらの通貨は、取引を成立させるために物理的に存在している必要はなかった。

先に挙げた北米での実例における通貨は、イギリスポンドだった。北米では誰もイギリスポンドなど持っていなかったし、見たことさえない者がほとんどだったが、それでも皆が認める計算単位として機能していた。これが、マネーと通貨との大きな違いだ。現在、私たちは通貨を国家と結びつけ、その価値が本質的にはその国が収益を上げられる能力によって決定されると思いがちだ。これ（通貨についての判断が最終的には国力によって決まるという考え方）を、経済学者チャールズ・グッドハートはマネーの「カルテル参加者」理論と呼んだ。マネーの進化は国家のニーズと結びついており、国は購買力と課税力を貨幣化することによって資源を自由に使う力を増強したいと目論んでいるという考え方だ。[5] だが、通貨はこんなふうに始まったわけではない。

この点を示すために、ひとつだけ例を挙げよう。金本位制よりずっと前、中南米にはカカオ本位制というものがあったことに注目してほしい。当時征服されたばかりだったメキシコの初代エスパニャ副王アントニオ・デ・メンドーサが１５４１年に書かせた文書「コデックス・メンドーサ」（現在はオックスフォードのボドリアン図書館で保管されている）には、経済史のすばらしい記録が残されている。それは「トリビュート・ロール」と呼ばれる絵巻物の写しで、アステカの皇帝に年貢を支払う４００の町が記されている。この中での計算単位はカカオ豆で、そのおおよその価値まで推測できる。１５４５年ごろのこの地域での物価一覧から、相場がわかるからだ。

- 質の良いメスの七面鳥1羽＝カカオ豆１００個
- 七面鳥の卵1個＝カカオ豆3個
- 完熟したアボカド1個＝カカオ豆1個
- Lサイズのトマト1個＝カカオ豆1個

カカオを初めて栽培したのはマヤの人々で、食べ物や衣服と引き換えにする交換通貨としてカカオを使う以外に、「ショコラトル」と呼ばれる苦い飲み物（現代のホットココアとは似ても似つかないものだったらしい）の材料としても使っていた。やがてアステカがマヤの土地を奪い、カカオの栽培も引き継いで交易に役立てた。

どうして、カカオは受け入れられたのだろう？　通貨として使われるためには、商品は希少または貴重でなくてはならない。でなければ、その品物の代わりをつとめる代用貨幣が価値を持つことはできない。カカオは親となる木を育て、豆をつけさせるまでの過程が難しいというところにその価値が見出された（生産量が低いので、高価な商品となった）。そのため、カカオ豆は交換の道具として役に立ったのだ。カカオは代替可能品で、つまり、どの豆も別の豆の代わりに使うことができた。さらに、分けることもできた。カカオ豆自体は価値の基準としては機能せず、貯めこまれることもなかったので、貪欲さを引き起こさずに利益追求を奨励できる便利なマネーだった。自分のぶんの豆を貯めこむ者は、それを植えるよりは食べるほうの欲求に負けた。そして代わりの価値基準として、アステカは「quachtli」と呼ばれる大きな白い木綿の布を使用した。それが事実上、「仕事の証明」となってくれたのだ（ビットコインのブロックチェーンの前身になるものではないか、と私は考えている）。

カカオ豆は価値の貯蔵手段ではなかったにもかかわらず、安定し、広く普及して長く続く通貨となってくれた。中米で5年を過ごした商人ヘンリー・ホークスが1572年に、グアテマラではカカオ豆が「現在はどこの市場でも貨幣の代わりに通用し、肉や魚、パン、チーズ、その他の物を買うことができる」[6]と書いている。1712年にはブラジルの国王令が、貨幣として法的に流通させることができる商品としてカカオ豆、クローブ（丁子）、砂糖、タバコを挙げ、軍隊がこれらの商品を賃金として受け取ることも記した。19世紀のニカラグアでは、カカオ豆が100個あれば奴隷が1人買えた。

カカオ豆は、マネーとしては非常にうまく機能したらしい。なにしろ、1850年代半ばまでは中米の市場で「釣り銭」代わりに使われていたことが確認されているくらいだ。そして、カカオ豆が本物のマネーだったことの駄目押しのように、偽造の記録まで残っている。詐欺師たちが豆の中身を抜いて、同じ重さの泥を詰めていたのだ！

負債

オオムギから黄金、カカオ豆からポンドまで、これらの通貨は何を測っていたのだろう？　人類学者のデイヴィッド・グレイバーが、単純な答えを論じている。負債だ。(7) 彼によれば、「カルタリスト」（代用貨幣を意味するラテン語「カルタ」から来る言葉）の主張の難点は、社会が発展する過程でなぜ人々が商品ではなく名目貨幣を信用し続けるかを実証できないことだそうだ。彼は、カルタリスト的通貨（アイルランド銀行のストライキについて後述するのでそちらを参照）とは、カカオ豆だろうが貝殻だろうが赤銅の斧だろうが、様々な商品に対して十分な代用貨幣を供給することを意味する、とも指摘する。

だが、中規模の都市でさえ全員が取引の大部分をこのような通貨でおこなえるようにするためには、何百万個もの代用貨幣と、それに伴う保証が必要になる。(8) たしかに、前産業経済から産業経済までの都市で代用貨幣が使われ続ければこの問題は軽減するだろうが、ソーシャルネットワークと携帯電話、暗号化の世界でこれが経済活動の実際的な障害となるとは思えない。だがそれはまたあとで議論する話だ。ここでの要点は、文明がいったんある程度の複雑さに到達すると、マネーは代用貨幣の代替品としてではなく負債に対する権利主張の手段として生まれるということで、現代の私たちのマネーは、この負債貨幣を起源としているということだ。

負債が文明化とともにあったことはわかっている。青銅器時代のシュメール、古代ギリシャ、そしてローマの三つの初期の文明で商業の進化の黎明期から金利が使われていて、それぞれの社会が発展する過程でもずっと、驚くほど安定していたこともわかっている。年換算で見ると、新しい社会における金利は直前の社会のそれよりも低かった。まず、メソポタミアでは20%だ。発掘された粘土板には個人の約束手形を使う、驚くほど流動的な市場があったことが記されている。[9] その後、古代ギリシャになると金利はおよそ10%まで下がっている。そしてローマ時代には、8%を少し上回るくらいだった。[10] 負債と利息は、文明が生まれたときからその縦糸と横糸に織りこまれていたのだ。

負債は、マネーを供給する技術の活用にまた別の観点をもたらす。負債としてのマネーは、信用説論者たちによればモノの価値を測る単位ではなく、他人への信頼を黙示的に測る単位なのだそうだ。この信頼の要素が、言うまでもなく、物事をややこしくする。社会が進化する中で信頼が共通の単位で測れなければ、これらの価値は分散し始めるからだ。

経済史を見ると、交換媒体として使われた負債が決して短期でも請求可能でもなく、したがって信頼という単位を組み入れていたに違いないと考えられる例がいくつも見つかる。為替手形として知られる長期手形は、20世紀まで商売人の間で広く使われていた。事実上、支払繰り延べの手段として生み出されたものだったのだ。そしてその後、人々が取引を容易にするために活用するだけでなく手元にも置くようになっていったので、価値の貯蔵手段になった。

大金持ち

そうなると、ざっくり言えば、価値の貯蔵手段としてのマネーの概念は負債として誕生したが、代用貨幣はその負債を商業取引するための実際的手段ではなかった、ということになる。したがって、合理的に考えれば予想できることだが、古代社会は交換媒介物を開発するようになり、十分に理解されている数多くの理由から、彼らは貴金属を選んだ。貴金属なら価値の貯蔵手段としても、支払繰り延べの手段としても機能するからだ。近東では、通貨を測る単位として基準になったのは銀だった。約5000年前に生まれたシェケルは、価格を計算する単位になる前は、特定の重さを指す用語だった[11]。聖書の時代、銀の標準的な重さがその地域での交易通貨だったが、現代の現金が持つ主要な構成要素をまだ欠いていた。そう、真正性だ[12]。この問題は西方で、西暦紀元前7世紀のリディアでの硬貨の発明によって対処される。標準化された、持ち運びのできる、見分けやすい権威の象徴で交換も容易とあって、比較的短い間（ほんの数十年）に硬貨は西側諸国に普及していく。ここで注意しておきたいのは、硬貨が東方ではすでになじみのあるものだったということだ。中国には古い銅貨が残っていて（「黄金と等価」と刻まれている）、西方よりずっと前に極東ではすでに現金が根付いていたことがうかがえる[13]。

硬貨が登場すると、シェケルは1シェケル分の重さがある銀貨を指す一般的な用語になって、その後その硬貨の正式名称となり、安定した価値の貯蔵手段から交換媒介物を経て計算単位への道筋を完了した。

負債があり、銀行があり、そしてマネーが生まれ、数千年経ってから人類は硬貨を発明した。その過程で、人類は現金を発明した。何かに変える必要がなく、それ自体が（一定の範囲内で）評価される交換媒介物で、人から人へと無限に受け渡しができるものだ。現金はマネーのひとつの形にすぎない。ただ、単純でなじみがあるため私たちの頭の中でマネーというと現金を思い浮かべるが、明らかに、ベストな形ではない。そう、現金は便利だし匿名性が保たれるが、それには黙示的な税が伴い、盗難や不正使用のリスクがある。この問題については、またあとで戻ってこよう。

鋳造

近世前期、硬貨は封建時代の経済の大半で交換媒介物としては使われていなかったかもしれないにもかかわらず、価値の基準となった。イングランドの硬貨の歴史が、この事実をかなりわかりやすく教えてくれる。経営コンサルタント会社コンサルト・ハイペリオン（何年も、何年も前に私が設立を手伝ったコンサル会社だ）の本社があるギルドフォードが歴史の中で初めて登場するのは、アルフレッド大王の遺言の中でサクソンの村として記されたときだ（アルフレッド大王は899年に死去した際、この村を甥のエゼルウォルドに遺した）。そこには住民が数百人しかいなかったが、すでに独自の鋳造所を持っていた。イングランド最強の君主が銀貨のペニーを鋳造するために造らせたうちのひとつだ。王がそのようなことをしたのは、経済意識の高い君主なら誰でもわかっているように、良質な硬貨にはすぐれた経済効果があることを知っていたからだ。硬貨そのものは経済的成功の道を生まないが（規制された市場、不正に対する懲罰、売買の証人等々も要素となる）、取引を促進する役割を果たし、したがって、富を生み出す手助けをした。

イングランドは、当時すでに裕福な国だった。牛1頭が数シリング（銀貨24枚）で買えた時代に、アングロサクソンの諸王国はデーン人に侵略を思いとどまらせるため、991年から1012年の間に13万7000ポンドも貢いでいたのだ（これがデーンゲルドというやつだ）！　貨幣鋳造者たちが使用した金型の数とそれらのひとつひとつが製造できた硬貨の量から推測すると、毎年300万から400万枚のペニーが造られていた計算になる(14)。そして、国中で見つかった硬貨の汚れ具合やすり減り具合を見れば、それが価値の貯蔵手段として貯めこまれるだけでなく、実際に流通していたことがわかる。

硬貨はいま考えても驚異的なほどに成功した技術だ。現代になってもまだ大量の硬貨が使われているという事実がそれを裏付けている。２０１０年、アメリカでは60億枚以上の硬貨が造られていた。うち、１セント銅貨が40億枚、５セント白銅貨が５億枚だ。２０１１年には80億枚以上の硬貨が製造され、うち１セントが50億枚、５セントが10億枚だった。どちらも、造れば造るほど赤字になる（１セント硬貨を造るのには約1・5セントかかる）。そしてその大半が、ただ捨てられるだけだ。

モンデックス物語

アルフレッド大王が治めていた9世紀のウェセックスから21世紀のウェセックスへの変遷を見ると、技術とマネーの関係に私がどうして魅了されているのか、その始まりがわかるはずだ。一昔前、多くの国の銀行は現金に置き換わる技術として、多種多様な電子財布システムを試し始めていた。その時代から、私たちは学ぶことができる。なかには新しいテクノロジーを使ったところもあったが、現金代替物の第一波は未来ではなく、現在のパラダイムの中にしっかりと根ざしている。電子的な法定不換通貨を導入するために、カードを採用したのだ。

これらの取り組みの中でもっとも「現金っぽかった」モンデックスが、非常にわかりやすいと思う。私自身にとっても身近な話だ。なんといっても１９９５年7月3日、ロンドン郊外の工業都市スウィンドンの中心部で地元紙『イヴニング・アドバイザー』の販売店が世界初のモンデックスを販売したとき、私はその場

図 1-1　モンデックスカードとウォレット

にいたのだから！　それは、とても興奮する1日だった。モンデックスの立ち上げまでに、コンサルト・ハイペリオンの仕事仲間たちがこのプロジェクトにもう何年も取り組んでいたからだ。モンデックスは、不正防止チップ（このチップがのちにありとあらゆるものに組みこまれていくことになる。そのひとつが、消費者向けのスマートカードだ）を基盤とする電子財布の一種だったが、その大きな特徴は、仲介なしにこちらのチップからあちらのチップへと価値を直接移せるため、コストがかからないという点だった。言い換えれば、利用者は第三者を介さずにお互いに支払をおこなうことができるので、手数料を取られないですむのだ。本当の意味で、現金代替物になるはずだった。

モンデックスは、1990年にナショナル・ウェストミンスター銀行のティム・ジョーンズとグレアム・ヒギンズによって発明された。ミッドランド銀行（現在はHSBCの一部）やブリティッシュ・テレコムと共同での試験運用のため、この商品を一般販売する場所として選ばれたのがスウィンドンだった。ここが選ばれたのはイギリスでもっとも平均的な街だったからで、ここの出身である私としては、興奮せずにはいられなかったのだ！

発売当日、商品を引き受けてくれる小売店での準備にかなり手間がかかったわりには、かなり広い地域に商品が準備されていた。小売店には特殊なＰＯＳ（販売時点情報管理）端末が必要で、さらに特殊な「ロック解除」端末も必要だった。カードは4桁のパスコードでロックすることができた。事前の意識調査で利用者が要求した仕様だ。そのパスコードを設定するには、計算機のような専用の電子財布と電話が必要だった。当時、これらを持っている消費者はほとんどいなかった。モンデックスを引き受けた小売店はすべて、ロック解除機器を装備しなければならなかった。蓋を開けてみると利用者はほとんどがカードにロックなどかけず、したがって解除機器を使うこともなかったのだが、ロックがかけられるという事実と、解除するための端末が目に見えるところにあるという事実が、システムに対する信頼を生んだのだった。

スウィンドンの１０００店舗の小売業者のうち７００軒以上がモンデックスを採用した。これは、立ち上げまでにプロジェクトチームが費やした努力の見事な成果だった。全般的に見て、小売業者は前向きだった(15)。商店やパブは小銭を扱ったり、ずっしりと重い硬貨の袋を持って銀行へ預金に行ったりする手間を省きたかったのだ。小売店の多くが取引手数料のかからないことに魅力を感じ、一部の店舗にとっては、取引手数料以外に現金の取り扱いや管理にかかるコストが省けることも魅力だった。現金の取り扱いをやめたがっていたある美容院が、その理由を「現金は不潔で四六時中手を洗わないといけないから」と話していたことを覚えている。あるパン屋は、人手不足で困っていたから助かると話していた。だが、「小売業者の観点からは非常にいい話だ」と新聞販売店の店長リチャード・ジャクソンは言ったものの、「実際に使っているのはうちの客の１％にもならなかった」そうだ。その理由として、彼はこう説明している。「みんな、それがなんなのかわからなくなっちまうんだ。スイッチカード〔イギリスで１９８８年―２００２年に使われたデビットカード〕とかクレジットカードと混同するんだよ」[16]

ともあれ、モンデックスは消費者には受けなかった。なにしろ、手に入れるだけで一苦労だったのだ。私自身、カードを作るために初めて銀行に行ったときのことをよく覚えている。50ポンド持って銀行に行けば、50ポンド入金したカードを持って帰れるものだと思っていた。だが、そうはいかなかった。まず口座を立ち上げ、用紙をいくつか記入して、それからカードが郵送されてくるまで待たなくてはならなかった。ほとんどの人がこれだけの手間をかけるのを面倒くさがって、最終的には１万４０００枚ほどしかカードは発行されなかった。

私は裏でちょっと糸を引いて、両親にモンデックス専用の電話を持たせた。ほかの人たちのようにＡＴＭまで行かなくても、自宅でカードに入金できる機器だ。ブリティッシュ・テレコムはスマートカードを内蔵した専用の固定電話を開発していて、それを使って銀行に電話をすれば、カードを使って入金や送金ができる仕組みだった。私はこれが気に入って、これこそ未来だ！　と思ったものだ。両親も、この電話が気に入った。モンデックスが使えるからではなく、スマートフォンができる前の時期、銀行窓口やＡＴＭに行ったり、支店に電話をかけたりしなくても口座の残高を知ることができたからだったが。

この専用電話を持っていない人たち（実質的に、ほぼ全員）にとって、カードに入金するにはＡＴＭに行く必要があった。ここで問題なのが、このプロジェクトにかかわった銀行が、ＡＴＭのインターフェースを設定するのにとんでもなくおかしな方法を選んでいたことだ。先ほど書いた通り、カードを手に入れるにはまず銀行口座を持っていなくてはならない。つまり、キャッシュカードも持っているということになる。モンデックスカードに入金したかったら、まずＡＴＭに行って、キャッシュカードを挿入する。暗証番号を入力して、「モンデックス」だかなんだか画面に出てくる選択肢を選んで、それからさらにモンデックスカードを入れなければならない。ほとんどの人が、この手間を面倒くさがった。ATMに行ってキャッシュカードを入れるのなら、そのまま現金を引き出したほうがよっぽど早い。というわけで、ほとんどの人がそうした。

小売店での発売から数カ月後、モンデックス専用の券売機が街中の6カ所の駐車場に設置されていた。そしてその数カ月後には、カード読み取り機が電子マネー利用者に運賃割引を提供するバス会社の80台のバスに設置されていた。これらは、現金を出す手間のほうが、電子マネーを入手する手間を上回った場所だったと記憶している。父は街中の駐車場では小銭を探してごそごそやるよりもカードを使うほうを好んだが、機械がうまく働かないことが多く、そうすると私に電話をかけてきて文句を言うのだった（それを受けて、私はティム・ジョーンズに電話をかけて文句を言うのだった！）

数年後、この話をティムにしたら、彼は説得力のある説明をしてくれた。それは、今にして思えば地理的な遍在性を求めるよりも、彼が言うところの「ブランドの遍在性」を求めるべきだったというものだ。言い換えれば、どこの駐車場でも、あるいはどのバスに乗ってもモンデックスが使えるようにしておくべきだったということだ。残念ながら、駐車場はいまだに現金を受け付けている（そして先日私が車を停めようとしたときは小銭がなかったので、車を置いて近くの店に札をくずしに行き、それからまた車のところまで戻ってこなければならなかった）

というわけで、モンデックスが現金の割り前を大きく奪うことはなかった。現金は、今も健在だ。現金は、すべての小売取引の半分近くを占めている。モンデックスの立ち上げ当時は、3分の2以上を占めていた。キャッシュレスへの進歩は見られるが、電子財布の力でないことは確かだ。

モンデックスの教訓

私は、数々のモンデックス試験運用すべてから教訓を得た。スウィンドンの初回パイロットだけではなく、その後アメリカやカナダ、イギリス南西部で実施された試験運用からもだ。

第1の教訓は、こうした取り組みを立ち上げるのに、銀行に任せるのはかなりの確率で間違った選択肢だということだ。たとえば、ケニアのモバイル送金サービス「エムペサ」に携わったときの経験からは、当時私がとんでもなく当惑して混乱していた原因が、新製品をどう展開するかを決めていたのが銀行だという事実に尽きるということがわかった。携帯やインターネットのフランチャイズをしないという決定も、ATMの導入についての決定も、地域ごとの使用許諾についての決定も、銀行が下していた。イングランド南西部のエクセターにあるパブの店主たちがパブにもモンデックスの端末を設置してほしい、学生はみんなカードを持っているのだから、と頼むと、銀行は大学の電子財布は大学内での使用だけを目的としているから駄目だと拒絶した。普通の会社なら、こんな考え方はしないはずだ。

革新的なアイデアや新しい活用方法を思いつく人も、大勢いた。独自のモンデックスカードを発行したがった小売業者、入金済みの使い捨てカードを買いたがった団体、等々。全員、門前払いされてしまった。カードに「スウィンドン・マネー」を入れたがったいくつかの慈善団体との会合に何回か出席したことを思い出す。私は、ものすごく面白いアイデアだと思った。だが、銀行は興味を示しもしなかった。

第2の教訓は、取引コストの計算（ここに私はかなりの時間を費やした）が重要ではなかったということだ。特定の状況で展開するかしないかの決定には、なんの影響も与えなかった。衛星テレビの視聴料を払うコストが、登録管理と請求のプラットフォームを構築するよりプリペイド式のモンデックスを使ったほうがずっと安く上がることを証明するために膨大な時間をかけて計算をしたのに、誰も気にも留めてくれなかった。

当時衛星テレビの展開に資金を出していた銀行やブリティッシュ・テレコム、衛星テレビのプロバイダーにもこの計算結果を持って発表しに行った。それでも、誰一人注目してくれなかった。銀行の連中はそれだけの処理能力がない、と言った（たぶん銀行の別の部門が儲かることに金を使うのに興味はない、という意味だったのだろうと思う）。大口の買収事業をやっている銀行は互いに競合する立場にあったので、彼らも私には耳を貸してくれなかった。私が何よりも重要だと思っていた取引コストは、主要な推進力ではなかったのだ。

今ではもちろん、あの不正防止チップが iPhone にもサムスンにもアンドロイドにも入っていて、銀行とは何の関係もないことがわかっている（もっと言えば、携帯事業者とも関係がない）。私たちは物理的セキュリティの中に電子マネーを固定するアーキテクチャと必要性については正しく理解していた。ただ、誰が立ち上げるかを見誤ってしまったのだった。

第3の教訓は、ソリューションが技術的にはすばらしくても、あまりにも孤立しすぎていたということだ。世界はインターネットと携帯電話、そしてオンライン全般の時代へと移行しつつあったのに、モンデックスはそのどれひとつとして活用しないことをやろうとしていた。展開当時、私は銀行の戦略部門で、とある大手経営コンサルタント会社がやっていた小売銀行業の未来についての研究に役立てられる、技術的なインプットを提供するという任務に就いていた。その研究にインターネットや携帯電話、それにデジタルテレビについても（これも私が大ヒットするはずだと思っていたものだ！）一言も触れていないので驚いたことを覚えている。私が見るかぎり、彼らの研究の大半は、支店の調度品をデザインし直すことに費やされていた。モンデックスは、「オフライン」という概念がフェードアウトしようとしていたまさにそのときに、もっとも低いコストでオフラインのピアツーピア（P2P）での電子送金ができるように設計されていた。この根本的な変化に乗り遅れたのはモンデックスだけではなかった。結果論になるが、ダンモントやプロトン、ゲルトカルテ、モンデックス、SEMP、VISAキャッシュ、その他諸々の電子マネーが物理的な世界で現金と張り合うことに情熱を燃やしてばかりいて、現金がないバーチャルの世界に注力しなかったのはなぜかと問いかけてみるのも、興味深いかもしれない。

これは、実験のかなり初期の段階で私には明白に見えていた。これは、結果論などではない。私はカナダとアメリカでのモンデックスの試験運用からも、同じ教訓を得ている。銀行はモンデックス端末をすでに完璧に機能しているほかのカード端末があるところにばかり設置した。スウィンドンでも、銀行が発行した支払カードが使えるところ（スーパーなど）でモンデックスカードが使えたが、デジタル・キャッシュが本当に優位に立てるインターネットや自動販売機、街角の店や新聞販売店などでは使えなかった。

オンラインのフランチャイズや携帯事業者のフランチャイズという概念を議論する会議に出席していたと言っても、秘密を暴露することにはならないといいのだが。モンデックスの関係者の中にはこれがいいアイデアだと思った人もいたが、銀行は反対した。支払は自分たちの仕事だと思っていて、その展開の基盤として物理的な縄張りを意識していたのだ。だが、『エコノミスト』誌が2001年に「キャッシュレス社会の夢」と題した記事で述べたように、「初期の価値貯蔵型カードのひとつであるモンデックスは1994年にイギリスの銀行が立ち上げたものだが、いまだにバーチャル現金を生み出す最高のツールだ」

モンデックスが苦戦していたのと同じころ、私と同僚たちは、支払にビジネスの可能性を見出し始めた携帯事業者向けの別のプロジェクトに取り組んでいた。この複数の携帯事業者はすでに不正防止のスマートカードを何百万人もの利用者に届けていたので、そこに電子財布の機能を追加するというアイデアを検討していたのだ。残念ながら、SIMにそのままモンデックスの財布を載せるわけにはいかないので、ことはうまく運ばなかった。やはり、銀行に発行を頼まなければならない。だが、どこの銀行も発行してくれなかった。

図 1-2　「ビットコインが使えます」。たった 20 年で、スウィンドンの革新的な小売業者たちはモンデックスでの取引をいっさい目にしなくなるところから、ビットコインでの取引をいっさい目にしなくなるところまで来ている。

ひょっとすると、この携帯電話事業がヒットするのかしないのか、様子を見ていたのではないだろうか。

近距離無線通信（ＮＦＣ）向けに携帯事業者のＳＩＭを使うよう、銀行を説得した結果を見てほしい。モンデックスがインターネットに取り組み始めるのはまだ1年先の話で、始めてからも、オンライン取引や支払の前例のなさに進捗を妨げられた。のちに電子商取引プロトコル（ＩＯＴＰ）となるものを作り上げようと多種多様な組織と会議を重ねていた楽しい時間を思い出す。何かを始めようとがんばっていたのだが、結局何も動きださなかった。それに、代わりのものがもういくつも立ち上がって走りだしていた。ディジキャッシュが実用化されたのは、モンデックスの1年前だ。いまやＶＩＳＡとマスターカードがそれぞれ違う馬に賭けているような分断された市場で、モンデックスの提案は崩壊しつつあった。

こうして、数々の理由から、モンデックスが勢いを得ることはなかった。スウィンドンで目標としていた4万人の利用者の半分も獲得できず、利用頻度も低いままだった。20年経った今、デビットカードと携帯電話（さらにその二つを組み合わせてアップルペイ、アンドロイドペイ、ウィーチャット、ウォルマートペイなどの諸々）は現金を置き換えつつある。ウェブ上にはまだ現金代替物の大衆市場はない（いや、ビットコインがあることはわかっている、もちろん）。そしてプリペイド式カードはまだ高額とはいえ（既存のデビットの枠組みを使っているからだ）、広く普及している。そして今から10年後、強力な認証システム、プライバシー保護、買い手主導の支払やリアルタイム決済のネットワークが、モンデックスが目指していた目標を達成するだろう。現金の利用をすべての支払の余りもの程度にまで減らし（取引件数で言えばだいたい3分の1、金額で言えば10分の1くらいまで）、個人間の電子送金を安全かつ簡単にするのだ。

１９９５年7月3日、私は金融サービスの新時代の到来を目撃しているつもりだった。だがそれが実際に訪れたのは1カ月後、8月9日にネットスケープが新規株式公開をしたときだった。

2　1066年とその他いろいろ

公的債務から造られた仮想通貨として合札を使うという古い習慣。

――クリスティン・デサン『マネーを造る――硬貨と貨幣、そして資本主義の到来』2014年

近代以前の時代、硬貨は十分に機能していたが、いったん貿易がある程度のレベルと複雑さに到達すると、当然重荷になってくる。11世紀初頭、イングランドでは地代は商品やサービス、そして（一番重要度が低かった）硬貨で回収されていた。その世紀の終わりまでに地代はマネーで回収されるようになり、商業革命が始まる。[1] 時代の中でのこの変遷が硬貨不足を招き、特に額面の小さい小銭がしょっちゅう足りなくなるという事態になった。このテーマについては、フランス革命と産業革命という二つの革命について議論する際にまた触れよう。繁栄が続き、貿易が盛んになると、歴史家たちが「地金飢饉」と呼ぶようになった状態が生じる。これは、銀がどんどん東へ流出していくのに、鉱山からの新たな供給が間に合わないという状況だ。政

府は減ってしまった銀を元手に経済を回し続けるという難しい問題に直面することになった。イングランドでは、毎年最低でも1000ポンド分は硬貨を生産してきていた鋳造所が、15世紀初頭までには年間たったの182ポンド分しか生産しなくなっていた。[2]

当時、中世ヨーロッパ全域では、貨幣経済が発展しつつあった。だが、実際に流通しているマネーはそれほど多くなかった。グレイバーが「マネーは負債を測る尺度だ」と言ったことを覚えているだろうか？　イングランドに限って言えば、その尺度は実際に使われていた。「合札《タリースティック》」というものがイングランドで使われるようになったのは、1066年に悪名高い戦犯、庶子王ウィリアムによる不当な侵略と王朝交代がおこなわれたあとだ。租税査定が国中の各地でおこなわれ、州《シャイア》の長官が税を回収して国王に納めることが義務付けられた。州長官と国王の双方がお互いの持ち分を正確に認識できるよう、租税査定は木の枝に目盛りを刻んでその枝を二つに折るという方法が取られた。そうすれば、双方が耐久性のある租税査定の記録を手元に置くことができる。支払期限が来ると、州長官は現金を国王のもとに持参し、長官が持っている半分の枝を、国王が持っている半分の枝と突き合わせる。制度が進化するにつれて、税は2段階で納められるようになっていった。半額は3月末の復活祭《イースター》に、残りは9月29日の聖ミカエル祭に支払われ、そのときに「札合わせ《タリーアップ》」がおこなわれるのだった。

この手法は、うまくいった。合札に使われた棒切れは小さく、耐久性があったし（なんといっても、いまだに残っているのだから！）、保管も持ち運びもしやすく、読み書きできない者（つまり、ほぼ全国民）にも理解できた。ただし、新技術としてはすぐに、いくつかの予期できなかった性質を示すようになる（これは、記録保持機能という側面においてだ）。どのようなテクノロジーでも、長期間使われるうちに独創的な連中が現れ、そのテクノロジーを異なる時代の異なる文化的概念の中で使おうとするものだ。合札はある意味、負債を記録するための分散型台帳だった。それがほどなくして、マネーの代わりに使われるようになっていった。

タリーホー！

1189年にフランスで死去したヘンリー2世がまだ国を治めていたころ、大蔵省はすでに王宮における最先端の組織立った部門で、綿密に配置された人員を大勢抱えていた。この大蔵省の運営を可能にするために合札が採用されたということで、興味深い影響が生まれた。国王は（たいがいそうであるように）税が支払期限を迎えるまで待ちきれなくて、利子付きでカネを借りることができなかったので、合札を安く売ったのだ。合札の所有者は、税が満期になったらそれを現金化すればいい。事実上の有期国債だ。金利の支払は教会によって禁止されていたので、合札を安く売るという行為は、王族が神のあずかり知らぬところで借金できる主な手段となった。

合札の割引は国債の金利に相当するものになるわけだが、ご想像の通り、その割引率は様々だった。経済状況が変われば、割引率も変わる。経済学者アダム・スミスが『諸国民の富の性質と原因の研究』の第5篇第3章「公的債務について」で書いているが、貨幣の質が悪化してイングランド銀行が取引を停止していたオレンジ公ウィリアム3世の時代には、この割引率は60％にまで達したそうだ。そうなると、当然、合札制度は大蔵省によって濫用されかねない事態になる（実際そうなった）。換金できない合札を大蔵省が売りさばいたのだ。だが王族はすぐに、合札を手放さないほうがいいことを知る。そんなことをしたら将来的に合札の割引率が高くなって、財源を圧迫することになるからだ。

まとめると、12世紀半ばまでにはロンドンを中心とする国債市場が機能していたということになる。王族は、国民が入手した合札が価値を持つかぎり、それが十分に機能する交換媒介物として流通することを許した。[3] ロンドンの金融市場がこれほど洗練されているのも納得だ。もう１０００年も前からやっていたのだから。私はしばしば、過去に貨幣技術の革命など一度も起こらなかったと思いこむという罠に陥る。そうすると、過去の重要な発展がどれほど急速に金融「機関」によって取りこまれて当たり前のものになっていったか、一見近代的に思える金融構造の要素のいくつかが本当はどれほど古いものかを忘れてしまう。そして、これは国債に限った話ではない。１２３８年にヴェネツィアの首長《ドージェ》が逝去したとき、彼は現代のポートフォリオと見紛うような財産を遺した。現金（硬貨）が７％、そして残りは流通地方債券と「パートナーシップ」（普通株の前身となるもの）だった。[4]

合札市場は、急速に発展した。（たとえば）ブリストルの誰かが、（たとえば）ヨークで満期を迎える税の合札を持っていたとする。ブリストルの人物は、支払を回収するために自分がヨークまで行くか、適切な割引額でその合札を買ってくれる誰かを見つけなければならない。こうして合札市場は成長し、割引によって様々な一時的および空間的条件の中で取引されていった。記録からは、大蔵省で働いていた役人たちがこの市場の円滑な運営を助けたことがわかっている。[5] 合札の分散型台帳技術は支払繰り延べの技術を価値の貯蔵手段へ、そこからさらに交換媒介物へと変換するために用いられ、棒切れは何百年にもわたって広く使われ続けた。

元来新しいテクノロジーに対しては懐疑的な、保守的で思慮深い機関であるイングランド銀行は、１８２６年まで木切れの合札を使い続けた。複式記入の簿記が発明されてから５００年後、ヨハネス・グーテンベルクの印刷機が発明されてから４００年後までだ。そして、イングランド銀行はイギリスらしいうまい妥協点を思いついた。棒切れから紙へは移行するが、木製の合札をどう使うか知っている最後の人間が死に絶え

図2-1　中世の合札（出典：ウィンチェスター市議会博物館（Flickr）。ウィキメディア・コモンズより入手）

るまでは、バックアップとして棒切れも残しておくというものだ（「印刷」などという技術がうまくいくかどうか、わかったものではなかったからだ）。

こうして図２－１のような合札は流通から外され、１８３４年まで下院に保管された。そしてついに、合札はもう必要なく、焼却処分するべきだと当局が判断する。実を言うと、そのときあまりにも熱心に燃やしすぎたために大火事を起こしてしまい、下院の建物が跡形もなくなってしまったほどだった。[6] もとの中世の王宮に代わって、建築家サー・チャールズ・バリーが設計したヴィクトリア朝様式の建築物に建て替えられたのは１８４０年以降だ。この出来事には貨幣技術の革新がもたらす長期的影響にまつわる象徴的意味があまりにも大量に詰めこまれているので、もし小説で書かれていたら誰も信じなかっただろうと思うくらいだ。

技術と市場

貨幣技術は、どのような技術とも同じように、予期せぬ結果の法則を見せてくれる。新しいテクノロジーが進む方向がはっきり見えると主張する人間の前に、この事実が立ちふさがる。[7] 合札の話は、その非常にいい例だ。負債の記録として生まれた技術が、すぐに貨幣市場の基盤になるものへと変化した。そして、「もっといい」代替手段が現れたずっとあとまで使われ続けた。近代世界は「クレオール」技術の世界だ、と言ったのは歴史学者デイヴィッド・エッジャートンだ。生まれたところから持ってこられた技術がほかの場所でもっと大規模に活用されるようになったことを植民地時代に入植者と現地の人々の混合で新たな人種や言語が生まれたクレオール文化になぞらえた、うまいたとえだ。(8) 金融技術の現代の革新について予期せぬ結果がどのようなものになるか、今言い切ることは不可能だ。だが、そのような結果が多少なりとも生まれるだろうことは予想できる。

この本の要点ではないが、合札の新たな技術を負債から交換媒介物へと進化させるうえでは、ロンドンの金融と商業の中心地であるシティ・オブ・ロンドンが果たした役割に注目すると面白いと思う。新たな貨幣技術が導入されるとき、ロンドンはいつでもその変化を生き抜き、繁栄してきた。紙幣、為替手形、デリバティブ、電子資金取引。シティは常に金融革新とセットで考えられてきたし、何より重要なことに、新たな市場の創造とも関連づけられてきた。それが特に顕著な保険に目を向けてみよう。保険はロンドンで発明されたものではない。１６０１年の保険法の序文では、保険が長年の実績を持つビジネスだと述べられている。(9) 実際に使われているのはこのような言葉だ。「これは商人たちの間では大昔から用いられてきたものであるが……」

ロンドンが発明したのは、保険の市場、「ロイズ」だ。現在、シティはいまだにすぐれた市場を提供している。世界の為替取引の41%を手掛けているし（ニューヨークと東京を合わせたよりも多い）、世界中の銀行貸出の17%はロンドンでおこなわれている。(10) すべての国際債券の3分の2近くがロンドンで発行されているし、その取引の4分の3はシティでおこなわれているのだ。シティは金融取引をまとめる世界の中心地で、２００

0年時点で世界中の石油貨物の半分は、バルチック海運取引所で指数が決められていた。[11] イギリスがユーロ圏に加盟したことは一度もないのに（近いうちに欧州連合の一員ですらなくなるのに）、ロンドンはユーロの主要取引市場だ。こうしたことすべてを考慮すると、シティがブロックチェーンや量子コンピューターのことを心配する必要はどこにもないように思える。今までずっとやってきたことをやり続け、技術の変化をうまく活用していられれば、の話だが。

公平を期すために言っておくと、最近の政府は「金融技術《フィンテック》」のるつぼとしてのシティの位置づけを促進するためにかなりの努力を費やしていて、イギリスのＥＵ離脱《ブレグジット》があろうがなかろうが、ロンドンが貨幣的実験と革新の中心地であり続けることは間違いないと私は確信している。

歴史からの警告

木製の合札から、人類は中国での世界初の大規模な紙幣実験へと移っていった。これが中国でおこなわれたのは意外ではない。なんといっても、紙幣に必要な紙と印刷技術は中国で発明されたのだから。だが、紙を紙幣に変えるには本物の革新が必要で、それはモンゴルからやってきた。

モンゴルの財政政策は当初、混乱していた。チンギス・ハーンが１２１５年に中国を征服したとき、彼の和平作戦は中国人を全員殺すというものだった。中国が今と同じく当時も世界で一番人口の多い国だったことを考えると、楽な作業ではない。だが幸いにも、チンギス・ハーンの顧問の1人、世界中の財務大臣の守護聖人と言っても過言ではない耶律楚材《やりつそざい》が（おそらくは、原始的な算盤を使う一種の財務省組織を通じて）こう進言した。「死んだ農民は、生きた農民よりも納める税金がずっと少のうございます」。そのおかげで、殺戮計画は中止となった。

そして、経済は成長する。1260年、チンギスの孫フビライ・ハーンが中国の皇帝になった。フビライは、銅の「現金」から鉄の延べ棒、真珠、塩、正金までのありとあらゆる通貨があると商業と税にとっては負担が大きいと考え、マルコ・ポーロも記録に残した紙幣を導入することにした。

フビライの法定通貨政策はわかりやすい単刀直入な内容で、今の私たちが見慣れているものよりもずっと頑強だった。生じた債務の最終的な全額決済としてこの紙幣を受け取らなければ、死刑になるのだ。当然、ごくわずかな期間に新しい単一の通貨が確立され、金や宝石、銅貨や金属の延べ棒に代わって紙幣が流通するようになった。

だが残念ながら、この紙幣は大失敗に終わった。供給が管理されていなかったからだ。耶律楚材の時代が終わると貨幣当局の役人たちが大量の紙幣を印刷するという誘惑に勝てなくなり、ハイパーインフレが起きて崩壊へとつながったのだ。中国の支配者たちは、事実上、自国の通貨を自分たちで偽造しまくっていたことになる。

実験と経験

偽造は管理可能なリスクであるということにしておいて、紙幣の話に戻ろう。中央銀行という考え方を強く拒否した（1907年の金融恐慌が直接の引き金となって1913年に連邦準備銀行が造られるまで、アメリカには中央銀行がなかった）生まれたてのアメリカ合衆国が工業化世界における初の大規模な貨幣実験の地となり、最終的には世界中の準備通貨を引き受けることになったというのは、興味深い事実だ。では、植民地へと目を向け、18世紀初頭におけるイギリスから見た北米と、現在の私たちが見るバーチャル世界との間に、未来のマネーの傾向について何か教えてくれるような役立つ類似性は見つかるだろうか？

たとえば、これはどうだろう。はるか遠くで起こったゲリラ戦争で、超大国が不景気に陥る。その超大国は故郷から何千キロも離れたところにいる軍（しばらく勝ち続けている）に補給をしなければならず、それが非常にカネのかかる政策になったからだ。戦争を応援する空気は一時的なもので、それが国民も、政治指導者たちも分断する。ゲリラ側は、超大国の最大のライバル国によって、金銭的にも軍事的にも支援されている。死者が増え、将軍たちが屈辱を受けるなか、戦争はだらだらと続く。反乱は何度も叩きのめされているのに、勢いを増してくる。これはイラクの話だろうか？　それともベトナム？　違う。これは歴史学者ケネス・デイヴィスが見事に説明してみせた、1782年のイギリス領北米の話だ。真剣に検証する価値があるこのたとえは、承諾しがたい不当な政策がやがて分裂へとつながる紛争のもととなることを教えてくれる。こうした紛争の種が芽吹く条件は、簡単に見てとれる。

- 条件が異なる、遠くの植民地
- 政治家たちが国家の最大の利益に反する行動をとっていると指摘されながらも、これをやらなければならないという切迫感から行動を起こす（1774年、イギリスの「戦争大臣」ロッキンガム侯爵が、アメリカでの陸上戦争は無駄だしコストはかかるし、勝つのが不可能だと述べている）
- 立法者たちが、自分たちでも理解できないようなものを既存のモデルの中に押しこめようとする（イギリスの政治家たちは、アメリカについてほとんど何も知らないまま政策を進めていた。アメリカに行ったことがある政治家は1人もいなかったし、商人階級と違ってアメリカ人を見たこともなかったし、知ろうという努力すらしなかっ

た）

この植民地のたとえは、銀行と金融の世界が政治と商業の世界と同じくらい変化し得ることも教えてくれる。先に述べたように、アメリカの植民地では硬貨のための地金がほとんどなかった。イギリスが輸出してくれなかったからだ。これが、マネーの歴史上最大の革命のひとつへとつながる。ほかの不便な交換媒介物の代わりとしてではなく、マネーを創る手段としての紙幣の発行だ。１６９０年のマサチューセッツ湾植民地を皮切りに、紙幣は借入や課税の必要性に伴う高いコストや不透明性を避けるため、貧しい政府によって発行されていった。

新たな価値の貯蔵手段を生み出すとは、どういう意味を持つのだろう？　カカオ本位制についてはすでに見た。イギリスの植民地では、価値の貯蔵手段は物理的な商品に紐づけられていた。必ずではないが、たいていの場合、それは金だった。アメリカは金本位制より倍も長い期間、タバコ本位制に依存していた。タバコは、１６４２年にはヴァージニア州で法定通貨に定められている。これは金や銀での支払を求める契約の違法化に伴うもので、２世紀も続いた。その一方でアメリカの金本位制は、１８７９年から１９７１年までしか続かなかった。

ブロックチェーンやスマートフォンの時代、バーチャル金融ビジネスへの参入障壁は低い。それなら、若いアメリカ合衆国でおこなわれたものと同じような貨幣的実験が見られるだろうと思うかもしれない。新たな技術のもっとも革命的な影響が、有益な交換媒介物としての能力よりも新たな形の負債を貨幣化する能力から生まれ、それがその負債の権利主張となる価値の貯蔵手段を生むというのは可能なことだ。私が新しいバーチャル通貨としてのビットコインに対して懐疑的でいる理由のひとつが、これだ（これもまた、本書の第

Ⅲ部で立ち返る問題だ)。

先ほどの植民地のたとえが成立するとすれば、新しい形のマネーだけではなく、まったく新しいバーチャル金融業界の発展と誕生が期待できるということになる。それは今の私たちが知っている既存の金融業界とは、部分準備銀行がリディアの琥珀金《エレクトラム》の硬貨鋳造とはかけ離れていたのと同じくらい異なっている。第15章に登場するアーティストのオースティン・ホールズワースが予想したエネルギー本位制の例などのような新たな本位制――一次産品や二次産品には無関係だが、将来の商品生産やサービス提供を要求できるような本位制が生まれるほうに、みんな賭けるのではないだろうか?

ちょっと一言

余談だが、現代社会とかつての新世界とのさらに興味深い類似点は、暗号化やインターネット上での個人に対するスパイ行為をめぐって起こっている論争と、植民地で課税をめぐって起こった論争との間にも見ることができる。1760年代、イギリス政府は援助令状を導入し、税金逃れを取り締まろうとした。だがもちろん、これはうまくいかなかった。実施にかかったコストが、回収できた税収よりはるかに高かったからだ。令状はアメリカ特有のものではなく、同様の法令がイングランドでも導入されていた。大不評だったサイダー税もそのひとつで、この税はウィリアム・ピット首相のこの有名な非難演説のきっかけとなった。

小さな小屋に住む誰よりも貧しい男が、王宮のすべての勢力にも立ち向かおうとするかもしれない。小屋は貧弱かもしれない。屋根は雨漏りがするかもしれない。隙間風が吹き抜け、嵐や雨も入ってくるかもしれない。だが、イングランドの王がその小屋に入ることはかなわない。その軍勢をどれだけもってしても、廃墟のようなその住居の敷居を、一歩たりともまたぐことはできないのだ！

これは、この時代以降に出たどの要求にも劣らないくらい強いプライバシーの要求だ。18世紀当時、イギリス政府はまだ、植民地が今でいうテロリストやマネーロンダラー、麻薬密売人や児童ポルノ愛好者たちに乗っ取られるのではないかと懸念していた。特に、まだルイジアナ州に手をかけたままでいたフランス人を恐れていた。これらの悪から守ってやるための税金を植民地に支払わせようとしたのに、拒否されたのだ。

そして、事態はさらにまずくなる。アメリカ史学者バーバラ・タックマンによれば、この時期のイギリス人とアメリカ人とのやり取りに共通する特徴は、どちらも相手の狙いを深読みしすぎていたということだった。アメリカ人は、イギリス人が自分たちを奴隷化し征服する、という壮大な陰謀をたくらんでいるのだと思いこんでいた。だが実際には、イギリス人はただバカなことをしているだけだった。一方イギリス人は、アメリカ人が王権を転覆させようとしているのだと思いこんでいた。だが実際には、アメリカ人は公正な扱いを受けたいだけだった。賢く現実的な選択肢は妥協だったはずなのに、イギリスが取った強硬姿勢はそれまで存在しなかったところに反乱分子を生んだ。これは、ネット通《ネッティセンティ》たちが国家安全保障局（ＮＳＡ）や政府通信本部（ＧＣＨＱ）は自分たちのメールを盗み読みしようとしていると疑っていて、内務省がこのような考えを持つ連中を反政府分子とみなしているような現代の状況と、そんなに変わらないのではないだろうか？

このたとえを、あまりこねくり回す必要はない。周知の通り、入植者たちはイギリス支配がもたらす多くの利点を不要と判断した。これが、悲劇のもととなった。のちに政治思想家エドマンド・バークが述べたように、アメリカを保持することはイギリスにとっては、経済的、政治的、さらには倫理的にも、税によって、もっと言えばいわゆる憲法のどの原則によってでも得られたであろう収益を全部足したよりも、はるかに大きな価値をもたらすものだった。今から1世代先に、私たちは「サイバースペース」について同じように考えているだろうか？　新たな富裕層が財産をフェイスブック・クレジットやキロワットアワー、パーキング・プレイスで貯めこむなか、存在を抹消するために法定通貨に課税しようとしているのだろうか？

3 マネーと市場

国家の交易を続けるためには、特定のマネーが一定額必要である。これは、我々の置かれた状況に応じてときにはより多く、ときにはより少なく、様々に必要となる。

——サー・ダドリー・ノース『交易論』1691年

新しいテクノロジーは、新しい機会をもたらす。西欧の資本主義の伝統の中で、新しいテクノロジーは十分に理解された方法で変化の長いサイクルとともに機能してきた。バブル崩壊後の不景気が、新たな経済や新たな政策が誕生する土壌を再び造る。金融革新という概念では、これらの政策ツールは現在の技術的革命の特性とそのパラダイムにぴったり合っていなければならず(1)、だからこそ私は、現在の枠組みと現在の時間とを切り離すことが重要だと考えるわけだ。この話、わかっていただけるだろうか。

技術は制度や法システムの先へと猛スピードで進んでいってしまうため、技術革新はしばしば悲劇へとつながる。だがその悲劇も、金融サービスの共進化には欠かせない要素なのかもしれない。そのような悲劇があるからこそ規制が作られ、市場の地盤をしっかりと固め、もっともっと成長できるようにしてくれるからだ。マネーには規制が必要だ。マネーが神殿や地方の鋳造所や主権者によって造られていれば、この規制はいたってわかりやすい。だがマネーの製造がそうした集権化され制御された選択肢を超えて流れていってしまったらどうなる？

マネーの製造には、自然独占の性質はない。したがって、マネーは独占事業者によって製造されるべき技術的必要性はないし、国家によって製造される必要性ももちろんない[2]。これについては、新しいテクノロジーという光の下で、のちほどもっと詳しく見ていこう。だが、13世紀に封建制度が廃れる中でも、典型的なヨーロッパの貨幣発行当局はまだ地方領主または主教が支配する鋳造所であり、主に地方の人々の需要に応えていた。こうした支配者の金融政策の主な目的は、収益を上げることだった（その手段は通貨発行による正直なものであったり、品質の悪化による不正直なものであったりしたが）。ある程度の制約は受けたにせよ、交易証書や安定した価格による利益は、領主にとってはどうでもよかった[3]。

だが、これも変わろうとしていた。資本主義の偉大な発明は、資産に所有権をつけたことだ。銀行口座、債券、株式。それらが、手軽さは様々ながら現金化することができ、企業がマネーを使えるようにした[4]。これらの所有権は合札と同じく、マネーとして扱われる。合札の基盤となっていたのは税負債だったが、マネーに変えられる負債の形はほかにも山ほどあった。

帝国と国家

中世、ヨーロッパの巨大な交易市（ベルギー北部およびその周辺のフランドルの商人たちとイタリアとの取引を容易にするため、フランスで巨大化した）では、新たな形の負債がいろいろと生まれた。紙のおかげで、新しい形の支払へと変化したのだ。これらの市は6週間くらい続くものだったが、最初は商品の取引から始まり、最後は金融取引で終わった。最後の2週間は銀行家やその他の仲介人たちが融資の管理をしたり、外貨取引をしたり、為替手形をやり取りしたりした。当時この市でもっとも多かったのはロンバルド〔北イタリア〕、ネーデルラントやユダヤ人の銀行家たちで、取引は彼らの間の相互信頼に基づいておこなわれていた。市が終わると、銀行家たちは非公式な決済システムを通じて取引の相殺をするのだった。

14世紀には商業取引に代わってフランドルとイングランド、地中海の港との間で取引が直接おこなわれるようになり、市の重要性は低くなっていく。だが重要性が低くなる中でも、商品の売買に関しては貨幣市場としての重要性を増していった。市は起債をしたり、よそで売った商品の支払をしたり、為替手形の売り手と買い手が相手を見つけたりできる場所だったのだ[5]。

銀行家たちは、もう個人的に直接会う必要はなくなっていた。識字率が上がるにつれて紙に書かれた署名が認識され、関係者全員がその署名のついた金融取引を尊重することを約束するようになったからだ。個人向けの郵便サービスの誕生によって為替手形のやり取りはさらに簡単になり、マネーと資本を動かす事実上の手段となっていった。

やがて、市は完全に金融市に取って代わられ、（ジェノヴァの銀行家たちの力によって）フランスからミラノ近くのピアチェンツァへと移された。そして、16世紀末から17世紀にかけてヨーロッパ最大の金融市となる。

ジェノヴァ人はマネーの商人としての銀行機能を確立しており、その機能を、貿易・産業に投資する「引受銀行」とは切り離した。紙だけに基づく金融と富はイタリアや北ヨーロッパの古い銀行家たちを驚愕させたが、銀行と金融におけるこの技術的革命に押し流されてしまわないためには彼らも皆、この新しい現実に適応していくしかなかった。(6)

フランドル、ドイツ、イングランド、フランス、そしてイベリア半島の銀行家たちはピアチェンツァの市に毎年4回集まって、ジェノヴァ、ミラノ、フィレンツェの「決済所」の面々と会っていた。決済所は市への参加費としてかなりの保証金を支払っており、その見返りに、市の3日目に為替レートや金利を固定できることになっていた。銀行家や決済所と同様、市には両替商も来ていて為替手形を提示していたし、企業の代理人やブローカーも来ていた。

市の最中、誰もが現実の硬貨のやり取りを避けるような手段で取引を成立させようとしていた。現代のブロックチェーンに関係する支払手段「ペイメントチャネル」の発展は、このころの技術を模倣しているような気がしてならない。「ライトニング」というネットワークがあるが、関係当事者がブロックチェーンの外のオフチェーンでトークンを確認して最後にビットコインで決済するというこのネットワークのやり方が、まさにそうだ。金融市での未払残高は黄金で支払われるか、金利をつけて次の市まで持ち越された。これが国際金融の世界で最初に構築された決済システムで、国際貿易をもっと効率良くし、参加者全員の財産を大幅に増やした。この制度は1627年、スペイン帝国が（またしても）破算し、スペインに多額の投資をしていたジェノヴァの銀行家たちに深刻な損害をもたらすまで続いた（しかも、気の毒なことに、彼らは税金を使った救済措置を利用することができなかった）。この破綻の結果、ヨーロッパ金融の中心地は革新という不思議な魅力に引き寄せられてまずはアムステルダムに移る。のちほど見ていくが、この都市には効率の良い商人間送金を可能にする一種の銀行のようなものがすでにあって、先物やオプションといったもっと新しい金融商品を生み出しつつあった。そしてアムステルダムの次に移った先がロンドンだった。

為替手形のおかげでやりやすくなった国際貿易の成長は、経済的だけではなく政治的な重要性を持っていた。作家フェリックス・マーティンは、17世紀の作家クロード・ド・リュビスに触れている。ド・リュビスは、民間におけるマネーの一種である銀行宛てに振り出した手形の創造と活用が、経済的革新というだけでなく革命の種でもあることを明確に見抜いていた。手形は、マネーをどのような政府の管轄にもない領域に置いたからだ[7]。そして決定的だったのが、これが金塊に代わるほどの信頼を持つ、民間におけるマネーの一種だったということだ。

グレシャムの法則

事実上、戦争が起こりかけていた。金塊との戦争、国と商業との戦争だ。それは王と銀行家たちの戦争でもあって、貿易商サー・トマス・グレシャムの物語が示す通り、勝ったのは銀行家だ。私は何年か前、ロンドンのウォーターフロント再開発地区カナリー・ワーフにあるバークレイズ銀行の見事な本店の中をぶらついていて見つけたすばらしい芸術品にそのことを思い出させられた。銀行の最上階に、ガラスの展示ケースに入って飾られていたそれは、サー・トマス・グレシャムの指輪だった。マネーの歴史においてもっとも重要な人物の1人であり、トラファルガー広場の礎石のひとつに彫像が立っていてもおかしくないし、イングランドで印刷されるどの紙幣にも顔が印刷され、貨幣の革新の守護聖人として世界中で崇拝されているべき人物の指輪だ。

銀行業推進者トマス

サー・トマスの指輪が、バークレイズとどんな関係があるのだろう？　彼は、イングランドではマネーの貸し借りの先駆者であり、ロンドンでもっとも有力な貿易商だった。実際、彼は「イングランドの銀行業の父」と呼ばれている。ヘンリー8世、エドワード6世、メアリ1世とエリザベス1世に仕え、のちにマーティンス銀行となる銀行を自ら立ち上げた。このマーティンス銀行は１９１８年のリヴァプール銀行との合併を含む数々の統合を経て、イギリスで唯一ロンドン外に本店を持つ大手銀行となった。マーティンスは銀行貸し出しの最前線に立っていて、１９６７年にはイングランド北部リヴァプールのチャーチストリートに初めて「自動金銭出納機」を導入したことで知られている。

一方、バークレイズ銀行は１８９６年、20の個人銀行の合併によりジョイントストック銀行として設立された。もとの銀行はそれぞれイングランド東部のイースト・アングリアと地元の州に本店を置いていた。その後も大きな合併が続き、１９１６年にはユナイテッド・カウンティーズ銀行、１９１８年にはロンドン・プロヴィンシャルとサウス・ウェスタン銀行、１９１９年にはブリティッシュ・リネン銀行とユニオン・バンク・オブ・マンチェスターの企業支配権が購入された。後者との完全合併が完了したのは、１９４０年のことだ。１９６９年、マーティンス銀行はバークレイズ銀行に併合される。サー・トマスからカナリー・ワーフ、30階に展示されている指輪へと話がつながるのはこうした経緯だ。

だが、サー・トマスが重要なのはそれだけが理由ではない。

ここで、16世紀、ヘンリー8世の時代のシティ・オブ・ロンドンまでさかのぼってみよう。ヘンリー王はたいていの人がよく知っている。結婚に関するかなり斬新な行動と異教徒との関係に対する先駆的な活動が

図 3-1　サー・トマス・グレシャム

有名だが（ヘンリー王は6度結婚したほか、ローマ・カトリック教会からイングランド国教会を分離させた）、私が彼のことをよく知っているのは、その経済的な能力のなさからだ。歴史上の数多い独裁者と同様、彼も需要と供給の法則がマネーの場合にはあてはまらないという勘違いをしていた。そして、「通貨発行益《シニョレッジ》」という特権を濫用した。通貨発行益とは実質的に、マネーの発行者のもとに蓄積する利益のことだ（10ポンドの紙幣を作るのには、10ポンドかからないのだ!）。これについては、第Ⅲ部でもっと詳しく話そう。

ヘンリーは、王国の基本硬貨であるシリングの質を落とし、硬貨に含まれる銀のうち40%を卑金属に置き換えていた。税金を上げることなく政府の税収を増やすにはうまい方法だ、とでも思ったのだろう。この「大いなる悪化」が始まったのは1542年で、王に支配された島ではありがちなことだが、この行為も当初は大義名分（フランスとの戦争）があると考えられていた。だが経済的にはおそろしく無知な行為で、最終的にはイングランドの富の真の源だった商業を破綻させる結果となってしまった。

ヘンリーは鋳造所に対し、1ペニー造るのに使うスターリング銀10オンス（283グラム）ごとに6オンス（170グラム）の銅を混ぜるよう指示した。数カ月後、銅の含有量は1ポンド（453グラム）あたり7オンスに増やされ、さらに10オンス、12オンスと増やされていって、エドワード6世のころには13オンス（368グラム）にまで増やされていた。

端的に言えば、これは卑劣な通貨切り下げの手段だった。ヘンリーは人々が気づかずにいてくれればいいと思っていたが、国民が気づかないわけがない。そしてこの「悪貨」のせいで、当時流通していた純銀の硬貨が姿を消す。人々が良質な硬貨を価値の貯蔵手段として手元に置き、悪貨のほうを市場で交換媒介物に使ったためだ。こうして商業は何年も低迷し、その状態は「善き女王ベス」と呼ばれたエリザベス1世が悪貨を回収し、溶かして銀と銅を分け、あらためて純銀の硬貨を発行するまで続いた。

この出来事が、サー・トマスに彼の名を轟かせる格言を生み出させた。「悪貨は良貨を駆逐する」（もっとも、この原則を理解したのは彼が初めてではもちろんないが）。もっと正確に言い換えれば、「悪貨は固定為替相場で良貨を駆逐する」ということになるだろう。変動為替相場だと、市場が簡単に調整してしまうからだ。だからこそ、1ジンバブエドルの価値はオンラインゲーム『ワールド・オブ・ウォークラフト』の金貨1枚分よりもはるかに価値が低かったのだ。経済的に無知な独裁者が（たとえばジンバブエで）ジンバブエドルと金貨の為替相場を1対1に固定していたら、まともな考えの国民はみんな手持ちのドルをなるべく早くどうでもいい安物か何かに変えてしまって、金貨は貯めこんでいただろう。これは、為替相場が1対1だったとしても、道理をわきまえた消費者ならジンバブエドルが本当に金貨と同じ価値だなどと信じるわけがないからだ。つまりジンバブエドルを価値の貯蔵手段には選ばないからだ。

誰も歴史を勉強しない

言うまでもなく、ヘンリーの「大悪鋳」はマネーが発明されたときから現在に至るまで、連綿と続く無数の悪鋳のひとつにすぎない。たとえば、北朝鮮の例を見てみるといい。朝鮮労働党の管理下にあり、親愛なる指導者金正日のすばらしい指導によって率いられていた国だ。この「親愛なる指導者」は歴史的に見てもかなりゴルフがうまかったことで知られているが、実は一流の経済学者でもあった。２００９年、彼は国の通貨を切り上げ、古い紙幣を新しい紙幣に交換できる量を厳しく制限することで個人の貯蓄をほぼ抹消して北朝鮮国内に大混乱を引き起こした。

まだ生き延びるために木の皮まで剥いで食べるほど困窮していなかった北朝鮮の人々は、計算単位の切り上げが財やサービスの需要と供給にまったく影響をもたらさないことに気づいたに違いない。だが、市場には影響がおよんでいた。切り上げと交換の制限は、とりわけ紙切れと化した古い紙幣を大量に抱えていた市場取引人たちの間でパニックを引き起こした。ここで、グレシャムの法則がすぐさま効力を発揮する。新しい通貨は市場から消え去り、人々は手に入る交換可能通貨ならなんでもいいから使うようになって、親愛なる指導者は「見えざる手」を摑まざるを得なくなった。国民に対してドルやユーロの使用を禁止し、国営テレビ局はドルを使おうとする反革命分子がいたら通報するよう、国民に強く呼びかけた。

私は、マネーの仕組みがわかっていないのは独裁者だけだと言いたいわけではないし、ヘンリー8世の時代のように民主主義政府ではマネーの悪化が起こり得ないと示唆しているわけでももちろんない。私が主張したいのは、市場には流通する交換媒介物が必要で、富の源は市場であるということだ。これは、サー・トマス・グレシャムが重々理解していたことでもある。

為替と市場

サー・トマスがよく理解していたことはほかにもある。市場と主権との関係だ。彼は、アントウェルペンに住んでいたころに貸し借りや外国為替について学んだ。１５８７年には、世界中の金融関係者が祝福してもいいような経済テロ行為の主犯となる。ジェノヴァの銀行宛てに振り出された為替手形を彼があまりにも効果的に「独占」したため、スペイン国王フェリペ2世が無敵艦隊のための資金を集められなくなったのだ。これは、１５８０年代までに経済戦争がどれほど洗練されていたかを示すいい例だ。(8)

シティ・オブ・ロンドンにおけるサー・トマスの役割は、長く続く影響をもたらした。王立取引所を設立したのは彼で、私は当時の布告から以下の部分を引用せずにはいられない。

商業取引を簡素化したいという称賛に値する願望にかられたロンドンの裕福な貿易商サー・トマス・グレシャムは、自治体に対して高潔な申し出をした。それは自らの費用負担において便利な取引所または交換所を設立し、商人たちが出会って取引の交渉をできるような場を提供したいというものであった。適切な状況が与えられれば、それを実行すると彼は言ったのだ。これを受けて市は、コーンヒルからスレッドニードル・ストリートまで延びるセントクリストファー通りとスワン通りの2本の通りに立ち並んでいた80軒ほどの家屋を、3532ポンドで購入した。これらの家屋の材料を478ポンドで売却すると、1566年6月7日、サー・トマス・グレシャムは数名の市会議員とともに、新しい建物の最初のレンガを敷いた。市会議員ひとりひとりがレンガをひとつずつ敷き、作業員たちには金貨が1枚渡された。建設作業は途方もない素早さでおこなわれたため、翌年の11月にはもう屋根がかけられるという計画だった。女王陛下は、ほかの国のようにその場所を「取引所《ブルス》」とは名づけなかったであろう。しかし建物が完成したときにはやってきて設立者と晩餐を共にし、紋章官を従え、ラッパの音が鳴り響く中、建物の名称を「王立取引所」と宣言したのであった。

その後、サー・トマス・グレシャムは卒中を起こして死亡した——マネーについて真に理解する者には共通する末期かもしれない——が、彼が残した遺産は驚異的なものだった。

こうして、物語は決定的場面に差しかかる。銀行機関の発展は、既存の主権国家によるマネーの独占にとって脅威となった。銀行と金融仲介から得られる利益を失いたくなかったら、新興国家は実際に銀行を抑圧することなく、この脅威に対処しなければならない。(9)

アムステルダムのチューリップ

17世紀初頭のロンドンの銀行家たちが金融サービス革新の中心地だった自由思想のアムステルダムに向けていた目が、現代の銀行家たちがブロックチェーンに向けている目と同じだったのではないかと想像せずにはいられない。アムステルダムは金融および金融サービスにおけるありとあらゆる奇妙奇天烈な実験がおこなわれる不可思議でエキゾチックな場で、その実験結果は推測するしかないようなものだった。目を閉じてみれば、4世紀前のロンドンのトレーダーたちがマネーを台帳に記録するなどばかげていると笑いながら、チューリップ投機はまったくもって合理的な商業的ベンチャーだと話している様子が聞こえてくるだろう。なんといってもチューリップはきれいだし、みんなが好きな花なのだから。だが金塊より紙切れに書きつけた印のほうがいいというやつなどいるわけがない。にもかかわらず、まったく新しいタイプの銀行が立ち上げられたのは、アムステルダムでだった。アムステルダム取引所はその銀行が支援する新しい形の取引を開発し始め、チューリップマニアたちが引き起こした有名な危機はデリバティブ市場の規制へとつながった。[10]

このような事態になったのは、銀行と市場との関係に革新が起きたからだ。古くは14世紀のヴェネツィアから、なんらかの形の「支払銀行」（つまり、返済期間を延期しないから破綻しようがなく、利用者間の価値の移転を容易にしてくれる金融機関）を求める声は上がっていた。これは、ひとつの場所から別の場所への送金を容易にする銀行と、時間を越えた送金（ここには融資も含まれる）を容易にする銀行との違いを認識したうえでのことだった。この二つは、まったく違うものだ（そして、最近の両者の一時的な合体が長続きしないと考える十分な根拠がある）。

支払銀行が実現するまでにはそこから数百年もかかり、銀行間の支払をおこなう地方機関での数々の実験が、あちこちの都市でおこなわれた。最初の中央銀行であるアムステルダム銀行（1609年設立）は事実上、確実で信頼できる支払システムを提供する地方銀行のひとつだったが、大きな違いがあった。銀行外での決済に関する法的な制約があったのだ。[11] 商業決済は銀行を通じておこなわれなければならないという法律があったため、アムステルダムの商人たちは銀行に口座を作らなければならなかった。口座にはありとあらゆる種類の硬貨を預けることができ、支払は口座間送金の指示をするだけで良かった。[12] その結果、アムステルダム銀行は安全で効率良く、費用も非常に安い支払が使える活気ある商業市場を支えることになった。

このようにアムステルダムが17世紀のアマゾンドットコムになるのと同時に、取引所も成長し、ありとあらゆる品の取引で実験を重ねていた。[13] この市場の存在が、一番早く情報を入手できるという直接的な優位性をアムステルダムに与えた。現代の考え方で言えば、商人たちがもっとも効率の良い方法で資本を分配することができたという意味だ。取引所が扱っていた多種多様な商品の中にはデリバティブもあった。アムステルダムの市場における先物取引は16世紀に端を発し、先物はほかの商品とまったく同じようにアムステルダム取引所で扱われていた。

デリバティブはチューリップ投機とその後の崩壊につながったが、危機と崩壊の原因は、単純に考えるほど明確ではない。一部の観測筋は、チューリップ市場が崩壊したのは市場原理ではなく金融規制のせいだと言う。[14] 自らも市場に投機していた政府の役人たちは、先物契約をオプションに転換させるよう規則の変更をもくろんでいた。これが実現すると、将来チューリップの球根を買うことを約束した投資家は、価格が気に入らなかった場合は少額の手数料を払って契約を破棄することができる。そうなると当然、市場は投機家に有利に傾き、オプションの価格を吊り上げた（だが政府が規則の変更を実施しないことにすると、これも崩壊した）。

今振り返ってみれば、オランダ政府がやがて先物取引の違法化を諦め、代わりに17世紀後半になってから先物取引に規制をかけて課税することにしたというのは興味深い事実だ。その結果、１６８０年代にはすでに先物契約、オプション（売付選択権《プットオプション》や買付選択権《コールオプション》）、信用取引、インデックス取引までがオランダの投資家に提供されていた。イギリス人が初期の産業革命で忙しくしている間、オランダ人は初期の金融革命で忙しくしていて、ヨーロッパでもっとも効率の良い経済を１００年間維持し、フランスとイギリスによって海運の支配が脅かされるまでそれは続いた。

ニュートン力学

女王エリザベス1世の貨幣改革は、金と銀が流通するイングランドを新たな貨幣の時代へと押し進めた。あいにく、イングランドは金の価格も銀の価格もコントロールすることができなかったので、この改革は非常に安定したものというわけにはいかず、日々の取引に必要だった銀硬貨不足が深刻になるという事態を招いた。イングランドには産業革命はあったが、産業用のマネーが足りなかったのだ。

17世紀の終盤にかけて、政府はマネーに関する無意味な法律を通過させることを諦め（たとえば１６６０年の金塊の輸出を禁止する法律など）、投資銀行家や著名人たちに最新の流行について助言を求める代わりに、誰か賢い人間に訊こうと決めた。そこで白羽の矢が立ったのが史上もっとも賢い人間、サー・アイザック・ニュートンだった。当時ケンブリッジ大学で数学のルーカス教授職に就いていたニュートンは造幣局長に迎えられるとすぐに何が間違っているかに気づき、イングランドを経済成長の道筋に乗せるようにマネーを変えた。[15]

ニュートンはマネーを変容させるため、もっと技術的な革新にてこ入れすることにした。まず、造幣局が

図 3-2　中世以降の損貨。おそらくはエリザベス１世時代のシリング（出典：The Portable Antiquities Scheme / The Trustees of the British Museum）

人力ではなく機械を使って硬貨を鋳造するべきだと提案する。これで生産コストは大幅に削減でき（それによって造幣局の利益を増やし）、さらに硬貨が均一に造れるようになる。次に、彼は機械で硬貨の端を「削り」、それ以上損なわれないようにするべきだとも提案した。国王は自らこれらの変更を承認し、１６９５年12月19日の宣言でこう述べた。「我らが王国にのしかかっている大いなる損害の理由は、支払の際に使われる硬貨が、日常的に損なわれているためである」

ニュートンの結論は正しかった（産業化しつつある経済に合わせて、マネーも工業生産するようにした）が、それでも古い、摩耗した、手作りの硬貨が、生まれたばかりの産業革命を象徴するぴかぴかの硬貨に置き換えられていくには、１世代（正確には30年）かかった。

だが、この変化の規模を考えてみてほしい。通貨危機から１世代経った１７２７年にニュートンが死んだときまでには、イギリスには中央銀行（イングランド銀行）があり、紙幣は広く流通しており、金本位制（これもまたニュートンの革新のひとつだ）の初期の形が生まれていて、金貨と銀貨の両方を基礎とする機能的な硬貨が存在していた。１６８８年の名誉革命のころは、これらはまだ何ひとつ存在しなかった。この点を私が強調するのは、変化がどれほど早く実現できるかを見せたいからだ。スチュアート朝のイングランド国民が5ポンド紙幣など想像できなかったのと同じように、今の私たちは中央銀行の通貨と紙幣、ペイメントカード以外のものは想像できなくなっている。

最後にもうひとつだけ、ミルトン・フリードマンが1992年にうまくまとめた点を。金の単本位制を定めようというイギリスのその後（1816年）の判断は、毎日重たい銀貨を持ち歩くのが不便だったというのが主な理由だったのだが、それが金を主要な貨幣金属にした主な要因だったことには疑いの余地がなく、これもまた予期せぬ結果の法則を示すひとつの例だ。もしイギリスが金と銀の両方を使う複本位制を続けていたり、銀を基準とした兌換性を復活させたりしていたら、世界の経済史はだいぶ違ったものになっていただろう。

4　危機と進歩

ブルジョワジーは……人をその「生まれながらの上位者」につなぎとめていた雑多な封建的結びつきを情け容赦なく切り裂いてしまった。そして、人と人との間のつながりをむき出しの利己主義、無慈悲な「現金支払」のほか何もなくしてしまった。

――カール・マルクス、フリードリヒ・エンゲルス『共産党宣言』１８４８年

当時、産業革命が訪れつつあることは誰も知らなかった。だが地方という評判社会ではなく匿名性が保たれる大都市という社会――封建的な義務ではなく現金報酬の経済――への転換により、新しい形の経済に合わせて新しい形のマネーが必要になった。脱工業化経済に新しい形のマネーがなくてはならないのと同じことだ。

合意

イングランド銀行の設立が避けられない出来事だったのか、それとも偶然の出来事だったのかは判別するのが難しい。民間銀行組織はうまいこと発展しつつあって、公的銀行を求める民衆からの声はなかった[1]。どういう経緯で生まれたにせよ、１６９４年のイングランド銀行の誕生によってシティと国との間に革命的な合意と、事実上、近代的な意味での資本主義の誕生が宣言された。政府はマネーの生産の独占を民間組織と分け合う代わりに、負債の管理者と財源へのアクセスを手に入れたのだ。

トーリー党もホイッグ党も、この考えが気に食わなかった。ちなみに金職人も質屋も同じく不満だったが、幸い、彼らの反対運動は銀行設立を止められるほど強くなかった[2]。政治家たちは、「財布の力」が庶民院からイングランド銀行の総裁や取締役に移譲されてしまうのではないかと恐れた（今では、それがいいことだと私たちは考えている！）が、現金は必要だった。「どちらの側も勝つことができない、主権と民間の金融関係者との間の長引くゲリラ戦争[3]」の結果生まれたのは、現代の貨幣制度の基盤となるものだった。１６８８年の名誉革命に続いて、オランダの金融革命とイギリスの産業革命が合体して、マネーを再創造することになる。

銀行紙幣が交換媒介物として流通するようになったとき、それは銀行の活動の副産物であって、目的ではなかった。発行されたもっとも小額の紙幣でさえ平均年収より高額だったので、国民のほとんどが一生のうちに一度も紙幣を見ることがなかった。銀行が初めて5ポンド紙幣を発行したのは、それから1世紀もあとの話だ。

こうして私たちは紙幣を再発明し、以後、それがなくなることはなかった。

小切手《チェック》メイト

このころ、紙を使った支払方法がもう1種類出回り始めていた。こちらは、私が生きているうちに姿を消すかもしれない。そう、小切手《チェック》だ。ヨーロッパに残っている最古の小切手はトスカーナのものだが、「チェック」という言葉そのものは、どうやらアラビア語の「サック」から来ているらしい。これは、銀行家を通じておこなわれる支払を紙面で依頼したものを指す。ヨーロッパに現存する最古の小切手が振り出されたのは1368年11月、フィレンツェのカステリャーニ銀行宛てだった（葬式用の黒い布の代金を支払うためのものだった）。それから100年で、小切手は当たり前に使われるようになっていった。(4) 紙幣と中央銀行、そしてアメリカが生まれようとしていたちょうどそのころ、今の形の小切手（つまり裏書きされ、流通することができる小切手）が発明され、私たちは今もそれを使っている（フランスやアメリカでは、ほかの国よりもよく小切手を使う）。だが、その終わりは見えている。

小切手とその処理

この現代の形の小切手でイギリスに現存する一番古いものは、1659年に振り出されている。ロンドンの金職人に対し、某デルボウ氏なる人物に400ポンドを支払うよう指示したものだ。(5) この形の小切手が発明されてほどなく、小切手処理システムが発明された。ロンドンの銀行員たちが小切手を処理するために銀行から銀行へと走り回るのにうんざりして、コーヒーハウスで（非公式に）集まって内輪で小切手の処理と決済をするようになったのだ。数年後、銀行は銀行員たちのこの集まりがうまい考えだと気づき、1833

図 4-1　トマス・ジェファソンが大統領2期目のころに署名した小切手（出典：National Numismatic Collection, National Museum of American History）

年にはシティ・オブ・ロンドンのロンバード・ストリート10番地に手形交換所《クリアリングハウス》を作った。

そのころはもちろんすべてが羽根ペンを使って紙に書かれていて、銀行員たちは物理的に小切手を持って交換所へと歩いていた。そのため、支払人の口座から受取人の口座に資金が移るまでに3日はかかるのが当たり前だった。電子時代の今では想像もできないだろう（もちろん、アメリカに住んでいれば話は別だが）。

300年経った今、イギリスの小売店の大多数がもう小切手を受け付けなくなっている。それもずいぶん前からだ。[6] ジョージ・オズボーンが財務大臣を務めていたころ〔デイヴィッド・キャメロン内閣〕、イギリスは国内経済を活性化させる手段として小切手の処理日数を3日から2日に減らすよう、支払業界に厳しく命じた。これで新たな経済の時代をもたらせると思ったのだろうが、私は正直、疑問に思っている。どれだけ効率的に処理しようとも、小切手の寿命はもう尽きかけているからだ。

小切手はどうやら、私が生きている間に消滅する初めての支払手段になりそうだ。リアルタイム決済システムの存在があれば、小切手にはもう経済的な機能がないからだ。これについては、リアルタイム決済の普及と小売決済における「プッシュペイメントの促進」の可能性についてのちほど触れる際に、あらためて考えよう。

ボタンと銀行法

イギリスの工業化に伴って新しい経済のためにマネーを再発明しようという動きが進むなか、マネーの働き方も大きく変わっていった。経済の性質が変わった以上、マネーの性質も変わる必要があるわけだが、そこには時間差が生まれる。当時、何がなされるべきかについてはまだはっきりとわかっていなかった。問題があることはわかっていたのだが、どうすればいいのかがわからなかったのだ。

私がこの時代に触れるのは当然、インターネット、携帯電話、オンライン商取引が貨幣革新を加速度的に巻きこむ渦を生み出しているからだ。ここでは、私たちがすでにこれを一度経験しているということを言っておきたい。小額貨幣（要するに小銭だ）の民間供給と公的供給の関係を考えてみるといい。これはオンラインでの超少額決済についての議論によって、再び注目を浴びている問題だ(7)。

産業革命がジョージ朝時代のイギリスに人口の爆発的増加と商業の爆発的成長を引き起こしたとき、小銭の不足はイライラの元から深刻な国家的問題へと変化し、成長と発展を阻害するまでになった。工場では工員に払う小銭がなかったし、工員は日用品を買う小銭がなく、経済は苦しんでいた。そのうえ、18世紀末までにイギリス国内で流通していた硬貨はほとんどが贋金だった。グレシャムの法則に従って、本物の硬貨がほとんど流通していないため、偽造硬貨が広く受け入れられるようになっていた。店主が、レジの中に仕切りを四つ作っていることもあった。1ペンス用の仕切り、半ペンス用の仕切り、よくできた贋金用の仕切り、さらに「低質」（簡単に受け取ってもらえない贋金）だ。

取引コストは高騰していた。商業取引にはしばしば、支払に使われるマネーをめぐるいさかいが伴った。

商人たちは取引を決済するのに必要な硬貨の重さを定め、労働者の給料日が賃金の価値をめぐる議論の元となることもしょっちゅうだった。口論なしに取引がおこなわれることはめったになかった。マネーの価値をめぐる言い争いは絶え間なく、市の立つ日に乱闘騒ぎが起こるのも日常茶飯事だった。雇用主が労働者に支払う賃金はしばしば、受け取ったマネーの価値をめぐる土曜の夜の議論の種となった。「政府が通貨をこれほど無視したその無関心と無知の、これが結果だった[8]」

政府が何もしなかった一方で、民間が行動を起こした。かかわったのは産業化の嵐の中心にいた、主にバーミンガムの人々だった。そこで生まれつつあった金属加工産業、組織化された生産方法の出現（マシュー・ボールトンの工場）、能力基盤の広がりは、メダルやボタンのサプライチェーン、そしてそれを造る機械がそのまますぐ硬貨に応用できることを意味していた。実業家たちは最新のテクノロジーである蒸気プレスを使ったが、政府はそうしなかった。同時に、ふんだんな銅の供給も（世界最大の銅山は当時、ウェールズ北西のアングルシー島にあった）、適切な原材料が適切な時期に適切な場所にあったことを意味していた。

この技術変化の結果は、なんだったのだろう？　それは、硬貨が商品としてのマネー（つまり、額面通りの価値を持つ金や銀）から代用貨幣としてのマネー（つまり、額面の数分の1の価値しかない卑金属や合金）へと変わったということだ。そしてここで重要なのが、この変化を起こしたのが民間だったということだ。政府が供給するだけの価値もないと考えた（とおぼしき）代用貨幣を、人々は喜んで受け入れた。それまで富裕層のためのマネーはあったが（紙幣や金貨、銀貨）、大衆のためのマネーはなかった。紙幣や銀貨でパン1斤やビール1パイントを買うことはできない。そこで民間が介入し、銅の代用貨幣を鋳造した。するとこの代用貨幣が、特に産業の中心地で流通した。賃金の支払や小売店での支払に、これが重宝されたのだ。これが非常に珍しい例か？　そんなことはまったくない。それも、ウェブ上だけではない。たとえば、今のジンバブエがまさにこの状況にある。しかも、民間が挑戦しようとしているらしい！ 現地ではいくつものモバイルマネーの計画が立ち上がっていて、多くの銀行が「ジンスイッチ」というモバイルバンキングのプラットフォームに接続しつつある。

（余談だが、傑作『すぐれたマネー *Good Money*』で著者ジョージ・セルジンは民間の鋳造所が高品質な代用貨幣を生み出すことにどうしてこれほどの労力と開発力を注入したのか問いかけ、その主な理由のひとつがマーケティングだったのではと示唆している。高品質な代用貨幣は、いい広告になった。造った企業の能力を宣伝することができたのだ。モバイルマネーも同じように、携帯事業者の能力を喧伝する役割を果たすことになるだろうか？）

これらの代用貨幣は、急速に受け入れられていく。1795年までには公的な（「塔《タワー》」の、とも呼ばれた）硬貨が民間の硬貨よりも安く取引されるようになり、小銭の問題はほぼ解決していた。次に起こったのはどんなことだろう？ 実は、20年ほど経ってから政府の公的な鋳造所が代用貨幣を採用し、近代的な硬貨を発行し始めたのだ。脱工業化経済に、似たような道筋が見えるだろうか？ 民間事業者が穴を埋めるために市場に介入し、競争がひと通り終わって「最高の」硬貨ができあがったところで政府が重い腰を上げ、公益のために硬貨を発行し始めるという道筋だ。あとでデジタル貨幣について議論する際にまた取り上げるが、ひょっとするとイングランド銀行もペイパルの独自版を作って、政府は生活保護でも年金でも賃金でも国からの支払を受けたければ、全員口座を作らなければならないと言うべきなのかもしれない。マネーが現在の96・3％（イギリス国内の場合）ではなく100％デジタルになってしまえば、それが私たちをどこへ連れて行ってくれるか、誰にわかるだろう？ 未来のどこかの時点で、政府は民間で広く普及しているデジタル支払技術を採用して（厳密にどの技術か、という話はひとまず置いておこう）、現金をアトムからビットへと移行させる最後の一歩を踏み出すかもしれない。この話には、第Ⅲ部でもう一度戻ってこよう。

18世紀最後の大きな貨幣革命は、中央銀行による通貨の独占を通じた銀行と国家との関係の決着だった。簡単に言うと、政府が金融政策を管理し、中央銀行が通貨の唯一の支援者となり、その見返りに民間銀行はマネーの製造に責任を持った。この時点で商業銀行、貨幣制度、そして近代国家がすべて融合する。事実上、互いの要素のすべてを取りこんだのだ。(9)

それは、かなり大きな一歩だった。イギリスを例として取り上げると、イングランド銀行はずっと今のようにイングランドとウェールズの紙幣を発行していた唯一の機関だったわけではない。１７０８年と１７０９年の法施行で民間企業や６人以上のパートナーシップによる組織が銀行を設立して紙幣を発行することが違法になったため、イングランド銀行は部分的な独占状態を手に入れた。ただこの禁止は、もともと個人や小規模一族経営だった地方銀行家の多くには適用されなかった。１８２６年の地方銀行法は６人以上のパートナーシップからなる紙幣を発行する共同資本銀行の設立を認めたが、ロンドンから半径およそ１００キロ以上離れていることが条件だった。この法律は同時に、イングランド銀行が主だった地方都市に支店を開くことも認め、イングランド銀行の紙幣をますます流通しやすくした。

１８３３年、イングランド銀行券はイングランドとウェールズで５ポンドを超えるすべての金額について法定通貨に定められた。危機が起きた場合でも国民が銀行券を受け入れ、それによって金塊の備蓄を守れるようにするためだ。その後制定された１８４４年の銀行勅許法は、銀行がイングランドおよびウェールズでの紙幣発行を徐々に独占していけるようにするカギとなった。この法律の下では紙幣を発行する銀行を新しく設立することはできなくなり、既存の紙幣発行銀行も発行数の拡大を禁じられた。非発行銀行との合併などで紙幣発行が滞った銀行は、発行の権利を放棄したものとされた。イングランドおよびウェールズで発行された最後の民間紙幣は１９２１年、サマーセットにあったフォックス・ファウラー・アンド・カンパニー

£1000

No A1828 £1000 Stg

Lettre de Crédit Circulaire.

Boston E.U. le 9 avril, 1892.

Messieurs,

Nous prenons la liberté d'introduire auprès de vous et de recommander à vos attentions obligeantes M. Hon. George F. Hoar

Nous lui ouvrons en même temps un Crédit circulaire de Mille livres sterling

£1000 Stg

dont vous voudrez bien lui fournir la Contrevaleur sous retenue de vos frais et contre ses traites sur Messieurs Baring Brothers & Co. Ld. Londres à vue qui recevront tout accueil à présentation.

Veuillez inscrire vos paiements au dos de la présente lettre qui est valable jusqu'au 30 juin 1893

Agréez, Messieurs, l'assurance de notre parfaite considération.

Signature de l'accrédité

Geo F Hoar

for themselves and as Attorneys for Baring Brothers & Co. Ld.

図 4-2　1892 年の、ベアリング商会の巡回信用状

という銀行によるものだ。

中央銀行が通貨を再編成しつつあった一方、商業銀行は預金受入を再編成していた。イギリス初のジョイントストック銀行ロンドン&ウェストミンスターが開設されたのは、1834年だ[10]。このときイングランド銀行が口座を開設することも、民間銀行組織へと事業を広げることも拒否したという事実は注目に値する。

ジョイントストック銀行から次の一歩は、有限責任銀行だった。有限責任銀行は1858年に合法化されていたのだが、軌道に乗り始めたのは1878年になってようやくだ。理由は、たぶん想像がつくだろう。シテ

ィ・オブ・グラスゴー銀行が１８７８年に破綻したとき、当時は公的資金による銀行家の救済措置がなかったため、株主は所有していた株式１００ポンドごとに２７５０ポンドを支払う羽目になった。[11] 株主である中流階級からの有限責任銀行を求める声に応えて、銀行が現代の形になったというわけだ。

勇敢なるスコットランド

イギリス人以外の読者はなかなか気づかないかもしれないが、イングランド銀行の独占状態の拡大に関する前述の話は、スコットランドと北アイルランドの銀行がそれぞれ独自の紙幣を発行していることを示唆している。なんと30億ポンド相当に近いスコットランドの紙幣が流通しているのだ（北アイルランドの紙幣もその半額近くが流通している）。歴史上の奇妙な理由から、発行銀行は自行の紙幣の裏付けとして発行紙幣の価値の95％に相当する預金を保有していなければならなかった。ただし、週末だけ！　いや、真面目な話だ。そこで、平日の間はカネを貸して通貨発行益を稼ぐことができた。スコットランドの銀行は今もこの方法で相当稼いでいるので、少しでも変化があれば現在得ている６５００万ポンドの収入のうち利息と「通貨発行益（他行への紙幣の販売から得る収益）」で稼いでいるぶんを失うことになる。

私は、スコットランド銀行の歴史にとりわけ興味を持っている。彼らの「自由銀行」時代から教訓が得られるからだ。これは、スコットランドの銀行が慈善団体として運営されていたことがあるという意味ではなく、紙幣の発行で自由に競争することができたという意味だ。そしてその結果については、多くの歴史家が確認している。もっと規制の厳しかったロンドンや地方の銀行が破綻していたこの時代、それほど規制が厳しくなかったスコットランドの銀行はそんなに破綻することなく、驚異的な革新が生まれた（これが複雑で興味深い時代の薄っぺらい要約だということはわかっているが、私はもっと大事な要点を伝えようとしているだけだ）。

表 4-1　スコットランドの金融革新

年	事項
1695	イギリス初の共同資本による決済銀行、スコットランド銀行が、スコットランド議会によって設立される
1728	最初の当座貸越がロイヤル・バンク・オブ・スコットランドによって承認される
1750	ブリティッシュ・リネン銀行（その名に反して、スコットランドの銀行だ）が世界初の支店ネットワークの構築を始める
1777	世界初の多色刷り紙幣がロイヤル・バンクによって発行される
1810	最初の貯蓄銀行がスコットランドのラスウェルに設立される
1826	ロイヤル・バンク・オブ・スコットランドが両面印刷の紙幣を発行する
1845	スコットランドの反対を押し切り、ウェストミンスターが民間による紙幣発行を禁じる法律を制定。このとき以降、スコットランドで大きな商業銀行は設立されていない

実際、著名な作家サー・ウォルター・スコットの顔がスコットランドの紙幣に印刷されているのはまさしく、1826年にイングランド銀行がスコットランドの銀行に紙幣の発行をやめさせようとしたときに彼がそれを撥ね除けたからだ。[12]

独立自由銀行の時代、金融および銀行業界でうらやましいほどの記録的な革新を続けてきたのはスコットランドだった。以前に革新の嵐（紙幣技術）が経済界に吹き抜けたときには、スコットランドはこの技術変化を活用してイングランドよりもっと経済を効率良くする（そしてもっと安定させる）ことに成功した。実際、フランスで全商業取引の90%がまだ金貨や銀貨で決済されていた1850年までに（イングランドでも3分の1はそうだった）、スコットランドでは全商業取引の90%がすでに紙幣で決済されていた。[13]

（そうなると、将来スコットランドが「スレッドニードル街の老婆〔イングランド銀行の圧力〕」から逃れて独立したとき、再び革新の苗床となるかもしれないと考えずにはいられない）

好みに応じて

小説『クリスマス・キャロル』の中で、チャールズ・ディケンズは価値がないもののたとえとして、「アメリカの担保」を引き合いに出している。おそらく、この小説が発表された1843年の読者にはぴんとくる一節だったのだろう。

この一節の由来がどういうものだったのかを理解するためには、1830年代のアメリカの経済状況を思い出す必要がある。ジェイソン・グッドウィンが名著『グリーンバック――偉大なるドルとアメリカの発明 *Greenback: The Almighty Dollar and the Invention of America*』で書いているように、このころ、「アメリカのマネーはただひたすら成長しまくっていた」。流通する銀の量は増え続け、土地の価格は高騰し続け、第二合衆国銀行は紙幣を印刷し続けていた時代だ。高騰する地価と金融緩和（どこかで聞いたことのある話だろうか？）は、第7代合衆国大統領アンドリュー・ジャクソンが第二銀行を閉鎖し、商業銀行が質の低い紙幣を拒否して正金を要求し始めたときに「1837年恐慌」を引き起こした。この恐慌のあとには5年におよぶ不況が続き、銀行は破綻し、失業率は当時で史上最悪となった。ディケンズのさげすんだようなセリフが生まれたのは、こういう経緯からだ。

私たちイギリス人ももちろん、当時の好景気とその後の破綻からは逃れられなかった。ディケンズが鉛筆の端を噛みながら『ハード・タイムズ』を執筆していたころ、鉄道ブームが起こりつつあり（この時代を見事に描いた話、クリスチャン・ウォルマーのすばらしい著書『炎と蒸気 *Fire and Steam*』を読むといい）、そして1866年に大崩壊が起きる。この崩壊は（なんと驚き）銀行業界によって引き起こされたのだが、このときは、銀行が返済能力のないアメリカのマイホーム購入者にマネーを貸すのではなく、返済能力のない鉄道会社に融資していたことが原因だった。

2008年のときもそうだったが、アメリカのこの窮地に、イギリス政府は反応せざるを得なかった。まずは銀行が黄金ではなく紙幣で支払ができるよう、1844年の銀行法を差し止める。それで銀行はやっていくことができたが、潰せないほど大きすぎる《トゥービッグ・トゥーフェール》ということもなく、有名なオーバーレンド・ガーニー銀行が破綻する。取り付け騒ぎが起きて１８６６年5月10日に支払を差し止めたとき（この後、２００７年の住宅金融銀行ノーザン・ロックの大暴落までイギリスの銀行で取り付け騒ぎは起きなかった）、オーバーレンド・ガーニー銀行は株主に損害を与えただけでなく、ほかにも２００社ほどの破綻を引き起こした（その中にはほかの銀行も含まれていた）。ちなみに銀行の重役たちは詐欺容疑で告発されたが、彼らは犯罪者ではなくただの間抜けだと裁判官が判断したおかげで、有罪を免れた。

当時の鉄道会社は、今のアメリカで言えばアップルやエクソン・モービルと同じくらい、世界最大の経済国での支配的な立場を占めていた。だから、イギリスの公開有限責任会社への影響は計り知れなかった。世界初の鉄道事業は１８３０年、リヴァプール－マンチェスター間から始まり、それから20年も経たない１８４９年までにロンドン・アンド・ノースウエスタン鉄道がすでに世界最大の企業になっていたことを思い出してほしい。これら巨大企業の取締役たちが１８６７年に首相に面会し、借金を返すことも新しい資金を集めることもできないから鉄道会社が破綻しなくてすむよう国有化してほしいと頼んだとき（さもないとイギリス経済全体にとっておそろしい結末が待っている）、ゴードン・ブラウン首相が２００８年に見せたような対応（投資銀行の顧問の提供、競争法の停止、たっぷりのお茶と同情）は得られなかった。ベンジャミン・ディズレーリ首相の答えは、「そんなこと、知るか」だった。彼は、経営に失敗した事業がどれほど大規模だろうが、国が救済しなければならない理由などないと考えたのだ。

言うまでもなく、経済は破綻などしなかった。気づいたかもしれないが、イギリスには今も鉄道があるし電車も走っている。廃墟の中から新しい鉄道業界が生まれ、サービスは継続し、経済は成長を続けた。だが、このマネーの話はもうひとつ、大きな関連性がある影響をもたらした。鉄道会社の破綻に続く基本的な企業会計基準の導入はイギリスにとって大きなプラスになり、ヴィクトリア朝期の資本主義の発展に貢献した。[14]ことわざにもあるように、うまいオムレツを作ろうと思ったら、悪い卵をいくつか無駄にするのは仕方ない。チューリップ危機が先物取引やオプション契約の規制につながったように、鉄道危機は会計基準の誕生につながった。どの取引を台帳に記録するべきか、その台帳をどのように監査するべきか、そして台帳に記録されている世界の状態がどういう意味を持つのかをこれらの基準が決定したのだ。損失と利益、資産と負債、貸方と借方の標準化によって、人々はほとんど知らない遠方の企業にでも投資できるようになった。

もう一度マネーを始めよう

この章は、主にイングランドに注目してきた。産業革命のるつぼだったのだから、当然のことだ。だが、この時代から学べる教訓はほかにもいくつかある。イングランドが紙幣や小切手、資本主義や金本位制で実験していたころ、フランスは革命で実験をしていた。イングランドはその革命を植民地へと輸出し、新しいマネーに向けた無計画の段階をいくつか試し始めた。だがフランスは、ほかのすべてのものと一緒にマネーも再発明しようとして、その結果、マネーと信頼、王制と国民、国家と産業との関係について興味深いケーススタディをもたらした。

レベッカ・スパングは、フランス革命に続いて試みられたマネーの再発明の事例を「資本主義への移行」の一部として用いることに警告を発しているが、[15]歴史家ではなく、フランス革命時代に関する知識が非常に限られている私から見ると、産業化時代のイギリスにおけるマネーの進化と革命時代のフランスにおけるマネーの進化との間には、いま比較して得られるものも多少はあるように思える。私にとって、それは一方では、下から変わっていった変革を利用するイギリスの商業的な実用主義と変わりゆく状況に対応した柔軟性（これを簡単に言ってしまえば「泥縄式」ということになるが）、そしてもう一方では、フランスの理想主義と上から起こされていった変化との対比だ。

フランスにおけるマネーは、イギリスにおけるマネーとはだいぶ違っていた。革命時代以前のフランスでは、計算貨幣（リーヴル通貨）と認識されている貨幣（エキュなどの硬貨）との間の為替レートを定めるのは君主の特権だった。ルイ14世統治の最後の26年間で、このレートは43回変わっている。[16] 実際の経済には、この貨幣はごくわずかしか出回っていなかった。革命時代以前のフランスは産業化時代以前のイギリスと同様、信用経済だったからだ。つまり、現金自体がほとんど流通していなかったということだ。国民の大多数は、よく知っている、信頼できる相手としか商業活動をおこなわなかった。フランス国民の大多数にとって、売買は「つけで」するものだった。これがどういうことかと言うと、人々は定期的に勘定を精算する信用のネットワークを維持していたということだ。これは信頼に基づく経済で、その信頼が成立しなくなると、商売を円滑に回すためにマネーの代替手段が必要となる。これこそまさに、フランスで起こったことだった。

フランス革命以降、国家に対する不信感がすぐさま市場における信用の不足につながり、したがって、流通する交換媒介物の需要が高まった。だが、どこからそれを手に入れればいい？　フランスには、イングランド銀行に相当するような中央銀行は存在しなかった。１７２０年にジョン・ローの紙幣発行銀行バンク・ロワイヤルが破綻したことでフランス人は銀行業に背を向けてしまい、中央銀行に一番近かったのは１７７６年に立ち上げられた割引銀行《ケース・デスコント》だった。ただ、この機関は浪費好きな国家に融資をしすぎていて、紙幣も発行しすぎていた。

フランスの新しい革命政府が最初にやったことのひとつが教会の土地を接収することで、それを担保に、土地の一部そのものを償還とする利付債券を発行した。利息と償還はすぐに放棄され、アッシニアと呼ばれるこの債券はそのまま国による信用発行の不換紙幣となった。そのあとに続いたのが、グリン・デイヴィスが言うところの「当然の結果」だった。インフレ、二重価格（紙幣で支払う者は硬貨で支払う者よりも多く請求された）、貯めこみ、そして硬貨が事実上姿を消し（またしてもグレシャムの法則）、資本が国境を越えて流出していったのだ。(17)

フランス国家がマネーの供給を管理しようとしたのは、このときが初めてだった。(18) 正直に言って、この試みは成功しなかった。１７９５年10月までに１００フラン紙幣《アッシニア》は硬貨に換えるとたった15スーにしかならず（それまでは20スーが1フラン）、当時起こったパリの暴動がナポレオンに扉を開いた。フランス銀行が１８０0年に設立されて初めて、フランスはイギリスやオランダ、スウェーデンですでに1世紀以上機能していたものと同じ公的制度を手に入れたのだった。

革命時代と現代とを比べるのは、かなり有益な比較だと私は思う。現代《ドゥ・ノ・ジュール》のマネーを再発明しようという壮大な計画を立てることを国に期待するのであれば、私たちは救いようもないほど間違った方向に進むリスクも抱えることになる。ボタンを作っていた連中も参加できるだけの規制の余地を残すのであれば、もっとうまい方法を考えつかなければならない。

最後にひとつ。アッシニアが流通し始めたとき、人々はこの新しい紙幣通貨をなじみのある為替手形として扱ったとスパングは書いている。紙幣に署名をして相手に渡していたので、通貨の特性である匿名性は重要視されなかったのだ。誰がその紙幣を使ったかということがその有効性の証明となり、過去の所有者の身分が紙幣に価値を持たせた。この考えは、第15章「マネーを再考する」で芸術的視点からあらためて解釈する。いうなれば、アイデンティティこそが新しいマネーだったのだ。交換性はそれほどでもなかった。

第II部　現 在——私たちが理解していると思っているマネー

空間の大部分を占める金銀を紙に置き換えていく銀行業という賢明な事業は、国家にその不良在庫の大部分を活発な生産性のある在庫へと転換させることができる。

——アダム・スミス『諸国民の富の性質と原因の研究』第1巻第2篇第2章

ヴィクトリア朝期、技術と規制の組み合わせが今の私たちが認識しているマネーと市場への新たな見方をもたらした。この見方では、中央銀行が国の通貨を管理し、マネーは部分準備銀行制度によって造られ、商品取引の場に紙が流通する（アメリカにはたしかにまだ中央銀行がなかったが、それが生まれる運命はもう決まっていた）。紙幣があり、銀行口座があり、先物とオプションがあり、貯金とローンがあった。

ここでの議論のために、現代をマネー2・0時代と名づけよう。電子マネーの時代、アトムについてのビット技術時代だ。これが1871年、ウェスタン・ユニオンの電子送金サービスから始まる。そしてマネー

２・０はきりがいいことにちょうど１００年後の１９７１年、バーチャルマネーの時代に突入したときに終わった。

私がこの時代を「現在」と呼ぶのは、社会全体が一般的に抱いているマネーのイメージに合致しているからだ。だいたいにおいて、人々はマネーが何かに固定されていると考えがちだ。その「何か」が具体的になんなのかは、よくわからないのだが。そして、この考えが、マネー２・０の時代が終わりに近づくなかでもマネーについてのイメージを支配している。ここからはマネー３・０に向けた変化への圧力、激烈な変化を求めて高まる圧力について見ていこう。

5　さよならポニー・エクスプレス

そして商業は、文明が進んだ国家でおこなわれる意思疎通のより大きな部分の目的である。このような意思疎通はこれまでも常に、そして現代においては特に、進歩の主な要因のひとつであった。

――ジョン・スチュアート・ミル（1806―73年）『経済学原理』第3巻第17章

1860年4月3日、ある運送会社がミズーリ州セントジョセフとカリフォルニア州サクラメント間で郵便を配達する事業、ポニー・エクスプレスを立ち上げた。(1) 配達員は16キロごとに馬を換えながら1人が120キロを駆け、およそ3000キロを10日かけて郵便を届けた。これはとても野心的な新興企業で、大陸を横断する通信手段の変革を目指していた。

スピードが肝心だったので、軽量化を図るため、馬に積めるのは最終的にリボルバーが1丁と水が1袋分だけになった。緊急の場合には1人の乗り手が2区間を続けて走ったという記録もあって、これはつまり、全速力で駆ける馬に20時間以上乗っていたということだ。配達員たちは昼も夜も、夏も冬もひたすら駆け続け、それで報酬は週25ドルだった（比較として、単純労働の場合は12時間労働で日給1ドルだった）。

その象徴的な地位とアメリカ史における揺るがぬ立ち位置にもかかわらず、ポニー・エクスプレスは商業的には大失敗だった。この事業は、18カ月しか続かなかったのだ。1861年10月24日に大陸横断電信線が完成した時点で、ポニー・エクスプレスの終焉は決定づけられた。そしてわずか3日後、ポニー・エクスプレスは20万ドルかそこらの損失を出して閉鎖された。疾走する馬よりも早く送金できる技術はまさに過去からの決別、本物の革命だった。電信に、物理的なマネーの終わりの始まりを告げたのだ。

電信

ウェスタン・ユニオンの歴史は、金融と電気通信の合体、マネーの「電子化《エレクトロニフィケーション》」に興味を持つ者なら誰でも注目するところだろう。ウェスタン・ユニオンは1851年にニューヨーク・アンド・ミシシッピ・バレー印刷電信会社として生まれ、全国的なネットワークを構築するべく競合他社を買収しては拡大していった。最終的に買収した会社の数は500ほどもある。1856年、社名をウェスタン・ユニオン電信会社と変え、大陸両岸から引き始めた電信が建設開始からわずか112日目にソルトレイク・シティでつながった瞬間、大陸横断電信線を完成させた。

その電信線の完成の影響がどれほど大きかったか、いま想像するのは難しい（なにはともあれ、それは標準時間帯とウェスタン・ユニオンのクロック回路による電信ネットワークの導入につながった。このネットワークがアメリカ国内の時間の同期化に用いられ、1970年代まで現役で使われていた)。

電報と電話

1884年までには、ウェスタン・ユニオンは巨大企業になっていた。1884年に最初のダウ・ジョーンズ運輸株平均を構成するために選ばれたたった11株のうちのひとつだったのだ。もっとも、その衰退はそれよりずっと前の1876年、グラハム・ベルの電話に関する特許を10万ドルで購入するチャンスを棒に振った時点で始まっていたのだと主張する読者もいるだろうが。歴史上もっとも価値のある特許と呼ばれることも多いこの特許をベルは自分で使って電話会社を立ち上げた。ダウ・ジョーンズが生まれるよりずっと前に年間100万ドルを稼ぎ出すことになる会社だ。だが当時、ウェスタン・ユニオンの経営陣は手に入る情報に基づいて正しい決断を下していただけだった。クレイトン・クリステンセンが指摘しているように、新しいテクノロジーがまったく違うビジネスモデルを生み出すことになる場合、責任者がそのテクノロジーへの投資を正当化するのは難しい。本業に投資するほうが、短期的には必ずもっと多く稼げるからだ。ライバル会社たちの動機は様々だ。[2] そして当然ながら、責任者が顧客に何を求めているか尋ねれば、顧客は今までと同じ方針で投資しろと言うだろう。

経営陣は、間違っていたのだろうか? 電話がウェスタン・ユニオンの事業に本格的に穴を開け始めるには25年もかかった。そして電報の価格が下がり続けていたにもかかわらず、事業はまだ成長を続けていた。[3] 会社が立ち上げられたとき、電報1通送るのには20ドルかかった(当時としてはかなり高額だ)。それが1868年には1ドル4セントまで下がり、1898年には30セントになっていた。1929年に電報の件数がピークに達したときにウェスタン・ユニオンが扱っていた数は2億件だ。10年前に電報事業から撤退したとき

の取扱件数は2万件で、売り上げはたったの50万ドルだった。(4)

マネーを追え

電報事業はなくなってしまったが、ウェスタン・ユニオンはいなくならなかった。いったいどうしてだろう？　これも、テクノロジーとマネーとの相互作用が生んだ予期せぬ結果のひとつだ。１８５８年までには、主要ルートであるニューヨークからニューオーリンズへの電報のおよそ8件に1件が暗号化されていた。営利組織はみんな同時期に、新たなネットワークの価値とセキュリティの必要性に気づいたのだ。政府は電信ネットワーク上での暗号化を禁止しようとした（政府はだいたい、そういうことをする）が、１８６５年に万国電信連合が設立されるとやがてそれも諦めた。

数年後、ウェスタン・ユニオンは専用基準を定め、15の指定主要都市で６０００ドルまで、アメリカのほかの都市については１００ドルまでの送金に適用した。その仕組みは安全なコードブックとパスワードからなるシステムで、大成功を収めた。なにしろ電子決済を発明し、それが中核事業となったのだから！

余談だが、ウェスタン・ユニオンが近代金融サービスの歴史の中でもうひとつ特別な位置を占めていることを指摘せずにはいられない。１９１４年、同社は消費者向けのチャージカードを発行した。いわゆる「メタルマネー」というやつだ。これを使って、利用者は電話をかけた料金を口座に請求させることができた。金属の「入金できる板」は、当時すでに斬新なアイデアというわけではなかった。デパートなどではもう普及していたからだ。だが、特定の分野のマスマーケットで現金代替物を使うというアイデアは、間違いなく私たちの道筋における道標になった。

紙

この時期、紙幣は工業化世界のほぼ全域で正金を置き換えていた。金本位に裏付けられたポンドと偉大なるドルが世界共通の通貨となり、国際貿易は記録的な高水準に達していた。そしてドル札《グリーンバック》はいまだに、世界中で受け入れられる交換手段だ。テクノロジーとしての紙幣はけっこううまく機能した。ただし、偽造の程度が容認可能であることが条件だったが――という見解を受けて、ここで歴史上もっとも興味深い偽造の話を紹介しよう。

予期せぬ結果

2007年のアカデミー外国語映画賞でオスカーを勝ち取ったのは、シュテファン・ルツォヴィツキー監督の『ヒトラーの贋札 *Die Fälscher*』だった。これは、第2次世界大戦中に連合軍経済を破綻させようとした計画を描いた史実に基づく物語で、原案はアドルフ・ブルガーという名のユダヤ系スロヴァキア人の回顧録『ヒトラーの贋札』だった。ブルガーは印刷技術者で、ユダヤ人を国外追放から救うためにキリスト教の洗礼証明書を偽造したかどで1942年に投獄された。その後、強制収容所で「ベルンハルト作戦」に加担させられる。

ベルンハルト作戦は、贋札を大量に流通させることでイギリスとアメリカの経済を破綻させようとしたナチスの計画だ。印刷業者や彫刻師など、各地の強制収容所から様々な職種のユダヤ人143人が選ばれ、さらに腕利きの贋札師を少なくとも1人（サロモン・スモリアノフという人物）加えて、ザクセンハウゼン強制収容所の特別施設（「19ブロック」）に集められた。そこでまずはイギリスの贋札、次いでアメリカの贋札造り

図 5-1　ザクセンハウゼンで造られた、本物の贋札

に取りかかる。彼らの腕前は、見事なものだった。イングランド銀行さえも騙されるほどのポンド紙幣を造って、戦争も終盤になってから、偽のドル札の製造にも成功したのだ。

連合軍がベルリンに迫る中、19ブロックに置かれていた印刷版や贋札はすべて箱に詰めこまれ、オーストリアのトプリッツ湖に沈められた。これらの箱はその後、ナチスの黄金や略奪した芸術品を探すトレジャーハンターたちによって回収された。そのおかげで紙幣の一部はコレクターたちの手に渡ることになった（実は、今こうして書いている私の目の前にも、オリジナルの贋札が2枚置いてある）。

そんなわけで、ナチスが計画を実行に移すことは結局なかった。戦争のかなり序盤で着想されたもともとの企みは、価値のない紙幣をイギリス中にばらまき、それによって経済の不安定化とインフレ、不況を引き起こすというものだった。思い出してほしいのだが、１９３９年のドイツ人にとって、価値のない紙幣が経済を破綻させるというのは記憶に新しい出来事だった。だからこのアイデアは大量破壊兵器と同じくらいの効果があるように思えたに違いない。

結局、囚人たちは1億3200万ポンド相当の贋札を造り出した。今の価値にすれば40億ポンド相当だ。

さて、なんの裏付けもない無価値な紙幣を40億ポンドぶんも造るというのは、経済を不安定化させるには理に適った方法のように思えるかもしれない。だが、この作戦がうまくいっただろうとは私には思えない。最近の金融危機を見ると、「偽造」ではなく「量的緩和」という名前で知られる政策の下、イングランド銀行は2000億ポンド以上の空想上の紙幣を生み出している（ナチスが造った額の50倍だ）。そして経済を不安定化させるのではなく、逆に安定させた。ほかにも多くの中央銀行が、この政策を大きな規模で実施している。いや、わかっている。量的緩和は実際に紙幣を印刷しているわけではない。主に非銀行系《ノンバンク》金融機関からの資産買収の形を取り、それが流通するマネーの量を増やす効果を生んだのだ。これは銀行預金残高を増やすことで達成できる（つまり、資産が購入された会社の残高）。なぜなら、第Ⅲ部で詳しく見ていく話だが、マネーを実際に生み出しているのは中央銀行ではなく、商業銀行だからだ[5]。

多くの中央銀行が採用した手法（銀行が保持していたマネーを銀行に提供する）よりもヒトラーが展開した手法（飛行機から贋札をばらまく）のほうが経済成長にはもっといい影響を与えたのではないかと一部の人が考えるのに、気づかずにはいられない。では、量的緩和は健全な政府の政策なのだろうか、それとも経済を破綻させようという陰謀なのだろうか？　チンギス・ハーンの後継者たちが刷っていたのは真札だったのだろうか、それとも贋札だったのだろうか？　それは、見方による。この章は、ポンドを崩壊させようとしたヒトラーの作戦の究極の皮肉を紹介して終わりたいと思う。ローレンス・マルキンによれば、戦後、ユダヤ人の地下組織は何千枚もの贋札を利用し、イギリス委任統治領パレスチナへと脱出するホロコーストの生存者の救済や、誕生したてのイスラエル軍の軍需物資購入に役立てたそうだ[6]。

6 消費者向け技術

我々が管理する通貨は、すばらしいものだ。発行すれば、能力を発揮してくれる。軍に給料を支払い、衣服を支給し、備蓄食料を供給し、武器を持たせる。そして過度な量を発行せざるを得なくなったときには、自ら償却することで相殺してくれる。

——ベンジャミン・フランクリン（1706―90年）、サミュエル・クーパー宛ての手紙（1779年）より

ブレトン・ウッズ後のマネーの構造が根付いたのとほぼ同じころ、マスマーケットでは新しいテクノロジーが消費者の購買体験に大改革を起こし始めていた。ペイメントカードとATMの誕生が、消費者のマネーの見方（ひょっとすると感じ方）を変え、貨幣という概念そのものを根本的に変える地盤を整えた。銀行業務の自動化はこれらの新技術と並行して進化し、そこからキャッシュレスという概念が生まれ、成長を始める。（携帯電話とスマートチップの未来まで待たなければ、キャッシュレスが現実的な目標にはなり得ないことを、いまの私

図 6-1　カードは日々の生活の一部だ

たちは知っている）

なかでもペイメントカードの進化は、未来のマネー研究にとって特に重要だ。技術にも、ビジネスにも、社会にも、そして規制にも変化をもたらしたからだ。

カード

1949年に初の近代的なカードネットワーク（ダイナースクラブ）が立ち上げられたとき、事実上無料でどこでも使えるネットワークが生まれ、すべての消費者をすべての商店やすべての銀行とつなげるという考えは想像もできなかった。[1]だからこそ、まさにそのようなネットワークを発明することは理に適っているように思われた。それは最初は電話と郵便を活用して、商店が承認を求めるためにネットワークに電話をかけ、それから支払のために伝票を送るというシステムだった。

磁気ストライプもインターネットもなかった初期のころにペイメントカードがどのように機能していたかを知りたかったら、ダニー・ケイの古い映画『ダイナースから来た男』を見るといい（脚本はのちに『エクソシスト』を書いたウィリアム・ブラッティ）。

この映画のワールドプレミアについて、１９６２年10月23日付のコネチカットの新聞『ハートフォード・クーラント』にすばらしい記事が出ていた。

月曜夜、選考委員会は満場一致で現金の使用を禁止し、翌日の３月13日に街全体でクレジットカードの使用を義務化する条例を採択した。コロンビア映画の『ダイナースから来た男』はその日、（コネチカットの映画館）ストランド・シアターで世界初封切りとなる。公開当日、地元商店の売買はすべて、ダイナースクラブカードでしかおこなえなくなる。この条例は、「消費者が購入するどのような物品についても現金で支払うことは違法であり、商店がどのような物品の販売についても現金を受け取ることは違法となる」と定めている。この日に合わせ、街の全住民にダイナースクラブカードが発行され、子どもにはジュニアカードが発行されることになる。条例では「本条例の違反で有罪となった商店はすべて営業許可が剝奪され、個人の場合は市刑務所にて１日未満の拘留が科せられる」とも定めている。

ジョン・Ｅ・リンチ市長はこのように述べたと記事では書かれている。

クレジットカードを使うということの先進的な実験に参加できて、非常に嬉しく思う。この実験がビジネスの世界に、事業取引が将来的にはたった１枚のクレジットカードのような道具を通じておこなわれるようになることを証明してみせることになるかもしれない。

私は、知るかぎり初めてペイメントカードをプロットの肝に据えたこの映画の物語にあまりにも魅了されたので、ＤＶＤを注文したほどだった。ただ、残念ながら、映画自体はあまり面白くない（若き日のテリー・サバラスがギャング役を大げさに演じているのはけっこう愉快だったが）。プロットはどうでもいいが、映画の所々で登場人物が動きを止めてはダイナースクラブカードの仕組みを説明するのには気づかないわけにいかなかった。なにしろセリフでわざわざ「さて、このカードが有効かどうか、ダイナースクラブに電話して確かめてみよう」とか「おい、ダイナースクラブカードはどこで使えるかが全部わかるパンフレットがついてくるんだぞ」と言ったり、懐疑的な脇役がダイナースクラブカードで飛行機のチケットが買えると聞かされてあっと驚いたりするのだ。当然私は、ダイナースクラブがこの映画のスポンサーか、ペイメントカードの仕組みをより多くの人に広めるために何かしらの商業的サポートをしたに違いないと思った。(2)

功績《クレジット》があるところには信用《クレジット》を

ダイナースクラブは、チャージカードだった。利用者がつけを月末にまとめて全額支払う仕組みは、アメリカン・エクスプレスカードが立ち上げられたときと同じだった。クレジットカードになったのは、その少しあとだ。１９５８年９月18日（この日は「支払日」として国民の祝日にするべきだ）、バンク・オブ・アメリカがカリフォルニアのとりたてて何もない街、フレズノで最初の６万枚のカードを正式に発行した。その方法はごく単純なもので、成人の住民全員にクレジットカードを届ける「フレズノ・ドロップ」と名づけられた作戦だった。

フレズノ・ドロップからインターネットに至るまで、クレジットカードの歴史入門として私がお勧めするのは、ジョー・ノセラの『分け前 *A Piece of the Action*』(3)だ。何年も前に読んだ本だが、今でも時々読み返している。ここに作品の内容を書き写す必要はないだろうが、クレジットカードの旅路が単純でまっすぐな、前へ上へという道筋ではなかったことは強調しておきたい。最初の10年かそこら、クレジットカードが商品として存続可能かどうかはまったくわからなかったし、遅くは１９７０年に入るまで、銀行がこのコンセプトをまるごと放棄してしまうだろうと予測する筋もあったくらいだ。その年の9月に発行された『ニルソン・レポート』（ビジネス界の人々にとっては、支払業界についての歴史ある、信頼のおける情報源としていまやおなじみの報告書）第3号には、こう書かれている。「「収益」などというものがそもそも手に入ることがあるのだろうかと経営陣が疑問に思い始めた今、銀行カードの収益全盛期は、終わったのかもしれない[4]」。ひとつ問題があるとすれば、とレポートは記す。それは、あまりにも多くの利用者が、期限までに支払をすませてしまうということだ！

イギリスでクレジットカードが始まったのはバークレイズの総支配人デレク・ワイルドが１９６５年にサンフランシスコを訪れ、ＶＩＳＡカードの前身である「バンクアメリカード」ソフトウェアのライセンス契約を締結したときだった。１９６６年、バークレイズはそのソフトを使って、イングランド中東部の町ノーザンプトンの古い靴工場で「バークレイカード」を作り始める。新しく生まれたこのカードが１５０万人の利用者と7万５０００軒の商店に行き渡ってようやく利益を上げ始めるまでには5年以上かかったが、そうやって上げた利益が相当なものだったので、主なライバル会社（ナショナル・ウェストミンスター、ミッドランド、ロイズ）を刺激して集結させ、ライバル商品となる「アクセスカード」を１９７２年に立ち上げさせたほどだった[5]。

この儲かる産業を生み出すのに大きな役割を果たしたのは、テクノロジーだ。それは収益性を挙げるために欠かせない信用リスクの管理やカード口座の自動化にコンピューターが必要だったからというだけではない。のちにＶＩＳＡとなる銀行間組織の先見の明を持つ創立者ディー・ホックは業界について書いた本の中で、1960年代の終わりにはカード不正が手に余るほどになっていて、業界は完全に死に絶える寸前だったと述べている。倉庫から未使用カードが大量に盗まれたり、名前入りのカードが郵便受けから盗まれたりし、組織犯罪が暗躍していたのだ。(6) だがほどなくテクノロジーが顧客体験を変えていき、同時に不正が大幅に削減された。磁気ストライプとオンライン認証システムの導入が、リスク管理を変革してコストを大幅にカットしていく。

ここで、マスマーケット商品において厚紙で作ったカードの裏に磁気ストライプを初めてくっつけたのはロンドンの公共交通システムだったということをどうしても言っておきたい。これはクレジットカードより何年も前、1964年1月5日のスタンフォード・ブルック駅で最初に使われたときに実現していた。(7) 1973年にBASE I電子認証システムが信用照会を展開するのと連動してバンクアメリカカードが1972年に初の銀行発行による磁気ストライプカードを導入するよりずっと前だ。10年前、「私は未来を見た。それはロンドンの公共交通システムだ」と私は言った。この理論に基づいて、近い将来に銀行が支払についてやり始めることを知るために、ロンドン市交通局がすでにやっていることを見てみよう。それはもちろん、非接触型カードだ！

1970年代初頭、規制とテクノロジーが組み合わさって、瀕死のクレジットカード事業を爆発的に復活させた。アメリカでは、銀行がVISA（1976年誕生）とマスターカード（1979年誕生）の前身を通じて全国規模のクレジットカード支払システムのインフラを拡大させ、全国の商店にカードを受け付けるよう説得した。国の貸金業規制法では、全国規模のシステムの利益をカード発行者がすべてさらっていくことが禁じられていた。(8) 州ごとの法律の違いのせいで発行者には法的な負担がかなりのしかかることになった。そして発行者は、上限利息が低い州でクレジットカードによる貸付を展開しても必ずしも利益が得られるとは限らなかった。当時、アメリカには銀行からの融資の上限利息を10%に抑える厳しい規制法があった。だがサウスダコタ州が規制緩和に乗り出し、最高裁が1978年に（有名な「マーケット裁判」で）金利はクレジットカードを用いて州境を越えて輸出することができるとの結論に至った。その一方で、シティバンク（を含むほかの銀行）はクレジットカード事業をニューヨークから外に出して利益を得ようと試みた。

業界を再形成したのは、技術変化だけでなくこの規制関連の決断もあった。利益の出なかった1970年代終盤から赤字の1980年代初頭を経て、クレジットカードは利益が出るようになり、事業は爆発的に成長した。イギリスでは規制当局は軽めの規制を選び、バークレイカードの成長を許した。どちらの国でもクレジットカードはマスマーケットの一大現象となり、競争を激化させる。それが転じて金融革新を促進し、航空会社のマイレージサービスや現金割引、将来の購入に対するクレジットやありとあらゆる業種との幅広い「ブランド提携」まで、様々な追加商品やサービスが生まれるようになってきた。

カード不正について一言

先ほど紹介したディー・ホックのカード不正についての言葉は、非常に興味深い。カードと不正との共進化は、新しいマネー技術を導入していく私たちにたくさんのことを教えてくれるからだ。すばらしい自伝『タフガイ』（最終的には刑務所でユダヤ教に改宗する話だ！）で、マフィア犯罪者ルイス・フェランテは携帯電話やレーザービームが生まれるより何年も前のカード不正を、詩的に説明してくれている。ニューヨーク・マフィア界におけるルイスの進取的な連合組織は、カード偽造が抜群にうまくできなくても、協力者さえいれば偽造ビジネスに参入できるということに気づいた。

もう何年も、私はソニー〔ニューヨーク・マフィアの5大ファミリーのひとつコロンボ一家のナンバー2、ソニー・フランゼーゼ〕の「デュープ」、つまりは本物の番号を載せた偽物のクレジットカードでボロ儲けさせてもらっていた。値段は1枚100ドルだった。ソニーは小売店の店員に賄賂を渡して、チャージカードの伝票を水増しさせていた。……一枚噛んでいる宝石店に入って、ロレックスを買うとしよう。時計の値段が5000ドルだとしたら、カードは1万ドルで打てと言ってやる。私は時計を持って店を出る。店員は儲かる。お互いハッピーになれるというわけだ。

だが、この頭のいい連中（として知られているのだと思う）が本当に欲しかったのはロレックスの時計やそういうものではなく、現金だった。カード不正は、そのための手段だった。

私がいらない商品を売っているやつがいるとする。たとえばポーリーの花屋とか。そういう店には「割り勘」を提案する。その店に入って、「カードを4000ドルで打て。2000ドルはそっちの取り分だ。カネが入ってきたら、残りの2000をよこせ」。そうすると花屋はカード会社に結婚式用のフラワーアレンジメントを配達したとかなんとか言って、インチキな売上伝票を送りつける。それで完了だ。

だが、時代は変わった。そういう類のカード不正はある意味で家内工業で、古臭いとさえ言えるほどだ。今の詐欺師たちは銀行やビジネス界全体に続いて、グローバル化している。ロレックスと数千ドルの小遣いをせしめるなどという話ではもうない。投資と、その投資に対する利益率の話だ。(9) カード不正はその一環であって、それが大きな問題となる。マフィア犯罪のごく限られた一部分から、カード不正は麻薬取引や人身売買、果てはテロまでの、簡単に手に入る資金源となってしまった。磁気ストライプなしのビジネスは銀行から見るとはした金だったが（アメリカでは今もそう考えられている!）、政府がそれを熱心に推し進めようとしていたのもこれで頷ける。

支払業界にとって、カード不正はビジネス上避けられない、数ベーシスポイント〔100分の1%。利回りで使われる〕ぶんの代償だ。イギリスでは、その金額は年間5億ポンド以上になる（そして今も増え続けている）。カードの支払総額に比べればたいした額ではないので、貸し倒れ償却（回収不能債権）が支払取り消しの何倍もの確率で発生している状況では銀行の最優先問題でなかったとしても驚くほどのことではない。売上高の数ベーシスポイントはカードに使われる金額の割合としてはごくごく少額だが、犯罪組織にとってはけっこうな儲けだ。そうなると、現状では支払業界でこの犯罪が見過ごされているというのは、本来は間違っている。[10] 今やっている仕事をそれほど邪魔しないからという理由で容認可能な範囲の犯罪を見過ごすというのは、政策としては非常にまずい。

さて、では第Ⅲ部で見ていく新技術の改善と比べたとき、いまの私たちはどのへんにいるのか？　まあ、最近のデータを見てみれば、事態が悪化していることがわかるはずだ。2012年の世界のカード取扱高は約21兆ドルで、うち110億ドルが不正だった。つまり、不正に上げられた売り上げが5・2ベーシスポイント前後を占めていたことになる。[11] 私が見たもっとも新しい予測（2016年3月）では、世界のカード売り上げが年15%ほどの割合で増え続けているなか、不正売り上げはそれを上回る20%の増加率で、そうなると2020年には350億ドルに達する計算だ。そして、この数字が直接的な損失だけのものだということを忘れてはいけない。カード再発行などにかかる費用は含まれていないのだ。

（ここで余談ながら、アメリカがチップ技術に切り替えるという決断を下したのが遅かったことが数字に表れていることを指摘しておきたい。アメリカでの不正行為は約13ベーシスポイントだが、世界のほかの地域では約4ベーシスポイントにとどまっている。世界中のカード不正の約半分がアメリカで発生しているが、カード売り上げは5分の1しかない）カード不正は増えていて、（意外ではないが）カードを使うことがまったく想定されていなかった場所が一番不正がひどい。カードが介在しない取引（たとえばインターネット上の取引や電話での取引など）がそれだ。インターネットが生まれてから着想された新しい枠組みもがんばってはいるが、それでも不正を完全に防げるわけではない。それは、支払不正の問題がカードテクノロジーの問題だけにとどまらないからだ。それはもっと全般的な、カード不正から小切手不正（こちらは米国銀行協会によれば、アメリカではいまだに年間20億ドル以上の損失を出しているそうだ）、送金不正までのあらゆることに影響をおよぼす身分証明と承認の問題になってくる。当然ながら、この問題にはまたあとで戻ってこよう。未来のデジタルマネーを機能させるのであれば、安全なデジタルの身分証明や承認インフラを基盤として構築しなければならない。これだけ言えば十分だろう。

電子マネーへの道

第2次世界大戦後、コンピューターの発明はほかのどの業界を変えたのとも同じくらい、銀行業界も変えた。いや、まあ、そこまででもないかもしれないが。1956年には、イギリスの『ニュー・サイエンティスト』誌が「電報、テレビ、ファクシミリによる電信術は必ずしも目新しいというわけではないかもしれないが、銀行における取引はまだ郵便に頼らざるを得ない」と書いている。[12]

さて、ここで思い出してほしい。この記事が書かれた当時、イギリスはコンピューターでは世界トップクラスだった。実際、世界初の汎用コンピューターが商業目的で実用化されたのは「ライオンズ・エレクトロニック・オフィス」という、1954年にティーハウスのチェーン、J・ライオンズ・アンド・カンパニーの給与支払名簿に使われたものだった。

1955年、「エレクトロニクス」についての小委員会がロンドン決済銀行委員会によって設立されたが、ここで再び『ニュー・サイエンティスト』誌を見ると、当初の成果は残念なものだったらしい。[13] これは何かを再考するという能力が銀行に欠如していることが原因だとされ、記事には銀行が「自分たちで考えることを選んだのだが、自動化プロジェクトに取り組んだチームはほとんどの銀行で、データ処理の講習を受けた銀行関係者で占められていた」とある。そしてさらに、遅々とした歩みが「資金不足のせいなどではほぼない」と揶揄し、それからイギリスの銀行はもういいかげん諦めて、米国銀行協会がしたのとまったく同じことをしたほうがいいのではないか、と提案している。それはつまり、小切手の仕分け、磁気インク等々に基づく自動化にしたほうがいいのではないか、ということだ。それでさえ、縦割りの構造に問題があった。「紙テープにパンチで穴を開けて記録された情報を元に通常の帳簿作業をおこなう」コンピューターが、小切手を読み取る「仕分け機」とは接続していなかったからだ。

それでも、コンピューターとネットワークは銀行業界の中でさえ普及していき、1960年代半ばまでには電子支払を中心に自らを再編成し始めたのだった。

国家的インフラ

さて、先進国では当然、銀行はお互いに取引をするために黄金の詰まった袋を持って歩き回ることをとっくの昔に諦めていて、代わりに何がしかの形の決済システムを通じた差金決済へと移行していた。たとえば、ニューヨーク・クリアリングハウスがこの形で相殺決済を始めたのは１８５３年だ。１９１４年以降、差金決済は今と同じように、ニューヨーク連邦準備銀行で貸方と借方によっておこなわれていた。このような大口銀行間決済は、近代経済にとってはこのうえなく重要なものだ。

決済の仲介者としてのイングランド銀行の役割は、19世紀半ばに商業銀行向けの決済勘定の提供から始まった。１９９６年以来、これらの口座はイングランド銀行の即時グロス決済（ＲＴＧＳ）システムに置かれている。これはリアルタイムでの実行を可能にするもので、登録者の口座への貸方や借方の記入が決定的に取り消し不能な形でおこなわれる。[14] 絶対に欠くことのできない国家的インフラの一要素であるこのシステムは、複数の目的に使われている。

- 決済銀行間のコンピューター決済システム（ＣＨＡＰＳ）での即時決済に使われる。
- ＣＲＥＳＴ証券決済システム内に埋めこまれた支払システムの即時決済にも使われている。
- イギリスの即時決済サービス、ファスター・ペイメント・サービス（ＦＰＳ）の時点ネット方式で１日に複数回の決済をおこなうのに使われる。
- 時点ネット方式でその他様々な小売の支払システム（ＢＡＣＳ、チェック・アンド・クレジット、ＬＩＮＫ、ＶＩＳＡ）の決済にも使われている。

こんなわけで、ＲＴＧＳシステムはＣＨＡＰＳで使用されている。これで「イングランド銀行のマネー」はどのような金額であっても、即時最終決済ができる。私がＣＨＡＰＳを使って10億ポンドをあなたに送金したら、あなたの手元にはもう10億ポンドある。そのくらい簡単なのだ。現在のシステムは、イギリスの年間GDP（約５０００億ポンド）を毎日欠かさず決済している。

アメリカのＲＴＧＳシステムは「フェドワイヤー」というものだ。連邦準備銀行によるサービスで、同行に口座を持つすべての銀行が利用できる（つまり、参加を希望するすべての連邦法銀行と州立銀行が含まれる）。１９１８年、各銀行が資金の振替処理のために独自の電気通信システムを開発し、12の準備銀行すべて、連邦準備制度理事会、そしてアメリカ財務省を電報でつないだ。財務省証券は、１９２０年代には電報で送金することができるようになっていた。このシステムは、１９７０年代初頭まで、ほぼ電報で回っていた。

アメリカで紙の決済と電子的な決済が切り離され出したのは１９７０年、ニューヨーク・クリアリングハウスが自動化し始めたときだ。クリアリングハウス・インターバンク・ペイメント・サービス（ＣＨＩＰＳ）を構築し、ＲＴＧＳを使ってメンバー銀行間での差金決済を提供するためのものだった。

自動化されたクリアリングハウス

小売決済の際のクリアリングハウスの自動化（ＡＣＨ）という概念は、小切手処理の自動化を起源としている。[15] イギリスでは、ＡＣＨは銀行間自動決済サービス（ＢＡＣＳ）と呼ばれる。ほかの多くの国と同様、イギリスにもこれはひとつしかないのだが、アメリカには大規模なＡＣＨが二つもある。それは銀行が所有する非営利の「全米自動決済協会」と、クリアリングハウスが所有する電子支払ネットワーク（ＥＰＮ）だ。ＡＣＨはだいたいにおいて請求書の支払、小切手の交換、給与の支払等々に使われるものと思われてきた。だが、全米自動決済協会（ＮＡＣＨＡ）が出した最近の数字を見ると、口座間（Ｐ２Ｐ）支払が爆発的に増加していることがわかる。これは携帯端末アプリによる送金の増加に関連していると私は思っている。

表６－１を見るとわかるように、アメリカではＡＣＨ取引はどの分野でも増加している。唯一の例外が小

表6-1　アメリカのACH取引（2015年秋時点）

取引タイプ	金額（100万）	増減
IAT（国際送金）	17.8	27%増
ウェブ支払（請求書）	987.5	13%増
ウェブ入金（P2P）	14.2	700%以上増
BOC、ARC、POP（小切手）	484.7	さらに7%減
電話	114.3	15%増
PPD引落（経常）	886.8	4%増
PPD入金（給与）	1,450	4%増

切手交換で、予想はつくかもしれないが、減少を続けている（POSデータも含む）。この傾向は、ヨーロッパではもっと顕著だと私は睨んでいる。新たな決済サービス指令「PSD2」の到来によって小売業者が支払口座に直接アクセスできるようになり、それが次世代の支払革命の決定的な傾向のひとつとなるからだ。

さて、VISAとマスターカードは結構商売がうまい企業なので、この2社よりもうまくやろうと思ったら何か特別なことをしなければならない。一部観測筋の計算によれば、携帯電話やオンラインなど、VISAとマスターカードがもっと努力をしなければならない新しいチャネルに製品を届けることに注力したほうがいいかもしれない。適切なセキュリティと顧客保護が確保された口座直結型サービスを作って、それをオープンバンキングへのアクセスを通じて提供すれば、支払業界に商品・サービス革新を起こす重要な「プッシュ型プラットフォーム」が新たに生まれることになる。アメリカやほかの地域と同様、ヨーロッパでも、従来のカードネットワークを踏み台に、ACHや即時決済ネットワークの活用が電子支払という名のパイを大きく膨らませていくと私は考えている。

世界的拡大

1970年代ごろに世界中で送金指示を出すのに使われていたのは、遅くてセキュリティレベルも低いテレックスネットワークだった。近代的なコンピューターやネットワークへの移行が必須であることは、誰の目にも明らかだった。1973年、数百の銀行が集まって、「国際銀行間金融通信協会（SWIFT）」を立ち上げた。現在、国際的な銀行間メッセージはほとんどがSWIFTのネットワークを使って送金指示を出し、それが相手の口座で決済されている。つまり、私がバークレイズに対して、私の口座の100ドルをニューヨークにいる同僚のシティバンクの口座に送るよう指示をするとする。バークレイズはそのメッセージをSWIFTネットワーク経由で送って私の口座から100ドルを引き出し、シティがバークレイズに持っている口座に入金する。一方、シティはそのバークレイズの口座から100ドルを引き出し、同僚の口座に入金する。その過程で100ドルのうちいくらかは失われるが、ほぼこんなような仕組みだ。

テクノロジーが連れて行ってくれる先は？

これまでに電子マネーのたどってきた道筋を、簡単に紹介しよう。[16] 2015年、非現金の国際取引額は、世界中で増えている。成熟市場では約6％の割合で増加し、すべての支払の4分の3近くを占めている。新興市場ではその2倍の速度で成長し、すべての支払の約4分の1を占めている。カード支払はまだ伸びていて、小切手は消えつつあり、電子送金は成長を続けている。「即時決済」の到来は、将来的には間違いなく後者のさらなる成長を後押しするだろう。取引がオンラインへと移行していくと、現金に対する圧力が高まっていく。だが同時に、カードに対する圧力も強くなっていく。「代替的」（つまり、カードではない）支払の仕組みは、いまやオンライン支払の半数以上を占めている。そろそろ、新しい名前をつけてやるころではな

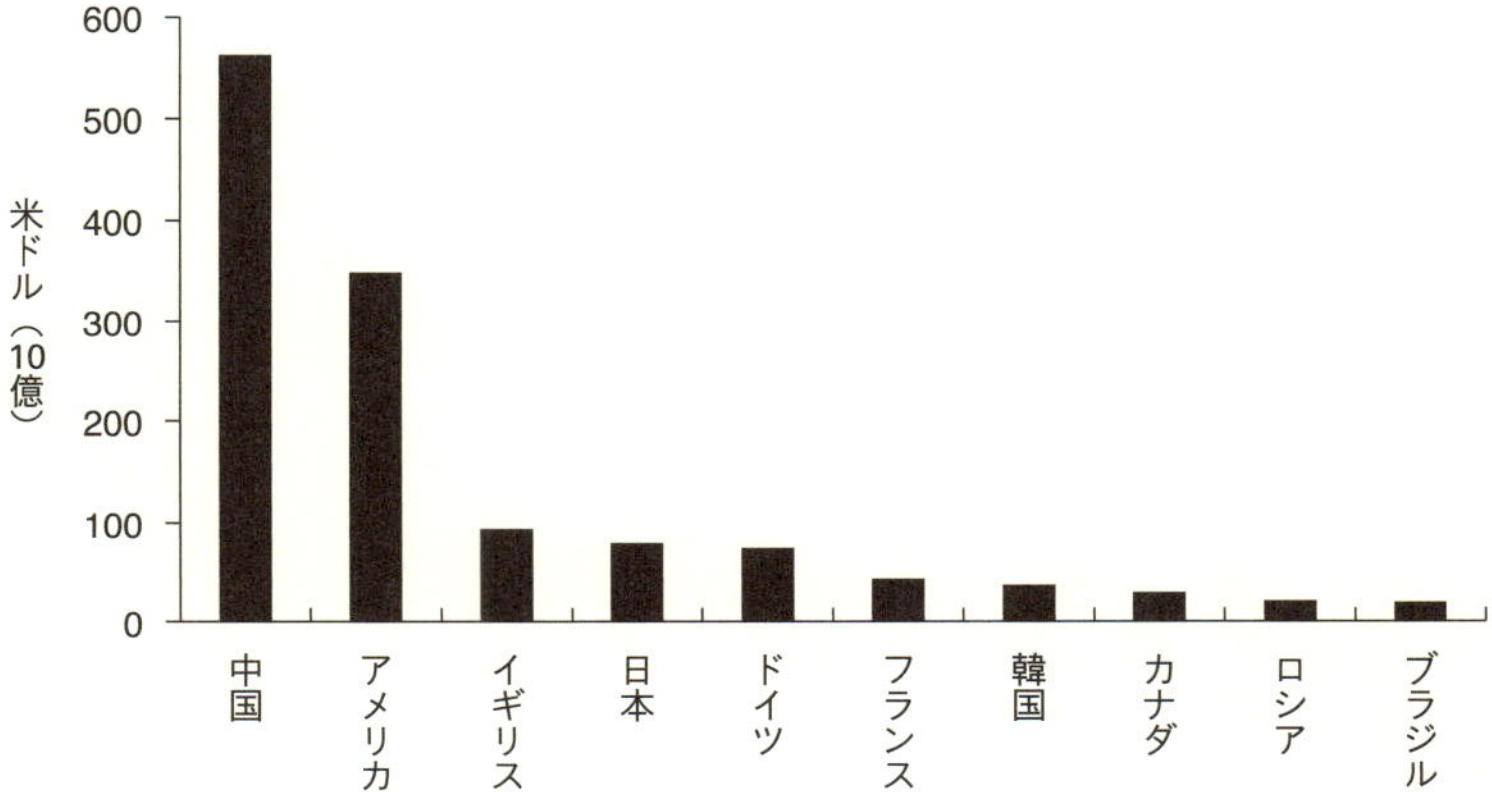

図 6-2　電子商取引市場上位 10（出典：Payments Cards & Mobile, 2017 年 2 月）

いだろうか。電子商取引市場の上位10を見てみると（図6－2を参照）、ロシア（いまだに代金引換が主流）から中国（ノンバンクが市場を独占している）、アメリカ（カードが市場を牛耳っている）まで、かなり異なる交換手法があることがわかる。

発展途上国では、小売の支払については金額でも取引量でも現金が主流だ。先進国ではざっくり言えば現金が取引量の3分の2、金額では3分の1を占めている。だが、本書の巻末付録を見ればわかる通り、現金がすでに退場口に向かっている国もある。しかも、それはいいことなのだ。

7 モバイルへと移行する

機械の知能は我々をずっと賢くする。スマートフォンは基本的に全部、スーパーコンピューターだからだ。
——エリック・シュミット（グーグルＣＥＯ）２０１５年ダボス世界経済フォーラムにて

カードは、支払の世界を変えた。だが、かつて考えられていたように、現金に終止符を打ちはしなかった。何十年にもわたってカードが使われてきた今から見れば、カードがマネーの再発明をもたらした最近の発明であることがわかる。コンピューターでもない、インターネットでもない、デジタルテクノロジー全般でもない。携帯電話を使った特定のテクノロジーが、マネー革命をもたらすのだ。

モバイル決済は、いまや主流となっている。非常に高度に発展した非接触インフラを持つイギリスではもう、非接触型の支払がロンドンでの主な支払方法になっている。つまり、財布を持たずに家を出て、携帯電話だけで1日過ごせるということだ。(1) 駅に着いたらアプリを使って駐車場の代金を払い、アップルペイでコーヒーを買い、アップルペイやその他のアプリでランチを食べ、アプリを使ってバスに乗ることができる。しかも、これはほんの手始めにすぎない。アプリの使用は広がる一方だ。「Xペイ」（アンドロイドペイ、チェイスペイ、サムスンペイ、ウォルマートペイ、等々）をめぐる議論の大部分が、非接触テクノロジーを活用した携帯電話の「タップ&ペイ」テクノロジーのシンプルさに集中している。だが、これが目玉ではなく前座にすぎないと考えられる理由がいくつもある。新たなセキュリティ・インフラ（「トークン化」）の導入は、アプリ内支払（「アプリ&ペイ」）が今ではチップや暗証番号を使った支払よりも安全になり得ることを意味している。ほとんどの小売業者が機能を増やしたPOSよりはPOSがまったくないほうを選びたがるだろうと考えると、移行への圧力は強くなるはずだ。小売店が見るかぎり、現金箱、チップや暗証番号対応機、レジは、貴重な小売スペースを無駄にしている。それを全部携帯電話の中に収めてしまえば、もっとハッピーになれるというわけだ。ウーバーからエアビーアンドビー、ケンタッキーフライドチキンに至るまで、今すでに生活の中で目にしている状況を考えると、アプリ内支払は標準となっていくと私は思っている。もっとも摩擦の低い支払方法だ。繰り返しになるが、自社のアプリにアップルペイを搭載した企業の数がアメリカでどれほど多いかを見るかぎり、これは突拍子もない予想などではない。グーグルやサムスン、その他多くの企業がその同じ空間に商品を移していくにつれ、銀行が提供する何かを使うよりもスーパーのアプリ、ガソリンスタンドのアプリ、ファストフード店のアプリで支払をすませるのは当たり前になっていくだろう（しかも、支払うたびにポイントも貯まる）。

ここで、この構図を明確にしておこう。発展途上国では、こうした新しいタイプの携帯電話ベースの支払の仕組みは、（一部の銀行家が思うように）オープンスキームのプリペイド式カードなど「ちゃんとした」銀行

図7-1　モバイルはグローバルに。イギリスの携帯電話で、オーストラリアでのタクシー代を非接触で支払う

ベースの支払の仕組みができあがるまで貧しい人々に押しつけられた単なるつなぎではない。これらのモバイル支払は世界中のほとんどの場所のほとんどの人々に、ほとんどの場合で最適の方法なのだ。モバイル支払こそがイノベーションの新たな中心であり、先進国の構造や習慣、思いこみとは一線を画している。

さて、では次にモバイルの主要な影響に移ろう。長年予測されてきたことだが、現在私たちがいるのは、携帯電話を家に置き忘れてきたら取りに戻るが、財布なら取りに戻らなくてもよくなる転換点だ。この転換点は、テクノロジーとマネーの物語においては、物性の終わりを告げる地点になるという理由で非常に重要な地点だ。今では、ペイメントカードが現金を完全に排除することができなかったことがわかっている。ペイメントカードは、マネーの未来ではなかった。ペイメントカードで支払ができる相手は、小売店に限られる。携帯電話なら、個人同士で支払ができる。そしてそれは、すべてを大きく変えるのだ。

先進国世界は特定の理由からモバイルへと移行していて、発展途上世界ではまた別の理由からやはり同じ方向へと移行しつつある。だが私たちが皆モバイルへと移行していることは紛れもない事実で、それがマネーの未来をぐっと引き寄せる。

エムペサ物語

マネーの未来についてのどんな長ったらしい説明も、ケニアの携帯電話振込サービス「エムペサ」について触れなかったら不完全なままだ。これは今後長きにわたってビジネススクールで取り上げられるケーススタディになるだろうし、未来学者が新たな金融秩序における「変化の微弱な兆し」と呼ぶものとして見られるようになるだろうと私は確信している。実際、経済学者ティム・ハーフォードは２０１６年のＢＢＣワールドで特集されたシリーズ『近代経済を形成する50のこと』でエムペサを取り上げている。(2)

エムペサは２００７年にケニアで立ち上げられ、その後２００８年にはタンザニアとアフガニスタン、２０１０年には南アフリカ、２０１１年にはインド、２０１４年にはルーマニア、そして２０１５年にはアルバニアにまで広まった。エムペサはあまりにも重要なので、その起源と道程は記録され、様々な観点から語られるべきものだ。もっとも完全で正確な歴史『今すぐ使えるマネー――エムペサの物語 *Money, Real Quick: The Story of M-Pesa*』(3)で著者のトニー・オムワンサとニコラス・サリヴァンが語っている物語を、ここではいくつかの要点を挙げるために簡単に要約しよう。

物語の１人目の主人公（私が見て、ということだが）は、ニック・ヒューズだ。ニックは当時ボーダフォン

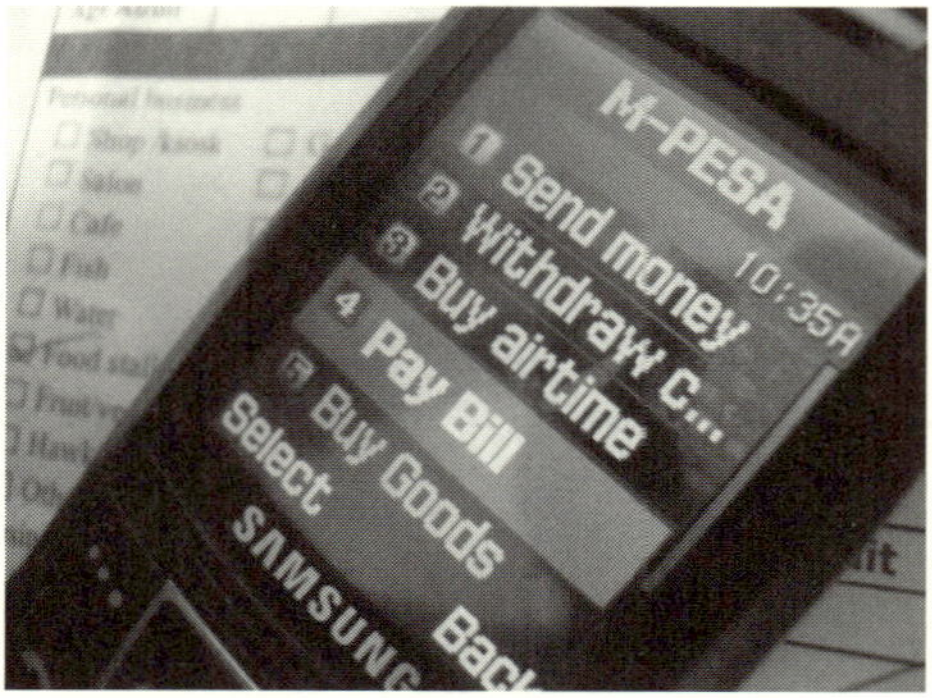

図7-2　エムペサは安価なフィーチャーフォンを使って金融サービスを提供する

の社会事業部門長で、ケニアのサファリコムという会社の株を40％保有していた。サファリコムはケニアでは市場の半分超を占めるトップ企業だった。ニックは携帯電話を使ってアフリカにおける小規模融資の配布をもっと効率良くできないかと考え、イギリス国際開発省にマッチングファンドのための企画書を提出した。これが2003年に承認され、エムペサが誕生した(4)。

2人目の主人公は、同じくボーダフォンのスージー・ローニーだ。スージーはイギリスでモバイル商取引に携わっていたが、2005年にエムペサのパイロットを立ち上げて実行させるためにナイロビに送りこまれた。彼女はトップクラスのプロジェクト管理能力と現実的なビジョンを組み合わせ、ニックと協力し、簡単に暴走してもおかしくなかった（立ちあがってからの人気がそれほどすごかったのだ）パイロットを本当の意味で新しい全国規模の支払構造へと押し上げた（ちなみに、ニックとスージーが主人公だと考えたのは私ひとりではないことを付け加えておく。2010年には、『エコノミスト』誌も2人に「社会的・経済的イノベーション賞」を授与している）。

ニックとスージーがパイロットを立ち上げて動かし始めると、非常に先進的な考えを持つサファリコムのCEOマイケル・ジョセフは、何やらどでかいことが動き始めているらしいと気づき、パイロット担当のチームを本格的に後押しした。1年もしないうちに登録者は200万人を超え、1日の取引額は150万ドルとなり、この時点でマイケルは代理店ネットワークの開発に注意を向ける。もちろん、サファリコムはすでに代理店を持っていた。通話時間を売るのに店が必要だったからだ。だがマイケルはネットワークの規模を大幅に拡大しなければならないことに気づいた。それもなるべく早く。これ以上細かい話で読者を退屈させることはしないが、この話に関心を持ったならこれがどのようにして実現したか、そして代理店へのインセンティブ、残高管理、商取引など、どのような問題が対応を必要としたかについて読むことを強くお勧めしたい。エムペサの代理店になることは非常に魅力的な提案だったとだけ言っておけば、ここでは十分だろう。

このシステムは、動き出すとすぐに、本来のビジネスモデルでは想定していなかった形で使われていることが明らかになった。とりわけ、企業が使い始めたことが意外だった。企業は現金を（一種の「夜間金庫」のように）預けるようになり、取引の支払や賃金の支払にも使うようになったのだ。現在、ケニアにはエムペサを使った支払を受け付けている企業が600程度ある。その中には国営航空会社、電力会社、保険会社も含まれている。

まとめると、昔ながらのインフラではなく新しいテクノロジーを基盤に造られたノンバンク系の支払システムは、その創造主にさえ予想もできなかったような形で人々の暮らしを変えたということだ。

携帯電話の番号に紐づけられた口座から現金を引き出したり預けたりできるこのシステムは、とてつもない成功を収めた。ケニアの成人人口の3分の2以上が利用し、何万もの代理店がこのシステム経由で顧客から支払を受けたりそこから現金を引き出したりするようになったのだ。ケニアで1000店の銀行支店、1500カ所のATMと10万人のクレジットカード利用者が生まれるまでに1世紀かかったという事実を思い出すと、この数字は驚異的だ。

エムペサの教訓

エムペサの台頭から、どのような教訓が得られるだろうか？　ひとつは、エムペサの繁栄を可能にした規制環境と、このシステムに対して各銀行が当初は慎重な態度を取っていたにもかかわらず、いったん成功し始めると銀行もエムペサを使って新しい顧客層に金融サービスを提供するようになったという事実だ。実際、オムワンサとサリヴァンはこのように書いている。「商業銀行もついにその壁を支店より外へと広げ、代理店を採用することに決めた。ただ、それはエムペサをつぶそうと試みて失敗してからあとのことだった」。これこそ、エムペサの登録者が500万人（ケニア中の商業銀行43行の顧客数を全部合わせたよりも多い数）を超えたあとの2008年に、この物語で私にとって一番の見どころがやってきた理由だ。その当時の財務大臣代理は、エムペサが「うまくいくかはわからない」と語った。誰がエムペサを規制するべきかすら誰にもわからなかったが、大臣はひとまず、中央銀行にこのシステムについて調べるよう依頼した。(5)調査の結果、財務省の事務次官ジョセフ・キヌヤはシステムが「安全で信頼できるものである」と宣言した。そしてさらに、「競争はまったく悪いことではない」とも。

商業銀行は、当初からエムペサのネットワーク上で新しいサービスを提供し、それによってモバイルマネーが金融包摂〔貧困のため、従来の金融に手が届かなかった層に金融を提供すること。グラミン銀行のマイクロファイナンスなどが含まれる〕を提供できることを実証してきた。銀行がどんどんサービスを提供するようになり、普通預金口座やスーパー代理店としてエムペサのエコシステムの一部となると、金融業界全体が活気づいたように私には思える。ダイナミックなパートナーシップ（たとえば、普通預金口座「エムケショ」につながったエクイティ・バンクとの提携など）は、「従来の」銀行環境では到底存在し得なかった商品を提供できるようになった。ここには年金やマイクロ保険、「購入予約」やさらにもっとたくさんの商品が含まれる。オムワンサとサリヴァンが言うように、事実上、新しい金融業界が生まれたのだ。

私が得たもうひとつの教訓は、銀行主導のソリューションではエムペサが確実に起こしたイノベーション革命は起こせなかっただろうというものだ。その成功における大きな要因は、それが電話文化に生まれ、誰もが増築していけるインフラとして造られたということだ。世界銀行の一部である「貧困層支援協議グループ」のマイクロファイナンス専門家マーク・ピケンズは、エムペサに刺激を受けた「周辺業界」に言及している。これがナイロビのIT系人材のための共同ワーキングスペース「iHub」周辺の「スワヒリ・シリコンバレー」にハイテクブームを巻き起こしたらしい。21世紀のマスマーケット向け支払システムの使いやすさのおかげでキャッシュレスの学校、従量制の水道、IT医療、その他驚くほど幅広い適用が可能になった。エムペサが銀行にとって脅威になると思うかと訊かれたケニア商業銀行のCEOの発言が、ピケンズの著書で紹介されている。「反応しなければ脅威だが、受け入れれば、それはチャンスになる」。私は、これがヨーロッパ、そして願わくはアメリカでも、支払システム革命の雛型になるのではと見ている。

最後の教訓としては、身分証明とマネーとの関係にどうしても触れておきたい。エムペサの一番予想外だった影響のひとつが、エムペサの取引履歴が従来の信用格付け代わりに使われるようになったというものだった。覚えていると思うがエムペサの代理店の多くは商店なので、このような形で顧客の信用チェックをおこなうのは自然の成り行きだった。言い換えれば、エムペサはそれまで排除されてきた人々にも、身分証明と信用を与える手段となったのだ。

そして最後に、やや技術的な話をちょっと。私には、規制当局がモバイルマネーの仕組み同士の相互運用性を主張し、相互交換レートを規制しようとする未来が見える。だが一部の参加者はもっと多くを求め、先進国市場で勃発しようとしている小競り合いの種を撒くだろう。オムワンサとサリヴァンは著書の第7章で、サファリコムによるSIMの支配と、銀行がSIMに手をつけたいがつけられずにいたために生まれた緊張関係について触れている。プロジェクトの初期のころ、顧客向けサービスをどのように展開するかについて相当な議論があったことを思い出す。最終的に、サファリコムはハードウェア依存のセキュリティに落ち着いた。(6) これはつまり、新しい「SIMツールキット」のソフトを作成し、モバイル支払を利用したい顧客にサファリコムのSIMを再発行したということだ。サファリコムは、SMSやUSSDなどの携帯のテキストメッセージを使うよりもこちらの安全性が高い手法に必要な投資をおこなうことを決断し、それがSIMベースの市場で回転売買〔売買を頻繁に繰り返して手数料で利益を出す方法〕の防止策になることを期待した。これは当時勇敢な決断だったが、その見返りは何倍にもなった。めでたしめでたし。現実的に見て、規制当局がSIMツールキットアプリをもっと増やすためにSIMを開放するようどうやって事業者に強制することができるのか、私にはわからない。だが、先進国でのスマートフォンのアプリの場合と同様、SIMベースのID管理インフラの基準に事業者同士で合意するよう頼み、それからその基準へのオープンで透明性の高い、非差別的なアクセスを提供するほうが現実的かもしれない。だが、それはまた別の話だ。

キャッシュレスへの影響

ケニアのほとんどの国民には、支払方法の選択肢は二つしかない。現金か、エムペサかだ。いまやエムペサという川の流れに経済活動といういかだが浮かんでいて、現金オンリーだった経済にはどうしても参加できなかったビジネスを支えている。だからその背景を理解しようとするのはいつでも興味深いことだ。電子マネーを取り巻く社会的、文化的、経済的要素を理解するうえで、「合理的計算的アプローチ」だけでは人々の意思決定を理解することができないのは明らかだ（私がモンデックスのときに学んだ教訓だ）。ケニアにおけるこれらの要素を研究することで得られるひとつ確かなメッセージは、現金からデジタルへと移行したがる理由はグループによってそれぞれに異なるということだ。(7)

非合理的で非計算的なアプローチのほうが、カードは現金に取って代われなかったのにモバイルマネーがそれを成し遂げたケニアの動向を理解するのには役立つ。ケニア中央銀行の統計を見ると、カードを持つケニア人の数は増えているはずなのに、クレジットカードもデビットカードも利用率は減少している。ケニアにはデビットカードが１０００万枚（クレジットカードは16万枚）出回っているが、それを買い物に使うケニア人は４％程度しかいないのだ。

前述の調査では、社会構造に埋めこまれた「金融デバイス」について触れ、「現金、ペイメントカード、そしてモバイルマネーがどのように使われているか、そして何を意味するのかは複雑に絡み合った問題である」と述べて人々が公共の場で資金をプールしたがる「チャマ」〔ケニアを中心とする東アフリカに見られる非公式な協同組合で、住民が資金を出し合って貯金し、投資に使うもの〕会合のケーススタディを引き合いに出している。

モバイル・イノベーションと規制

インドは、支払とモバイルテクノロジー、イノベーションとの関係を説明するのに便利でわかりやすいケーススタディだ。インドに新しく生まれつつある支払環境、そしてインド準備銀行がモバイル支払への「調整」アプローチと呼んだものは、２００９年に非常に厳しい規制から始まってインドの顧客や既存の企業の潜在的需要に応えることに失敗し、インド企業の創造性も活かせなかった。世界銀行の「貧困層支援協議グループ」が出した数字によると、世界中で銀行を利用していない人の5分の1がインドにいて、携帯電話の契約数は10億件に迫るというのに、モバイルマネーを使っているインド人成人の数は全体の1%の3分の1にも満たないそうだ。

だからといってインドで何も起こらなかったというわけではないが、モバイル支払の能力を完全に引き出すにはまだしばらくかかるのは事実だ。ほんの数年前、このせいでインドが乗り遅れていたのは誰の目にも明らかで、モバイル支払がもたらす数多くの利益を国内に広めるために何かしなければならないこともはっきりしていた。モバイル支払は、金融包摂に大きな役割を果たす。そして、これはインドでは決定的に重要なことだ。なので、この分野での進捗の遅れは社会的、政治的問題になりつつあった。2013年、『ニューヨーク・タイムズ』がこんな記事を載せた。「モバイル支払の新興企業が消極的なインド消費者の壁にぶつかる」[8]。当時、私はこの記事の見出しはこうするべきだと提案したことを覚えている。「モバイル支払の新興企業が消極的なインド規制当局の壁にぶつかる」！　インドでの行き詰まりの原因が、消費者の需要不足だったことは一度もないからだ。

全国的な金融包摂へのインドの当初のアプローチは、「ビジネス担当者（BC）」を使うことだった。要は、銀行が第三者のノンバンク系BC代理店を使ってサービスを提供させる、というものだ。このBCでひとつ興味深いケーススタディが、エコ・インディア・ファイナンシャル・サービスだ[9]。エコでもっとも多く使われているサービスは国内送金で、私が知るかぎり、これは実際には銀行アプリなどではまったくなく、支払アプリだった。なので、インドには比較的銀行口座が少ない一方で携帯電話は大量にあるのだから、国民に銀行口座を作らせてその口座に携帯電話を使ってアクセスさせるのが前進する道筋だろうと想像するのは、私から見れば必然的帰結とは言えない。これは、私ひとりの意見ではない。データを見れば、それが金融包摂への最適な道筋ではないことが示されている。インド政府がもっとも最近おこなった口座開設キャンペーンで作られた1億6000万の銀行口座の半分以上が一度も使われないままで、開設と維持に3ドルから4ドルかかることを考えたらかなりの無駄遣いだったわけだ。だがそうは言っても、のちに巻末付録で見てもらうが、非現金支払を促進しようというインド政府の最近の行動は効果を出し始めているようだ。ほとんどの消費者は、ほとんどの場合、銀行ではない支払方法を求めている。

問題はノンバンクではない

この観察を受けて、もっと全般的なことをひとつ主張したい。「銀行にアクセスできない人々」と言うと、基本的な金融包摂問題を誤って伝えてしまうことになる。そして、当たり前のことだが、人々に銀行を使うよう強制するのも解決策にはならない。マネーはもっと便利で、もっと費用対効果の高いところに保管できるようにするべきだ！　だから、インドのモバイル支払規制が着実に緩和されて、金融包摂へのもうひとつの道筋が開けてきたのを見られてとても嬉しかった。これがピークを迎えたのは2015年、金融機関に新しい区分を作り、それらの新しい「支払銀行」に営業許可証を発行するという決定が下されたときだ（ヨーロッパで採択された「支払機関」のアプローチに似ている）。インド準備銀行は最初の11件の許可証を金融ITやIT、電気通信など様々な分野の企業やコンソーシアムに与えた。その中には携帯会社ボーダフォン、エムペサ、バーティ・エアテル、IT企業フィノ・ペイテックとテック・マヒンドラ、それに郵政局も含まれていた。これらの支払銀行は、

●個人顧客から上限10万ルピー（約1300ユーロ）の預金を預かることができる。

●取引用にデビットカードやATMカードを発行することはできるが、クレジットカードは発行できない。
●インターネット上での取引をおこない、ITを活用して安価な銀行業務を提供することができる。

重要なのが、全般的なシステミック・リスクの評価にとってカギとなることだが、支払銀行は融資活動をいっさいおこなえないということだ。これにより、システミック・リスクが低い支払ビジネスを拡大しつつ、リスクの高い中核の銀行信用活動にはきっちり目を光らせておくことができる。ここでも、支払と銀行業務が切り離されていくのを見ることができる。

カードマゲドン

磁気ストライプと自動認証、チップカード、3Dセキュリティはどれもカード支払をより効率良くしてきたが、基本的な概念は変わっていない。だから、一部の人々（商店など）は「じゃあなんでやらないんだ?」と言う。携帯電話を通じて、今ではすべての消費者とすべての商店をすべての銀行につなげるネットワークがある。じゃあ、それを使えばいいじゃないか? VISAやマスターカードにこだわる必要がどこにある? 消費者が当の銀行口座を識別できる「トークン」があるとして、そのトークンを商店に渡して、商店が直接銀行口座に代金を取りに行くのではなぜだめなんだ?

近い将来、私が持っているスーパーマーケット「ウェイトローズ」のアプリは私の電子ウォレット「V.me」や「マスターパス」「ピンギット」「ザップ」やその他私が携帯にインストールしている数多くのウォレットから標準検索プロセスと標準APIでトークンを取得するようになるだろう。そして、私がウェイトローズでレジを通ると、アプリが起動して会計を済ませてくれる。もしかしたら、私は百貨店「ジョン・ルイス」提携のマスターカードを入れているマスターパスのウォレットに設定をして、ウェイトローズのアプリが追加認証なしに自動的に１００ポンドをチャージするようにしておくかもしれない。こうなると、ほとんどの人にとってPOSでの経験はまったく違ったものになってくる。いつか、プラスチックカードが小売店のＰＯＳ端末でおこなわれる非現金決済の半分以下になったそのとき（「カードマゲドンの日」とでも言おうか）、新たな通貨を導入する行程から複雑さがなくなるだろう。

新しいＰＯＳ

ＰＯＳで電子マネーを使うには識別と認証システムが整備されていなければならず、すべてが円滑に運ぶようにするためには適切なレベルのセキュリティも必要だ。取引に使われる資金の出所を識別して、消費者がその資金を使う権利があることを認証しなければならない。なので、イギリスでは一般的に、客は資金源を証明するデビットカードを提示し、その資金源を使う権利を行使するために暗証番号（ＰＩＮ）を打ちこむ。識別 identification と認証 authentication という二つの機能は同じデバイスで同じ基本的テクノロジーを使って実施されることが多いが、その概念は別々だ。そこで、これ以上先に進む前にここでは両者のトレンドに軽く触れて、ＰＯＳを取り巻く進化の曲線の全容を示しておきたい。

典型的な識別はなにがしかのクレデンシャル（信任状）を提示することでおこなわれる。それは、プラスチックカード上のチップでも、携帯電話内の暗号操作でも、帽子でも時計でもバッジでもなんでもいい。ここで私が強く信じているのは、長期的に見ると識別が生体認証へと移行するのは避けられないということだ。スーパーの「テスコ」に足を踏み入れれば、テスコは私の顔だか体臭だか声だか、何かしらの物理的な特徴からそれが私であることを知る。多くの人と同様、私も生体認証にはちょっとだけ神経質になる。今の社会にはまだ生体認証に備えた社会的、法的、規制的インフラができあがっていないと思うからだ。個人的に言えば、識別は暗号で保護された、だが取り消し可能なトークンで設定してくれたほうがありがたい。

さらに余談になるが――ここでの議論の要点からはちょっとずれるのだが――このマスマーケットで機能する電子マネーを創ろうというなら、支払に使われる取り消し可能なトークンと、小売店と消費者との関係（私が言っているのは、ロイヤルティプログラムとかそういうことだ）も考え直す必要がある。たとえば、取り消し可能なトークンが使用されるごとに異なる識別暗号を生成するとしたら（買い物客のプライバシーを守る、わかりやすい方法のひとつだ）、小売店のほうにはそれをロイヤルティプログラムに紐づけることができず、それをするためにはまた別の識別トークンが必要になる。だが、識別子について小売店と消費者が長期的な関係を構築するほうが双方にとってかなり便利なので、こうした要素も検討しなければならない。この相互作用の例は、EMV仕様の現在の進化に見ることができる。前章で紹介したように、国際カードのシステムはカード不正をめぐる問題の解決策としてトークン化を導入した。だが当然、多くの小売店のシステムでは顧客との関係管理の基盤としてカード識別子を使っている。したがってトークン化の仕様は、トークンごとに固有のPAR（支払口座参照）と呼ばれるフィールドを追加するよう改定されなければならなかった。

認証についてのタルムード的観点

識別がスマートデバイスへと移っていくと、これらのデバイスに入れられるスマート認証が必要になってくる。アメリカでクレジットカード決済をおこなうときに署名を発行し、それを使って顧客を認証するという一般的なやりかたは長年面白おかしく語られてきたが、認証がどこへ向かうのかを探るヒントにはなる。

アメリカのインフラをからかうためだけにアメリカの小売店で買い物をしたという点で、私はほかのみんなと同じように有罪だ（ただ、ご存じの通り、アメリカでは世界のカード取引の約5分の１しかおこなわれていないのに世界のカード不正の半分が起こっているという事実で、私の行為も少しは正当化されると思う）。また、私は識別と認証についてもっと全般的な点を指摘するためにも、この買い物の経験を使った。私の親友ブレット・キングも、21世紀の認証システム全般について論じる際に同じことをして[10]、こう指摘している。最近国連とＩＣＡＯ（国際的民間航空機関）がパスポートのサインについて実施した調査では、複数の国（イギリスを含む）が長年続いてきたその使用を段階的にやめるべきだと提案している、もう実用的ではなくなってきたからだ、と。

アメリカの公共ラジオＮＰＲの番組『プラネット・マネー』[11]の第５６４回でこのテーマについてインタビューを受けたコロンビア大学法学教授ロナルド・マンは、カードの署名というのは不正取引という不利益を配って歩いているようなもので、「奇妙な遺物」だ、と指摘した。彼のこの表現が私は気に入っていて、しょっちゅう使わせてもらっている。この番組では、同じテーマについてタルムード学者にもインタビューをしていた。タルムードというのは、ユダヤ教の口伝律法を文字にしたもので、ユダヤ教指導者《ラビ》による注解「ゲマラ」が今の形で完成されたのは5世紀のことだ。署名の使用については、見事なくらいに明瞭に記されている。署名の目的は、個人を識別することだ。インタビューを受けていた学者は、ユダヤ教の結婚誓約書「ケトゥバ」に記される署名について触れたとき、非常に興味深い点を指摘していた。結婚する２人ではなく、証人たちの署名のほうが、紛争解決の際には決定的な役割を果たすのだそうだ。のちのち、誓約書の署名から証人たちを突き止め、儀式がおこなわれたことを証明し、ほかに誰が参加していたかも聞き出すことができる。番組の司会者はうまいことを言っていた。上記を踏まえれば、コーヒーショップで列に並んで

図 7-3　署名は世界の一部地域では今も主な認証システムだ。

いた場合、店側にとって重要なのは自分の署名ではなくそのうしろの客の署名だ、自分の署名は事実上儀礼的なものだが、うしろの客の署名にはそのタルムード的な、法的な機能があるからだ、と。

　この話をしているのは、小売店での決済に関するかぎり、私の署名にはまったく何の意味もないからだ。私が署名をまったくしなくても（イギリスでは30ポンド未満の非接触決済、またはアメリカではカードを機械に通すタイプの決済方法の場合、署名がいらない）、あるいはアメリカでの決済でほとんどの場合するような完全に無意味な署名を（まったく意味のない線をぐちゃぐちゃと書いたり、スペースが許すかぎり丁寧な字で「セルヒオ・レオネル＝クン＝アグエロ・デル・カスティージョ」などと書いたり）したとしても、決済がちゃんとおこなわれるのはこのためだ。

だが、ここで、未来の小売決済が私のコンピューター（話をわかりやすくするため、ここでは携帯電話ということにしておこう）と店のコンピューター（話をわかりやすくするため、ここでは店のタブレットということにしておこう）との間での認証付きのデータ交換となったときにこの経験がもっと一般的にはどうなるか考えてみよう。私は署名をする必要がないだけではない。暗証番号を入力する必要もない。それは私の携帯電話が既に知っている情報で、私が携帯電話のロック解除をするときにパスコード入力なり指紋認証なりをした時点で、携帯電話は私が正しい持ち主だと認識しているからだ。そうであれば、決済にあたって店員が署名をしたとしても、それはまったく意味がない。私の携帯電話が求めているのは、相手が本物の認定を受けた店舗であることを確認できるデジタル署名であって、支払がちゃんと記録されて認識されたかどうかを知りたがっているからだ。

タルムード学者はさらについでの話として、タルムード本文に対する注解によれば、25世紀前の賢者たちはすべての取引に同様の保護が与えられるべきと決めたのだそうだ。金額が1ペニーであろうが1000ポンドであろうが、取引には必ず証人が付き、参加者に適切な度合いの保護を提供できるようにすべきなのだという。タルムードは、すべての売買が大きな取引だと述べている。だから電子現金もチップも暗証番号もさようなら、生体認証とセキュア・エレメント〔暗証番号などの個人情報をデバイス間で安全にやり取りできるようにする半導体製品。SIMカードなど〕よこんにちは、というわけだ。ここに、店舗でもウェブ上でも、アプリ内でも共通の支払体験の未来予想図が見えてくる。「支払」をクリックすると、携帯電話が確認を求めてくる。ホームボタンに指を押しつければ完了だ。コーヒー1杯買うのでも、靴を買うのでも航空券を買うのでも、同じことだ。ここでもまた、私たちは未来へ戻って次世代の小売支払システムの形を見ることができる。

プッシュペイメントをプッシュする

ここで簡単に、「認識 recognition」という言葉の意味を定義しておこう。経済的交換の場において、私はコンサルト・ハイペリオンの同僚たちが数年前に造り上げた定義を使っている。それは、「認識」とは「まあまあいい」識別と「まあまあいい」認証の組み合わせである、というものだ。ここで「まあまあいい」というのは、決済におけるリスクが取引関係者双方にとって容認可能なレベルである、という意味になる。サンドイッチひとつ買うのなら、認識はニックネームと携帯電話の所有ですむかもしれない。靴を1足買うのであれば、店の会員カード、クレジットカード、さらに暗証番号も必要になるかもしれない。車を買うのなら、パスポートと携帯電話、さらには音声認証も求められるかもしれない（とは言うものの、私はいま妻が乗っている車をチップと暗証番号だけで購入したし、逆にラスベガスで買ったコーヒーはパスポートの提示とさらにカードの読み取りも求められたことを特筆せずにはいられないが）。

取引の関係者全員を認識できたら、取引コストを最小限に抑え、やり取りも最小限の形に抑えることができる。商業取引において、それはプッシュペイメントへの移行を意味する。プッシュペイメントとは、マネーがひとつの支払口座から別の支払口座へと押し出（プッシュ）されることを言う。信用も認証も決済もない。マネーはバークレイズの私の口座から、ファストフード店「プレタ・マンジェ」のナショナル・ウェストミンスター銀行の口座へと移り、私はサンドイッチを手にする。以上。

プッシュペイメントは全体のコストを引き下げるので、世界中でこれを実施しようという圧力が高まっている。銀行間での「即時決済」相互接続は着実に進歩していて、その大きな理由のひとつがモバイルへの移行だ。簡単な（そしてたぶん使い回されすぎの）例で、モバイル中心のモデルが即時決済の世界をどう大きく変えていくかがわかる。現在、私のスポーツジム[12]は私のカードをファイリングしているか、直接引き落としのために私の銀行口座情報を持っている。いずれにしろ、私の口座からは毎月会費が引き落とされる。ほとんどの場合はこれでうまくいくが、何か（エラーや不正や故障で）起こった場合、修復までにはマネーも時間もかかる。今から10年後、私の携帯電話、時計、帽子、イヤリング、キーホルダー、あらゆるものに私の銀行が生成した暗号化されて偽造不可能なトークンが入っていて、会費を支払う時期が来るとジム側がトークンに指示して、私の口座からジムの口座に会費を送らせる。当然、私はすぐに決済1回ごとに承認するのが面倒くさくなって、私が別途指示をしないかぎり、いつでも支払請求にイエスと答えるよう、時計に設定する。これで、会費は私からジムへと「プッシュ」されることになる。即時に、安全にだ。

そして、私がもうジムを辞めることにした場合、時計に「もう支払わなくていい」と言えばいい。権限移譲もなければ指示もいらず、ハッカーがジムや時計から盗める個人情報もない。携帯電話業界でいま展開されている防御――アップルペイやアンドロイドペイ、サムスンペイ、そのうちその他すべてのペイの背後にあるトークン化されたインフラ――は、支払のエコシステム全体に同じようなセキュリティと便利さという恩恵をもたらす、一般化されたトークン化の輪郭を描くものだ。

8　反現金論

現金は、貧しき者の敵である。
――イグナシオ・マス（ビル&メリンダ・ゲイツ財団）２０１２年

「現在」のものの見方の要素のひとつを繰り返すことになるが、これまでの各章で紹介してきた戦後の技術発展は、人々がキャッシュレスについて真剣に考え始め、マネーの新しい形についてのアイデアを新しいテクノロジーの可能性に結びつけだしたことを意味している。私たちはまだ現在の考え方にとらわれたままだが、それなら最新のテクノロジー、最先端のテクノロジーがもたらす影響について考え始める前に一度立ち止まって、キャッシュレスをじっくり眺めてみるべきだと思う。未来には、キャッシュレスな社会が含まれるべきだろうか？　技術的圧力によって、あの物理的な現金という塊を崖から押し出してしまってもいいものだろうか？　なぜ？　現金の何が悪い？

かつて、キャッシュレスな社会はペーパーレスな会社や、ペーパーレスなトイレと同じくらいあり得ないと言われていた。だが、データを見ると企業内での紙の使用は10年前をピークに減少に転じていることがわかるし、私はもう何年も前に紙のないトイレを使ったことがある（韓国だったが）。だから、キャッシュレスな社会はもうそこまで来ているどころか、とっくに来ているはずなのかもしれない。

ベースライン――支払にかかるコスト

支払をするのには、いくらかかるのだろう？　欧州中央銀行（ＥＣＢ）は２０１２年に初めて、物品やサービスを購入する際の支払にかかるコスト総計についての国をまたいだ総合的な分析調査を実施した。この調査はデンマーク、エストニア、フィンランド、ギリシャ、ハンガリー、アイルランド、イタリア、ラトヴィア、オランダ、ポルトガル、ルーマニア、スペイン、スウェーデン各国の中央銀行の協力のもとで実施された。ＥＣＢはこれら13の欧州諸国で小売支払をおこなう際にかかる社会的コストと個人コストを分析し、それが４５０億ユーロ、つまりすべての国のＧＤＰを合わせた額の１％近くというかなりの金額になることを突き止めた。欧州連合に加盟している27の国を全部含めるように推定すれば、そのコストは１３００億ユーロ近くになる。[1]

代表サンプルに基づくと、この調査では現金支払が総コストの半額近くを占めていることもわかった。もっとも一般的に使われる支払手段である現金は、平均すると決済ごとの社会コストがもっとも低くて０・４２ユーロ。次に低いのがデビットカードで、社会的コストは決済ごとに０・７０ユーロだ。一番高価なのが小切手で、１枚あたり３・５５ユーロになる。だが、国によっては必ずしも現金が一番安価な手段ではない。調査した国のうち５カ国では、デビットカードのほうがコストは低かった。このような順位は、国ごとの支払システムや市場規模とその発展の度合い、支払行動など、それぞれに特有の性質によって異なる。

ＥＣＢはほかにも、個人コストと社会的コストにも目を向けている。個人コストは支払連鎖の中で個人参加者が負担するもので、たとえば現金の輸送、電子取引の管理、新規顧客の獲得、信用リスク分析、端末の提供、不正防止、ほかの参加者のぶんの費用などが含まれる。社会的コストは社会に対する総合的コストと定義され、支払連鎖の中で参加者が負担するコストのうち、手数料や関税を除いたぶんを指す。これらのコスト総額の半分近くが銀行や銀行間インフラ提供者によって負担され、残りは小売業者が負担している。

社会における現金

２０１５年、私はイングランド銀行の業務局長が現金の動向についておこなった興味深い講演を聞いた[2]。これは、イングランド銀行にとっては重要な話だ。銀行の紙幣発行部門は歴史上一番儲かる全国規模の産業で、その製品に対する需要は図８－１に示す通り、右肩上がりだからだ。

業務局長は、イングランド銀行券に対する総需要が急速に増え、過去10年で75％程度上昇して１９９０年代からのＧＤＰ成長率を上回っていると語った。現在流通している紙幣は35億枚、総額６００億ポンドぶんになる。業務局長はさらにこう語った。

> 交換媒体としての現金に対する需要はずっと安定している一方で、価値の貯蔵手段としての使用は伸びています。……イギリスの現金総額の20％から30％が私たちの言うところの「取引サイクル」の中にあると我々は推計しています。銀行や消費者、小売業者が日々の取引を容易にする目的で保有する現金です。

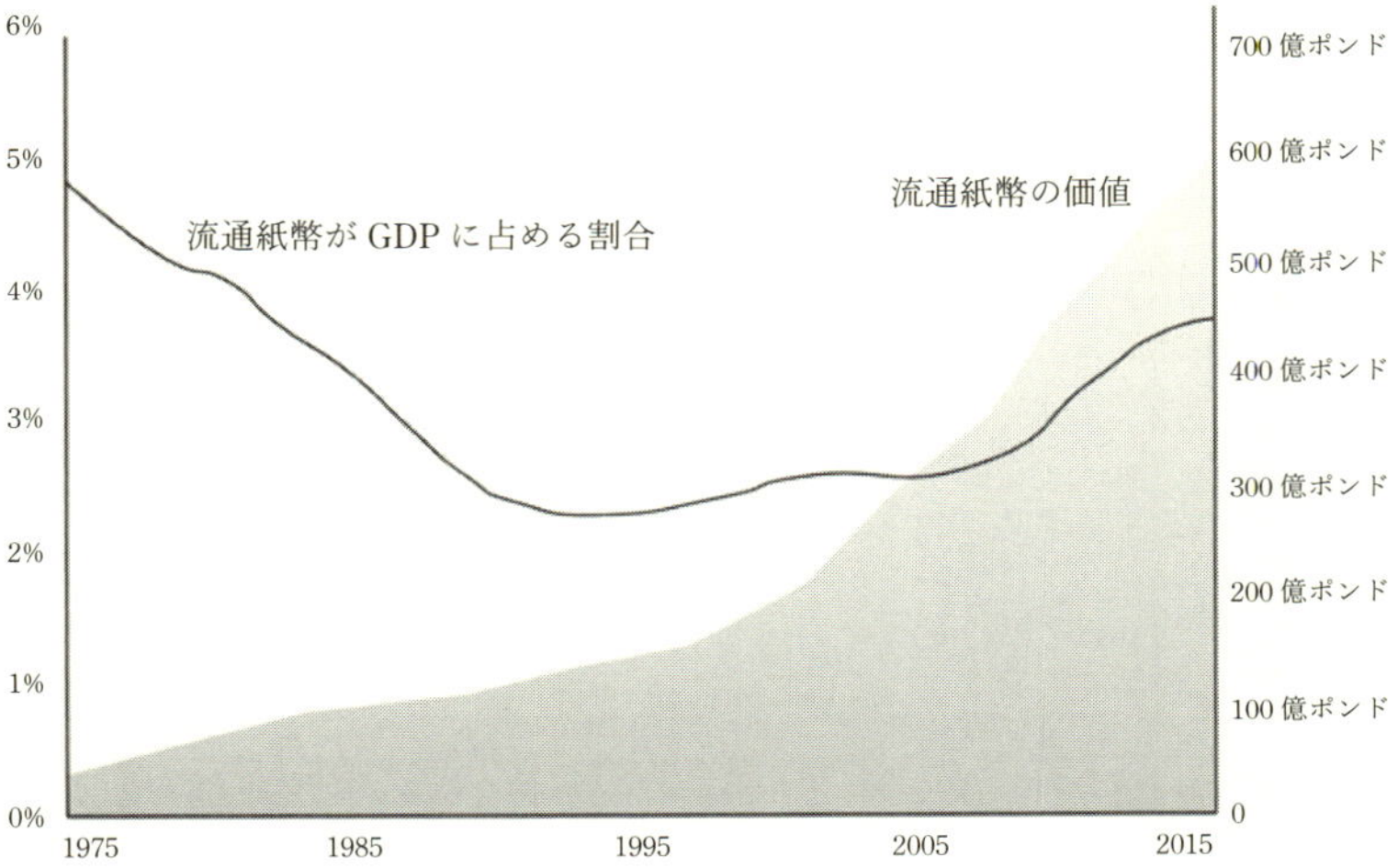

図 8-1　流通しているイングランド銀行券の価値（出典：イングランド銀行、2015年10月）

業務局長は事実上、最新の数字によれば彼らが流通させた現金の約4分の1しか取引目的で使われていない（つまり、支払に用いられていない）と言っている。残りは海外に移された（つまり、輸出された）――この話は今はちょっと脇へ置いておく――か、銀行システムの外に保管された（つまり、貯めこまれた）か、影の経済を支えるために使われた（つまり、隠された）かだ。言い換えれば、これらの現金はまったく流通せず、ベッドの下に押しこまれているということになる。

その「流通している」現金のここ数年での成長傾向を見ると、GDPの成長傾向をはるかに上回る勢いで増えているし、過去のATM引き出し額の成長傾向も上回っている（図8-2）。そして、小売業で使われる現金の額が着実に減っていることもわかっている。つまり、商業のニーズを支えるために使われる少額の現金と、その他の目的で使われる膨大な額の現金との「現金格差」が広がっているということだ。

イングランド銀行の四半期報告書では、業務局長が引

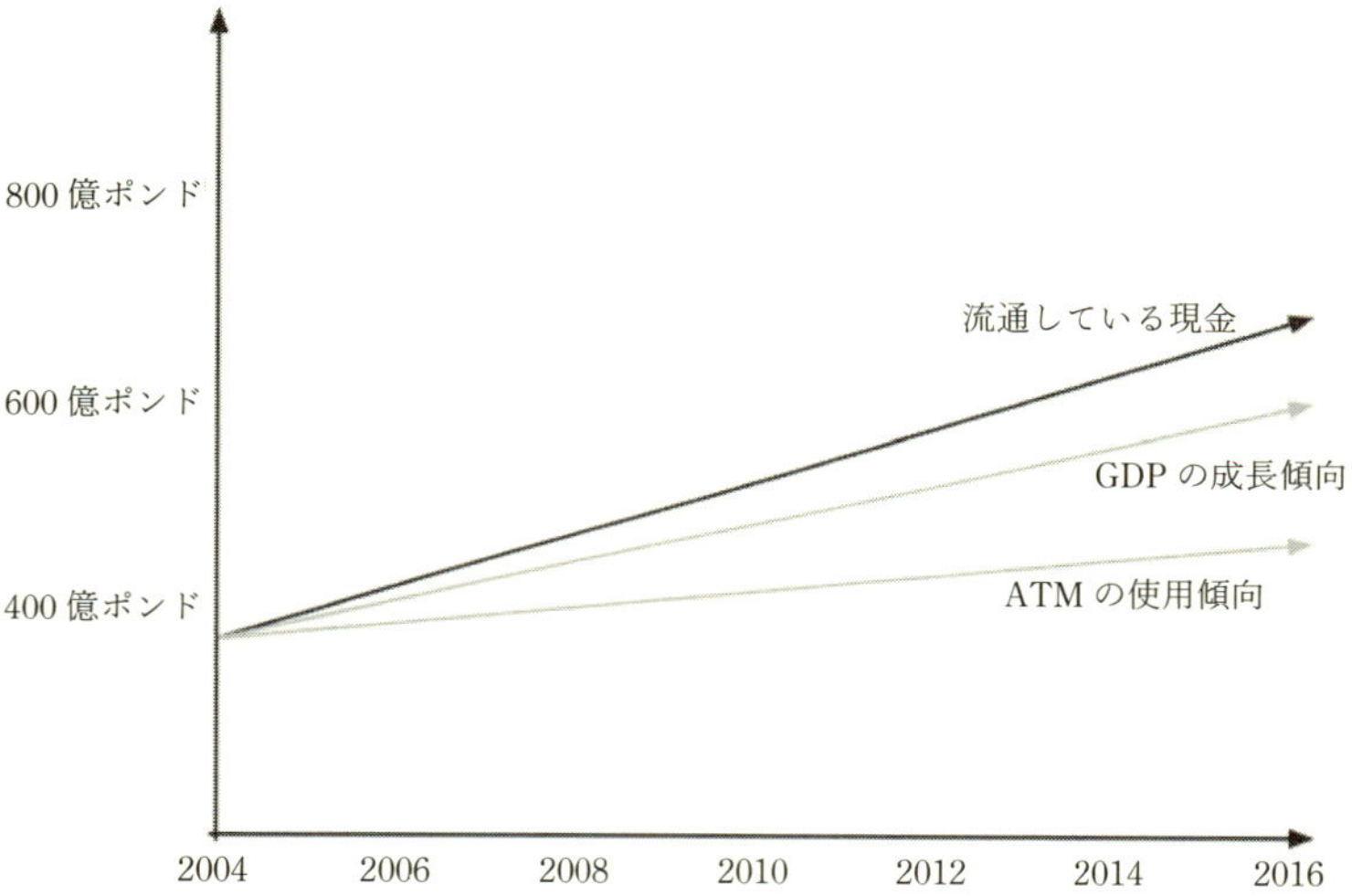

図8-2　イギリスの現金、GDP、ATMの推移

用した数字を記載するにあたって、単刀直入な質問を投げかけている。[3]「イングランド銀行券の大半が国内経済の日々の取引で使われていないのであれば、実際には何に使われているのだろう？」

　では、業務局長が示した区分を見てみよう。まず、使われている現金は簡単だ。このあとすぐに見ていくが、この区分に変化を起こした原動力はテクノロジーだ。だが、その影響は小さい。言い換えれば、新しいテクノロジーは流通する現金の量を減らしはするものの、そのペースは非常に遅い、ということになる。

　次の区分に移ろう。かなり単純化した分析なのはわかっているが、貯めこまれている現金の額が増え続けているのであれば、それは人々が正式な金融サービスを信頼できなくなったか、支払われる金利の価値に関係なく、銀行預金という安全と安心を棒に振ってでも紛失や盗難、インフレによって貯蔵分を減らされることをいとわないと考えているかだ。イングランド銀行は、「ごく少数の個人が多額の現金を貯めこんでいる」と考えているので、その紙幣の数も相当な量になるはずだ。[4]

一方で、仮に隠されている現金が増えているのだとしたら、イングランド銀行は「現金格差」の拡大を促進して、私たちにそのぶんを支払わせていることになる。つまり、現金は犯罪に伴うコストを大幅に引き下げることができる仕組みだが、貧困層に対しては重荷になるのだ。貧困層は現金コストの不当なほどの割合を負担させられるからだ。この明らかに次善策でしかない政策のどこかを変える戦略が立てられるべきだ。

輸出されている現金の額は計算するのが難しいが、イングランド銀行自体は50ポンド紙幣（出回っている現金の価値にして5分の1を占めている）が「主に海外の外為卸売業者に求められている」と述べている。この一部は、おそらく観光客や出張でイギリスに来るビジネスマンたちが取引で使っているものだろう。そしてその一部はたしかに貯めこまれているのだろうが、それらの紙幣が「隠されている」ほうの束に入っているのではないかという強い疑惑は間違いなく残る。

イングランド銀行は、「現金の追跡不可能な特性」のため、現金がどこへ行ってしまうのかはわからない、と述べている。それはそうだろう。そして、データ不足を補うためにATMが吐き出す紙幣のシリアルナンバーを記録したり、現金リサイクルセンターに届く紙幣のシリアルナンバーを記録したりする政策を採用しないかぎり、その事実がすぐに変わることはないはずだ。ただ、イングランド銀行はほかの数字から、使われた現金と貯めこまれた現金、隠された現金と輸出された現金のざっくりとした割合を推計している。その推計では約25%が使われ、約25%が貯めこまれ、残りが隠されているか輸出されているとのことだ。輸出されている現金の大部分が私の疑念通りに隠されているのだとしたら、そこにある50%の現金を手にしているのは、単刀直入に言って、犯罪者だ。

総需要が増え続けているという前提に立つと、その成長に貢献しているのはどの区分だろう（使われている現金でないことはわかっている）。イングランド銀行は「ひとつの需要源が持続的成長の要因であるということはない」と述べているが、私はあやしいと思っている。隠された現金は、貯めこまれた現金を踏み台に増えてきているような気がするからだ。

隠したり貯めこんだり

ロンドン・スクール・オブ・エコノミクスのチャールズ・グッドハート教授とモルガン・スタンレーのイギリス人経済学者ジョナサン・アッシュワースは、このテーマをかなり詳しく研究している。２人は、イギリスにおける貨幣対ＧＤＰ比率は上がり続けていて（図８－２を思い出してほしい）、影の経済の急激な成長がその主な理由だと述べている。数字を綿密に検証した結果、彼らは「ブラック経済」（麻薬売買やマネーロンダリング）と「グレー経済」（違法ではないが、課税を免れるために申告されていない活動）とをはっきり区別した。たとえば、仕事を頼んだ工務店が現金払いなら割引するよと持ちかけてきたのを承知したら、グレー経済に加担していることになる。工務店が覚醒剤いらないかいと言ったので金を払って受け取ったら、ブラック経済に加担していることになる。著者らの定義によれば、「影の経済」とはこのブラック経済とグレー経済の合計なのだそうだ。

著者らは、現金の成長に対する説明のひとつとして金融危機を検討したが、結局却下している。詳細な数字を見ると、ノーザン・ロック事件〔イギリスの大手金融公社ノーザン・ロックが２００７年のサブプライムローン問題により資金繰りが悪化して、取り付け騒ぎが起きた事件〕とちょうど同じころに銀行外に保有されていた現金の量が爆発的に増えたことがわかるが、銀行に対する大衆の信頼が比較的素早く回復したため、そして低金利を理由とする貯めこみもそれほどの額にはならなかったらしいため、銀行外の現金が増え続けたのには何か別の理由があるに違いない、と彼らは考えた。

現金ポンドの曲線を形作る一因となっているらしい、けっこうわかりやすい要素が二つある。付加価値税が20％に引き上げられたことと、自営業の継続的な増加だ。このどちらも、影の経済へ流れこむ現金の量を増やす要因となる。イングランド銀行は「影の経済で使われる現金の量を確認する研究は数少ない」と言うが、グッドハートとアッシュワースは、現在の金融危機が始まって以来、イギリスの影の経済がイギリスGDPの3％程度増えたという合理的な推定ができるとしている。

「公正な税制を求めるネットワーク・イギリス」という団体によれば、その増加はイギリスの税当局に申告されていない1000億ポンドの売り上げがあったことを意味していて、それは2011／2012年で400億ポンドの税金の損失に換算される。しかも、今年はさらに470億ポンドに増えるというのだ。国際通貨基金（IMF）は、英国歳入関税局（HMRC）が申告された税制度の外での損失を推定するのは得意ではなく、HMRCが出した税格差に関する最新の推定値が2011／2012年は330億ポンドとずいぶん低くなっているのはこのためだと述べている。なのに、スターバックスやグーグル、その他の大手企業が（完全に合法な）税回避をおこなっているという話をみんながよく耳にするにもかかわらず、HMRCが持っている数字ではすべての税回避の半分は中小企業、さらに4分の1は個人によるものだということになっている。世間には税金を納めていない人がえらくたくさんいて、簡単な計算をすれば現金に起因する税格差はイングランド銀行が紙幣発行で稼いだ通貨発行益よりずっと大きいことがわかる。現金は、政府を（転じて、私たちを）かなり悪化させるものなのだ。

現金格差

グッドハートとアッシュワースは、現金が良くない行為を促進するのに今も必要なものかどうかというずいぶん直接的な質問をした、LSEフィナンシャル・マーケッツ・グループが出したちょっと古い文書を引用している。この文書は、小売店POSでの現金代替物の使用を詳細に検証したものだ。そしてATMやPOS端末が小額紙幣の需要に影響を与える一方、全般的――これは覚えておくべき非常に興味深く、重要な点だと私は思うのだが――そして中核的な結論としては、文書の言葉を引用するなら「我々の入手した証拠に基づき、現金の需要に対する近代の支払技術の影響はさほど強くない」と、技術変化に伴う現金利用のゆっくりとした減少に対するイングランド銀行の発言と同様のことを述べた。[5]

ここでもう一度、これが何を意味するのかをあらためて確認するために言っておくと、ここには二重の問題が存在する。第1の問題は、イングランド銀行があやしげな活動(税収を減少させる行動)を支えるために現金を造り続けているということで、第2の問題は、あやしげな活動は成長にとっても良くないかもしれないということだ。あやしげな企業は融資が受けにくく、生産性が限定される(エイナウディ経済金融研究所のフランチェスコ・パッパダによれば、ギリシャの数多くの小規模企業は透明性が求められるため、意図的に融資を受けていないそうだ)。そして、非生産的な企業は支払う賃金も少ない。[6]

グッドハートとアッシュワースの仕事(イギリス経済は公式な数字が示すよりもはるかに大きいと推測するもの)は、イギリス国内に広がる現金格差と、ほかにも労働市場周辺で見られる奇妙な経済行為の両方を説明してくれるように私には思える。[7]

現金のコスト

現金と電子支払との競争に関してヨーロッパでの第一人者と言えるのは、ブリュッセル自由大学のレオ・

ファン・ホーヴェだろう。彼はオランダの状況を例に取って、この動向を説明した。オランダ中央銀行の基本的シナリオは、２０１５年の現金利用が小売決済全体の20％にまで落ちこみ、何億ユーロぶんもの貯金を生むというものだ。そして銀行はこの基準を前提として、現金代替物を増やしていく可能性のある二つの方策を検討している。ひとつめは、単純にＡＴＭの台数を２００５年の水準に抑えておくこと。そうすれば、現金があまり便利に使えなくなるからだ。もうひとつは、電子支払に対応可能な電子ＰＯＳ端末の台数を増やすことだ（これから実証していきたいと思うが、携帯電話の台頭を考えると、この後者の方策は中央銀行の決定がどちらに転ぼうがもはや不可避だ）。

ファン・ホーヴェが示唆しているように、ほかの基準を用いれば、異なる前提で考えることになるだろう。補助金漬けの現金は厚生最大化戦略にはならず、社会はコストベースの価格決定に向かうべきであり、あとは市場に任せるべきだ、というものだ(8)。この戦略なら、デビットカード決済が3、4倍になる一方で、現金決済は（額にして）3分の1は減る。このアプローチだと、ベルギーは2億ユーロほど、オランダは1億５０００万ユーロほどましになる計算だ。ここで、イギリスでは10ポンド未満の小売決済のうち、カードが占めるのはたったの7％だということに注目してほしい。つまり、同様の影響がイギリスでもあり得るということになる。小額決済をもっとデビットカードへと移行させれば、社会全体がマネーを節約できるのだ。

この方法の規模を拡大すると、ファン・ホーヴェが調べたヨーロッパ各国はＧＤＰ全体の約０・１４％を節約できることになる（つまり、社会的コスト総額の約3分の1）。もし現金で払おうとする顧客がコストをすべて負担させられるとなったら、電子決済のほうがより魅力的になり、総厚生は上昇し、みんなが得をすることになる。

ベルギーにあるルーヴェン大学経済研究センターのラウラ・リナルディが実施したいくつかの調査では、

顧客が現金を「ほぼタダ」だと考えていることがわかった。リナルディは適切なコストベースの価格決定によってデビットカードはヨーロッパの小売決済の4％から25％まで増えるはずだと結論付けた。この変化が実現すれば、ヨーロッパ経済に19ベーシスポイントが上乗せされる計算になる。リナルディの調査はさらに、この状況であれば、電子マネーへの移行が現金ベースの「影の経済」を縮小させるため、ヨーロッパ経済はさらに9ベーシスポイントの成長を見せると結論付けている。私は彼女が正しいと確信している。10年前にベルギーで電子財布「プロトン」が立ち上げられた当時、その利用率が振るわないのはベルギーのインフォーマル経済の規模が大きいせいだと数多くの人々が言っていたのを私は覚えている。

金属をスクラップ行きにする時期

経済学者が「小銭の大問題」と呼ぶものがある。本質的にどういうことかと言うと、小銭を造ってそれで儲けるのは難しいので、誰もやらないということだ(9)。そうすると、国が法に下支えされた代用貨幣を提供しなければならなくなる。だがインフレによってその小銭の価値が損なわれてくると、代用貨幣の提供はどんどん採算が悪くなり、国は経済全体の利益を守るために負担を引き受ける羽目になる。だから、アメリカの造幣局が1枚造るのに8セントかかる5セント硬貨を、国民が持ち歩くのも面倒だからとゴミ箱に捨てているようなおかしな状況が生まれるわけだ。これが自分の仕事だったら、とっくに廃業しているだろう。

あのくだらない小銭を造り続けることは、本当に今もまだ経済全体にとって有益なのだろうか？　イギリスの造幣局が誰も使わなくなった1ペニーだの2ペニーだのといった小銭を造って国民の税金を無駄にしている理由が、私にはさっぱりわからない。そろそろ、小額硬貨の本当の姿に気づくべきだ――あれは、ただのクズ鉄だ。

私たちが持っている硬貨が実際にクズ鉄だという証拠がほしいなら、私の乱暴なわめきを文字通りに受け取る代わりに（本当はそうするべきなのだが）、よく言うように、「マネーの行方を追え」ばいい。この場合、その行方は中国だ。あちらでは、スクラップ行きになった硬貨をめぐる話がいくつも聞かれる。たとえば2013年、デンマークで2人の中国人男性が数週間拘束された。大量のぼろぼろになったデンマーク硬貨を両替しようとして、それが偽造貨幣と間違えられたからだ。[10]

私はこの事件がかなり珍しい出来事だと考えて、いつかどこかの会議でネタに使おうと頭の片隅にしまっておいた。だがまた別の似たような事例を見つけたとき、この根本には何か面白い話があるのではないかと疑い始めた。[11] 2013年、2人の中国人観光客が偽造の疑いでフランスで拘留された。ホテルの宿泊料を全部1ユーロ硬貨で払おうとしたのが理由だった。パリのホテルオーナーが2人をあやしいと思って通報したので警察が行ってみると、2人の部屋には3700ユーロ分の硬貨があった。だがそれは本物の硬貨で、2人はその硬貨を中国のクズ鉄回収業者から手に入れたと言った。ヨーロッパから輸入される中古車の中からは、置き忘れられたユーロの小銭がしょっちゅう見つかるのだそうだ。

この話は、デンマークの話と共通している。ヨーロッパから出た相当量の硬貨がクズ鉄になってしまうが、よそ（中国）でそれが回収されて、またヨーロッパに輸送されるという有意義な事業の基盤になっているのだ！

だが、硬貨は実際、工業規模で偽造されている。2014年、イタリアの警察はナポリに停泊中のコンテナ船に、中国の鋳造所で作られた50万ユーロ以上に相当する偽造硬貨を発見した。[12] 実際、これは予想するべきことだ。コンテナ満載のユーロが中国からヨーロッパに戻されてきているのなら、この商売が若干時間のかかる儲けを上げようという偽造者たちの注意を引きつけるのは間違いない。

そこで私は、開き直ることを提案する。黒幕である中国マフィアがクズ鉄の中から本物の硬貨を回収するよりもおそらくは安上がりに偽造硬貨を生産できるのなら（そうでなければわざわざ造らずに回収しているだろう）、もう額面以上のコストがかかる硬貨を造るのはやめてしまってクズ鉄に回し、代わりに中国製の偽造硬貨を流通させたらどうなのだ？　考えてみたらいい。アメリカ鋳造局が1セント硬貨を造るのには1・5セントかかるが、国民はそれが本物だろうが偽物だろうが気にしていない。それなら手間をかける必要がどこにある？　中国の犯罪組織が1セントを0・5セントで造れて、それをコンテナに積みこんでアメリカに出荷することで硬貨1枚あたり0・2セントの利益を出しているなら、もうそのままやらせておけばいいのではないか？

銀行抜きの取引

新しく生まれつつある議論の興味深い構成要素のひとつが制度一般の役割、具体的には銀行の役割だ。現金による支払に代わる支払システムが、銀行向け債権の移転（たとえば小切手）を重視する形で自然に進化してきたのは、驚くようなことではない。だが、ここで言う「自然に」とは、「必然的に」とは意味が違う。(13) リテールバンクなしでも経済活動が継続可能だとする説があるばかりでなく、それが実際に起こっている現実の例もあるのだ。

しばしば議論の的になる例のひとつ（実は、この話は私の前著で書いた）は、1966年から1976年にかけてのアイルランドが舞台だ。そのころ、アイルランドでは大規模な「全面的」銀行ストライキが3度もあって、リテールバンクが合計で丸1年閉鎖される事態になった。アイルランド経済がこのような脅威の中で

も機能できたその方法が、興味深いと同時にわかりやすい実例となってくれる。(14)

ストライキが始まったとき、現金供給の5分の4程度が消え失せ、一般大衆は手持ちの紙幣と硬貨しかなくなってしまった。銀行に行ってマネーを引き出すことができなかったので、人々は独自の通貨代替物を創り出す。スターリング銀を使う人もいたが、経済を動かし続けたのは、小切手だった。人々はお互いに直接小切手をやり取りするようになり、それが流通し始める。アントワン・マーフィーは、5000年前のメソポタミアで機能していたものと非常によく似ていたと思われるこの「個人信用システム」が現金を置き換えることができた大きな理由のひとつが、流通の局所的性質にあったと指摘する。小切手や借用証書をやり取りしていた人々は、お互いをよく知っているか、知らない場合でも、相手の信用度を評価するのに必要な情報をすぐ手に入れることができた。アイルランドには当時1万1000軒のパブと1万2000軒の商店があって、それが銀行の代わりになったのだ。実際、彼らの情報は銀行の支店長や銀行員が持っていた情報よりもずっとましな場合が多かった。(15)それが、信用リスクを最小限に抑えたのだ。商店やパブの店主たちは常連客のことをよく知っていて、小切手（や借用証書だけでも）を受け取るかどうかを判断することがまったく問題なくできた。そして、客同士も互いをよく知っていたため、彼らもどの紙切れなら信用に値するかをじゅうぶん判断することができたのだ。

私がこの例から学んだのは、「局所的」取引の場合、通貨も銀行もなしにすべてがうまく回るのは可能だということだ。1世代前、アイルランド経済はこのような局所的取引で成立していたので、人々は自分の通貨供給を自分で管理することができた。だが、誰もがわかっていることだと思うが、近代経済で「局所」というのは、まったく異なるものを指す。これがどのように展開するかは誰にもわからないものの、局所性の再定義がおこなわれつつあるのは明らかで、そこにはソーシャルネットワーク、バーチャルワールド、そして局所テクノロジーが要素として加わる。私の息子の局所性のひとつは、『ワールド・オブ・ウォークラフト（ＷｏＷ）』だ。イギリスの融資会社ゾパがＷｏＷのゴールドに融資をしたとしたら、息子は先ほどの例に登場したアイルランドのパブ店主と同じような技能で、知っているアバターの信用度を評価することができるはずだ。

9
どうして現金を取っておくのか？

マネーは肥料のようなものだ。ばらまかなければ役に立たない。

――フランシス・ベーコン（1561―1626年）『随想集』「反乱と騒動について」より

戦後のテクノユートピア主義はキャッシュレスという妄想――のちの常識で考えれば不換通貨や当時のテクノロジーでは実現不可能だったことがわかるキャッシュレス――を抱いたが、現金を残しておくべきかどうかについての議論は当然、尽きることがない。現金を残す派の主な主張は、デイヴィッド・コヘインが金融情報配信サービス『FTアルファヴィル』に寄せた記事できれいにまとめている。(1)ここでは彼の作った五つの区分である保守主義、人口動態、通貨発行益、プライバシー、安全を使わせてもらい、それぞれを順番に見て行こう。

保守主義

コヘインは、貨幣を廃止することで多くの人々の暮らしに目に見える大きな変化が起こるが、変化は抵抗に遭うことが多いと語る。現金は、今でも世界の消費活動の大部分で使われているからだ。だが、少なくとも先進国経済において（そして多くの新興市場においても）電子支払や決済ツールの種類はどんどん増えていて、現金は事実上、正当かつ法的な取引で使われる余分な交換媒体または支払手段になりつつあるということを私は繰り返したい。(2) 正当な支払の中で現金は比較的少額の小売決済に使われることが大半で、だから現金の取引額は取引の件数に比べるとかなり少ないのだ。たとえば、アメリカでは、現金は消費活動の件数で言えば46%を占めるが、金額では23%にしかならない。(3)

現金の使用量は着実に減ってきている。それは間違いない。だが、マネーに対する本能的な保守主義のために、完全になくすとなると強い拒否反応が起こることが予想される。これは、どのようなキャッシュレス社会を計画する場合でも認識しておくべき事実だ。

人口動態

現金の利用は、先進国でも貧困層と一部の高齢者の間で頻度が高い。ただ、私はこれが意味するところは最低限、少々の小銭と小額紙幣さえ残しておけばいいということだというコヘインの意見に同調する。そのために100ドル札や500ポンド札を刷る必要はない。小銭の大問題の話にまた戻るが、私は未来に目を向けて、金融包摂を実現できる代替案を見つけるべきだと思う。公式経済だろうが非公式経済だろうが誰もが使える現金代替物が必要で、（そしてこのあとプライバシーの話をするときに大きな意味を持ってくることだが）道徳的非難もなしにそれが受け入れられなければならない。ダグラス・マクウィリアムズが、イタリアのブラック経済についてグレシャム・カレッジでおこなった講義でこの話を面白く説明していた。[4] イタリアは１９８７年、現在のＧ８に加盟するためにＧＤＰの計算を見直して、国内の「ブラック経済」の数字も含めたのだそうだ。この数字を加えた途端にイタリアのＧＤＰはイギリスを越え、欧州連合にもっと資金を出せと言われてしまった。おっとしまった！　とにかく、貢献率を公平にするため、ＥＵの統計学者たちは数年後にＥＵ加盟国すべてでブラック経済の扱いを同じにし、１９９１年の数字にソフトウェアや麻薬取引、売春も含めるようにした。すると、イギリスの経済が大幅に増えたのだそうだ。

ダイアン・コイルはこの統計見直しについて、著書『ＧＤＰ』で深掘りし、「主に現金ベースで回っている副業や税回避、規制回避などの非公式経済は、雇用と生産物を生んでおり、生産の境界の中に含められている」と述べた。[5] そういうわけで、ブラック経済も測られている。だが、そちらの経済に貢献している人々は、国の貯金箱に相応の貢献をしていない。私たち（というのは支払業界に携わっている私や私の同僚たちのことだが）はブラック経済について考えることなどあまりないが、そこは電子決済の未開拓市場なのだ。なぜか？　言ってしまえば、たしかに、一方では、電子決済に切り替えることで追徴税を取られてしまう。だがもう一方では、現金で取引するのが必ずしも最善の取引方法とは限らないからだ。

つまり、世間の端っこで生きている人々は現金のせいでバカをみるのだ（たとえその現金が電子現金だったとしても）。ビットコインだけで生活しようとしたひとりの強者が、あるストリップクラブで暗号通貨を受け取ってくれたと語っている。[6] そこにいたダンサーが、前に日本とかパキスタンのお金でチップをもらったんだけど、両替しに行くまでそれがいくらぶんなのかさっぱりわからなかったのよね、と言ったそうだ（ちなみに後者は、ドルに両替するほどの価値もないくらいの額だった）。私は、ビットコインに対する現金の弱さを思い知らされるこの話に魅了された。そして現金と「性産業従事者《セックス・ワーカー》」（この言葉を使うことで優しい読者が気分を悪くしないといいのだが）との関係について取り上げたBBCの番組を思い出した。

インドのコルカタで活動する非政府組織が、性産業従事者たちに客から渡された贋札を見分ける方法を教えるプログラムを立ち上げたのだそうだ。私は業界の集まりで幾度となく現金に対して熱く語ってきたが、誰かがストリッパーや売春婦を騙すために外国貨幣や贋札を使おうとするなどという欠点があろうとは、想像もしなかった。こうして、起訴状にひとつ訴因が付け加えられる。インドでは売春は違法だ（売春婦の数は300万人ほどいるが）。だから、性産業従事者は、贋札で支払を受けたとしても警察に届けることができない。贋札が蔓延している国で、現金経済に捕われている弱者集団が一番の負け組になるのは一目瞭然だ。それなら、その現金経済から抜け出すことができれば、彼らは十分勝ち組になれるはずだ（巻末付録のインドについての議論を参照のこと）。

ここで私が言いたいことは何か？　現金は人口動態に強い影響力を持っているが、周縁で生きる人々に現金よりましな代替物を提供するためにプライバシー（匿名性ではなく）を確保できる支払システムを構築すれば、その力を上回ることは可能だ。彼らには、現金よりましなものを受け取る権利がある。

通貨発行益

キャッシュレスは、中央銀行や政府が通貨発行益を失うことを意味する。これは事実で、マネタリーベースのほかの要素への需要が大きく増大することで相殺しないかぎり、ここにかかわるマネーは相当な額にな

表 9-1　高額紙幣による通貨発行益（出典：Sands, 2016）

国	最高額紙幣	通貨発行益（10 億ドル）	GDP の割合（ベーシスポイント）
イギリス	50 ポンド	0.1	1
ユーロ圏	500 ユーロ	1.9	2
アメリカ	100 ドル	23.6	14
日本	10,000 円	2.0	5
スイス	1,000 スイスフラン	0.1	2

るかもしれない。これについては、第Ⅲ部でもっと詳しく触れる。たとえば、非貨幣的金融商品の金利より低い支払準備率は、通貨発行益の源となる。過剰準備金がある程度の非金銭的なコンビニエンス・イールド〔商品先物取引の用語で、現物を保有しているメリットのこと〕を生むとしたら、中央銀行は手持ちの過剰準備金からでも儲けを出すことができる。

中央銀行の負債（貨幣を含む）の発行を通じて得られる財源で、ほかの条件が同等の非中央銀行の負債が生む市場利回りよりも金利が低いものは、国の重要な収益源となり得る。これは中央銀行にとってもその受益所有者（通常は財務省または国家財政委員会、あるいはその両方）にとってもだ。たとえば、２０１４年にかけてユーロ紙幣と硬貨のストックは６１０億ユーロ（ＧＤＰの０・６％）増えた。米連邦準備制度では、硬貨と紙幣のストックは８７０億ドル（ＧＤＰの０・５％）増えた。歴史的に金利が低い今の状況でも、ここから得られる収入は貴重なものだ。

ちなみに、高額紙幣の非合法活動での使用をめぐる議論がいくつかあることを考慮すると、アメリカが１００ドル紙幣から得ている通貨発行益がほかの国が最高額紙幣から得ている通貨発行益よりもずっと多いというのは興味深い（表９－１参照）。アメリカの通貨は、その大部分が国外で貯めこまれたり隠されたりしているのだ。

貨幣の廃止は間違いなく、プライバシーの喪失と関連づけられる。そして、政府（やその他の未来の検査官）による過剰な介入のリスクが生まれる。チャールズ・グッドハートは実際、貨幣の廃止案を「衝撃的なほど反自由主義的だ」と述べている。だが、この代償は、貨幣の匿名性が社会に求める代償と比較して見なければならない。現金の一番のヘビーユーザーは地下経済と犯罪社会だという事実は（イングランド銀行、ドイツ銀行ほかからの支援のおかげで！）確認できたと思う。現金がもたらす匿名性の価値は、犯罪組織にとってもっとも高いからだ。この仮説を裏付ける証拠には、高額紙幣が通貨の現在高のうちのかなり大きな割合を占めているという事実も含まれる。貨幣の匿名性を放棄することによる社会への純便益は、プラスになる可能性が高い（税遵守も含む）。

匿名性は必要不可欠か？

電子現金に匿名性を持たせるには、高機能な暗号化をおこなえばいい。だが、そうする必要があるだろうか？　デジタル貨幣が物理貨幣に置き換わるのが難しい理由のひとつが匿名性だと言うのと[7]、だから電子マネーは匿名でなければならないと言うのとは別の話だ。実際、電子現金の黎明期――モンデックス、ヴィザキャッシュ、ディジキャッシュ、サイバーコイン、その他諸々――に経験したことから、私は異なる結論を導き出した。私がこれらの構想に携わるようになった当初、私は現金置換物にとって匿名性は大事な要件だと思っていた。第一に、市場調査で顧客が求めていたのがそれだったからだ。だがしばらくすると、私は匿名性を求める顧客の要望を誤解していたことに気づいた。たいていの場合、それは本気の要望などではなかった。ただ、現金に似た特性を持つポートフォリオに組みこまれた安心材料のようなものであって、消費者も銀行も小売業者も、誰一人として匿名性を重視してなどいなかったのだ。選択肢の中に入れておけば何人かはそこをチェックするかもしれないが、それについて考えたからではない。いったん考えてしまうと、匿名性に対する興味は急降下した。匿名性に対する消費者の見方は、基本的にマイナスだ。現実的な日々の問題のほうが、もっと重要視されるからだ。もし私がデジタルマネーを紛失したら、銀行にはそれを見つけてもらいたい。デジタルマネーで何かを買ったら、商店からはポイントを付与してもらいたい。そういったことだ。それでは、匿名性を守るために余計に費用を払ってほしいと言われたら……払うわけがない。

ここに、問題が二つある。まずは、匿名性そのものの問題。それが交換媒介物の特性として必要なものなのか、あるいはそもそも望ましいものなのかだ。私はそうだとは思わないし、だからそれが未来のデジタルマネーのシステム設計に必須の条件だとも思わない。そしてもうひとつの問題は、それらのシステムの導入だ。求められているレベルの匿名性を提供できるデジタルマネーのシステムを導入することは、現実的なのだろうか（ネタバレ注意——現実的だ）。私がここまで自信を持ってそう言い切れるのは、繰り返しになるが、よく知られている仮名性 pseudonymity の構造こそが適切な導入方法だと思うからだ。キム・キャメロンが最小限の公開の原則を含む影響力の大きな「アイデンティティの7原則」を発表してから、もう10年以上経つ。(8) どういうことかと言うと、取引を実施する際に、システムには可能なかぎりちょっとしか識別情報を公開してほしくないということだ。この考えに沿ってマネーを構築すると、必然的に仮名取引の世界に突入してしまう。その世界では（たとえば）、私が誰だか銀行は知っているが取引相手は知らない。取引を完了させるために私が誰かという情報を、取引相手が知る必要はないからだ。図9-1に示す通り、匿名または仮名、あるいは非匿名な取引を同じインフラの中で実施することはまったくもって可能で、そうしたがるべき十分

本名	仮名	匿名
バークレイズは wintermute!barclays.co.uk がデイヴィッド・G・W・バーチであることを認証する		
バークレイズは wintermute!barclays.co.uk が 101101101100010101010101 であることを知っている	ボーダフォンは 11010101111010101111101011 が neuromancer!vodafone.com であることを知っている	
このマネーの所有者は 101101101100010101010101 である	このマネーの所有者は 11010101111010101111101011 である	このマネーの所有者は 0101001100110111101010101 である

図 9-1　匿名、仮名、本名

な理由もある。

だが、私たちは、何を求めているのかを自問しなければならない。ウンベルト・エーコによるポストモダン像にならえば、私たちはバーチャルマネーを創るのではなく、ハイパーマネーを創るべきなのだ。それは今あるマネーの電子版ではなく、これからあるべきマネーの電子版だ。私は、現実世界から切り離された幻想世界のマネーを創るべきだと主張しているわけではない（エーコは、「ディズニーランドが恋しくなる」危険性について警告している[9]）。もっと包括的なアプローチを提唱しているだけだ。私たちは最低限、多種多様な関係者の要求をカテゴリー分けして（ここでそれをしようと提案しているわけではない！）、デジタルマネーが何を目指すべきかをもっとよく理解するべきだ。今あるマネーの紙版をプラスチック版にしたものを電子版にしたものまでしかハードルを上げないのでは、不十分だ。

私の勘では、本書の後半でこれらのアイデアを展開させていくなかで、図9－1の中段に立ち戻ることになると思う。そこなら、未来の取引にプライバシーとセキュリティの両方を提供してくれるからだ。

セキュリティ

電子支払のみに切り替えると、セキュリティおよび運用上のリスクが新たに生まれるかもしれない。ときには、支払システム（それに取引、帳簿管理、価値評価で必要となるインフラの必要不可欠な要素）が利用できなかったり、機能不全に陥ったりすることがあるかもしれない。プログラム可能なものはすべてハッキング可能だ、というのは事実だ。システムが永遠に安全であるという鉄壁の保証などあり得ない（このわかりやすい実例としては、ＳＷＩＦＴとバングラデシュ銀行の有名な事例を見るといい）。だがテクノロジーの進歩は加速していて、ブロックチェーンやクラウド、生体認証等々が今後時間を経るにつれ、システム停止や機能不全の回数を減らしていくはずだと私は考えている。ここでこれ以上セキュリティに時間を割くことはしない。デジタル金融サービス周辺に十分なセキュリティをある程度提供することができなければ、銀行はとっくに破綻しているはずだと言えば十分だろう。

10 キャッシュレス経済について考える

誰もが、現金はシンプルで簡単で早くて安全だと思っている。だが、そんなことはまったくない。現金は動かすにも貯めるにも、確保するにも調べるにも、粉砕するにもデザインしなおすにも、再供給するにもものすごく費用がかかる。それの繰り返しだ。

——デイヴィッド・ウォルマン（『マネーの終わり』著者）CBSニュースでの発言、2012年

仮に、現金に対する主張を受け入れて、第9章で述べたキャッシュレスへの壁を乗り越えることにしたとしよう。そうしたら、物理的マネーに代わるいずれかの形の電子マネーがある未来への移行を計画するにあたって、どんな問題を考慮すべきかを自問することになる。1997年のダボス世界経済フォーラムで交わされた電子現金についての議論では、関連する議題すべてを網羅しようとしていた。[1] あれから20年、私はそのときの議論が今でも手始めとしてはいいと思うので、検証のためにその議題の一覧を新しくして、九つの

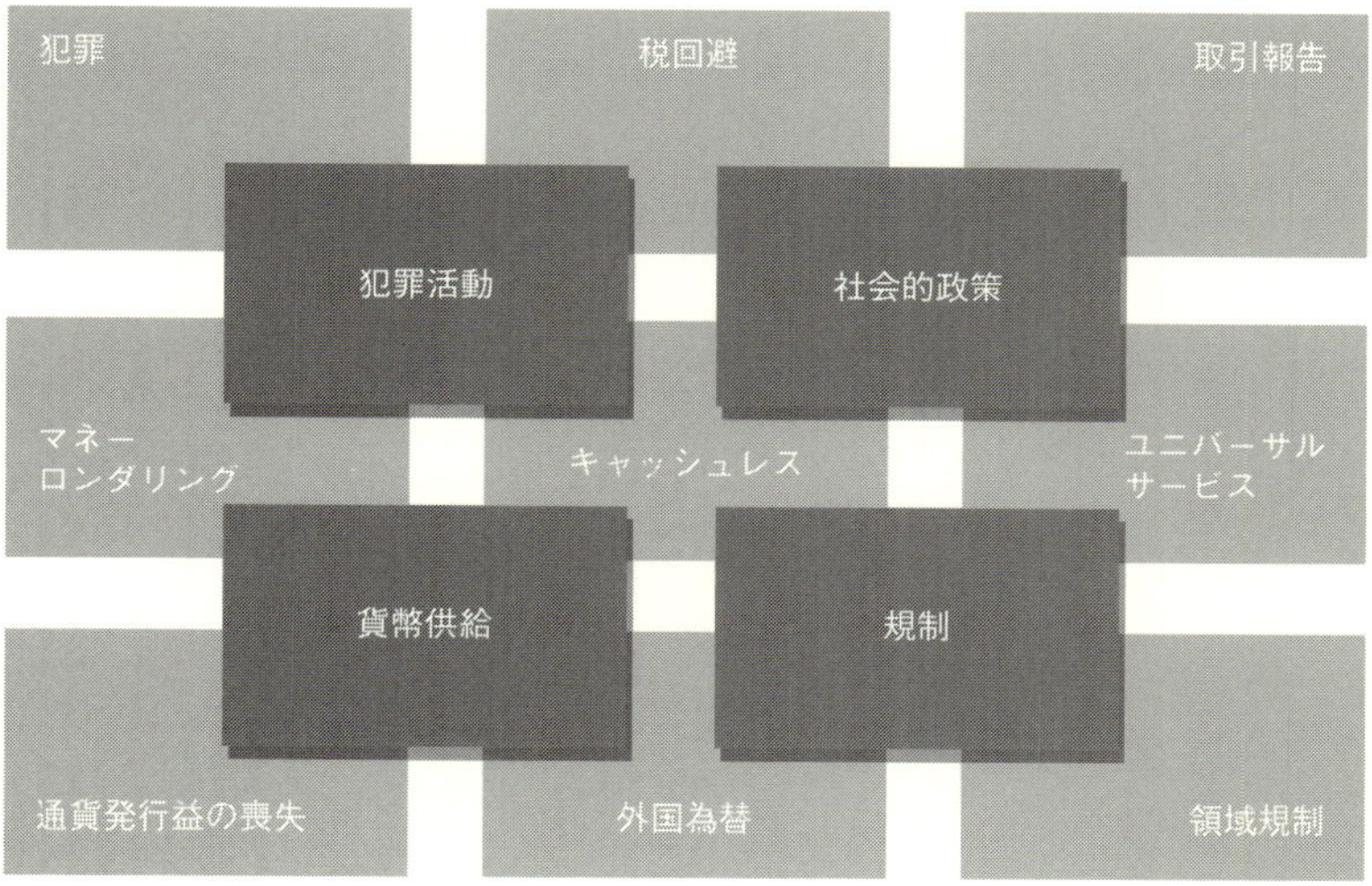

図 10-1　電子マネーの問題

主要な問題と四つの政策分野を特定するのにけっこう便利だと思える形にまとめてみた（図10－1を参照）。

キャッシュレス経済を思い描くためには、ここに洗い出した問題をすべて検討してキャッシュレス経済を理解し、それが規制当局や政府、国家（と超国家）機関にとって何を意味するのかを理解するところから始める必要がある。そこで、これらの問題をひとつずつ別々に見ていこう。

犯罪

シティバンクのチーフエコノミストであるウィレム・ビュイターは、財務省と中央銀行、組織犯罪との間の奇妙な陰謀に気づいた[2]。

> 高額の銀行券は、犯罪活動とグレー経済、ブラック経済にとってのとりわけ恥ずべき補助金だ。50ドルや100ドルの紙幣を経済的に正当化することなどできないし、欧州中央銀行が発行している200ユーロ札や

500ユーロ札はなおさらだ。

ユーロの例は、特に注目に値する。流通しているユーロの3分の2がこの100ユーロや200ユーロ、500ユーロ紙幣の形だが、私はそんな額面の札など見たこともない。ATMから出てくるのは20ユーロや50ユーロ紙幣ばかりだし、小売業者の多くも200ユーロ紙幣や500ユーロ紙幣を受け取るのはいやがるだろうと思う。実際、金融の研究家として有名だったアンディ・ウォーホルがあるとき言ったことだが、「スーパーマーケットで100ドル札を使おうとしたら、店長を呼ばれる」。これらの紙幣が「流通している」などということ自体、間違っている。そんな事実はないからだ。950億ユーロ相当の紙幣が、東ヨーロッパでベッドの下に押しこまれているだけだ。[3] 廃止するべきは高額紙幣だけだ、というビュイターの主張をじっくり考えてみると面白い。彼は、「貧困層への譲歩」として、限られた量の低額紙幣や硬貨は流通させ続けるべきだと言う。だが、私にはそれが正しいとは思えない。現金は、貧困層への譲歩ではない。もっと裕福な隣人よりも高い代償を貧困層に無理やり支払わせるものなのだ。そして現金の量が減れば、ATMやレジ、頑丈な現金輸送車や夜間金庫といったインフラ全体にかかるコストを貧困層が負担することになり、取引コストをさらに引き上げる結果になる。

そうなると、現金が犯罪を容易にするうえで重要な役割を果たすことは明らかだ。だから、キャッシュレスは有益な方法で犯罪に対処できるはずだ。少なくとも、排除できないまでもコストを高くすることで犯罪への対処は実現できる。だが、不正や偽造といった従来のマネー関連の犯罪ではなく、電子マネーが生む主な問題がほかの犯罪を支援するために使われたらどうする？　実際にそういうこともあるかもしれないが、「従来の」方法ではおこなわれない可能性が高い。私は、電子マネーがたとえば麻薬密売者にとって大きな違いを生むとはあまり考えていない。私自身、退職金制度にはバーチャル特有の利益を生む何かがほしい。だからこそ暗殺市場という新たな概念に興味を覚え、それについて書いたほどだ。「桑畑三十郎《クワバタサンジュウロウ》」を名乗る進取的な男がビットコインの発明に乗じて、実際にそういう商売を立ち上げたのを知って興奮したのだ。(4)

暗殺市場とはなんだと思った読者のために説明すると、匿名の電子マネーと匿名リメイラー〔送信者の情報を消去した上で受信者にメールを送るサービス〕を使って誰でも賭けられる予想市場で、予想するのは特定の個人の死亡日。死亡日を正確に「予想」できたら、賭け金が回収できるという仕組みだ。そうすると、特定の個人を暗殺する動機が生まれる。暗殺者は、その個人を殺す日に賭けておけば利益を得られるからだ。

この市場の仕組みを説明しよう。誰かが、有名人の予想死亡日に対する賭けを始める。私が大嫌いな歌手か政治家がいたとしたら、私はその人物が死ぬ日にマネーを賭ける。実際に死んだときには、一番予想が近かった誰かが掛け金を回収する（胴元への手数料は引かれる）。たとえば、２０２４年のエイプリルフールの日に特定の人物が死ぬほうに5ポンド賭けたとしよう。ほかにもこの人物を嫌いな人たちがいて、賭けに乗ってくる。対象が嫌われ者であればあるほど、賭け金は増えていく。

さて、エイプリルフールの日がやってくる。この人物の死には、総額１００万ポンドが賭けられている。私は殺し屋に50万ポンド払って、対象を殺すよう依頼する。私は賭けに勝ち、１００万ポンドを手にして、殺し屋に半分渡す。掛け金を受け取るのに、自分が暗殺の黒幕だと証明する必要はない。私はただ運良く賭けに勝っただけだ。誰かが3月31日に賭けていて、自分でその日に手を下したとすれば、私が損するのは最初に賭けた5ポンドだけで、結局嫌いなやつが死んだのだからその5ポンドも無駄にはならなかったということになる。

これは、わりと古いアイデアだ（ちなみに、これは第15章で芸術的に再解釈されている）。この話を聞いて私が最初に思い出す名前は、ジム・ベルだ。彼は1995年に書いた「暗殺政治」というエッセイで一般大衆（というか、まあ、一部のオタク集団）の想像力にこのアイデアをもたらした。ビットコインの誕生がこの分野での実験を引き起こしたのも、必然だったのだろう。ただ、こういったことに使うのにビットコインはあまりいい選択ではなかったような気がする。第13章で見るように、メディアがどう思っていようが、ビットコインというのはそこまで匿名性が守られているわけではないからだ。ビットコイン取引はオープンにおこなわれていて、どこまででも追跡できる。したがって桑畑三十郎の市場が私たちの民主的制度の安定を損なう可能性は低い。ただ、殺人の扇動で何人かは逮捕されるかもしれないが。実際にビットコインが私たちの民主的制度を揺るがす可能性があるとすれば、FBIは単純に自分たちで暗殺市場を立ち上げて、桑畑三十郎に何ドルか賭ければいい（もっと言うなら、桑畑三十郎がFBIじゃないかどうか、誰にわかる?:）。

取引報告

非法定不換通貨の電子マネーが実際に支払の主な手段となったのなら、国の経済管理を実行することはほぼ不可能だ。GDPがなんなのか知る手段がなければ、GDP成長が良かったか悪かったか、政府は知りようがないだろう？　この取引報告においては、電子現金は実際には根本的変化の一症状にすぎない。先進国経済が情報経済になるにつれ、こうした経済を測定し、評価し、管理しようとする問題は深刻化してきた。経済学者たちはすでに、既存の手法に疑問を覚えている。過去数年の間に実際の成長や生産性の上昇を過小評価していたかもしれない数字は、政策決定者にも金融市場にも間違った信号を送り続けていた可能性がある。経済学者ダイアン・コイルが「脱物質化経済(5)」と呼んだ経済の中で、経済活動を測定し管理するという仕事は従来の構造によって可能な領域をはるかに超えているかもしれない。そして電子マネーは政府にとって本当に深刻な問題に寄与する（生み出すのではなく）可能性がある。マネーの流れを報告する仲介者が存在しないのだ。

物理的な交換手段がない脱物質化経済という考え方は今では当たり前のように受け入れられているが、それが意味するところがなんなのか、私にははっきり見えない。要は、物理的な交換手段がないのであれば、代替的な価値の貯蔵手段が交換手段となることを妨げる壁はないということだ。脱物質化経済において、航空会社のマイレージやＩＢＭの株がドル札と同じくらい流動的になったとしたら、その経済がどう管理されるべきかははっきりしていない。これらの取引を、どう説明すればいいのだろう（ウィン‐ウィン‐ウィンの共有台帳がないかぎり）？　そして、それらの取引が取引報告できないものなら、どうやって管理すればいい？

経済におけるすべてのマネーの流れを政府が単純に測定することができず、そのデータがしょっちゅう見直しをかけなければならない古い統計的推計値の代わりに使えない以上、実質的に政府は何がどうなっているのかわかっていないことになる。ダイアン・コイルが指摘しているように、それが確認されたもっとも有名な例は、イギリスが不況になったので労働党の政治家デニス・ヒーリーがしおらしくＩＭＦを訪れたのだが、あとで数字を見直してみたら不況などではなかったというものだ。これを受けて、私はロバート・ハインラインの古いＳＦ小説『未知の地平線』を思い出した。その小説では現金は絶滅しており、支払はすべてコンピューターを通じておこなわれる。そしてコンピューターはすべて政府のコンピューターにつながっているので、政府は経済を前進させ続けるためにスイッチやダイヤルをちょこちょこいじればいいだけだ。この電子経済にはほかにも利点があると想像する者もいるだろう。徴税などがそうだ。では、次はそこに目を向けよう。

税回避

先に説明した税格差は大きい。イギリスのように比較的順法精神の強い国でもだ。この国で数百億ポンドが失われているとしたら、ギリシャやロシア、欧州連合ではどのくらいの規模になるのか、想像してみてほしい。

2010年、EUが付加価値税（VAT）の徴収率を改善できる代替案の実用性を研究していたとき（VATの回避は莫大な額なので、いい例だ）、彼らは「VAT格差」（VATのごまかし、支払不能、間違い、VAT回避スキームなどによるもの）をGDPの約7%、EU27カ国のVAT債務総額の10%以上と推定した。[6] 言い換えれば、1000億ユーロが失われたことになる。

2013年にハーグで開催された「クロッシング・ボーダーズ」の会議で私がこのテーマについて話をした際、客席にいたひとりの男性が、自分はオランダに14の不動産を持っていて、家を数軒とアパートも何軒かあるが、建築業者には必ず現金で支払うと発言した。オランダでは建築作業の「ホワイト価格」は「ブラック価格」の倍近くになっている、と彼は言った。建築業者がVATを避けるためだけでなく、所得税や法人税も逃れるために作業員や取引業者にも現金で支払をしているからだそうだ。私が、合法的な取引で200ユーロ札や500ユーロ札が使われることはありませんよね、と冗談を言うと、彼は大真面目でこう応えた。「私は、合法的な取引で100ユーロ札だって使ったことは一度もありませんよ！」

国民の半数が不正をしているのだから、私が中年のイギリス人賃金奴隷として支払う税金があんなに高いのも納得だ。私の古い知り合い（ちなみに、かつて警察で働いていた人物だ）があるとき、自宅前の私道についててちょっとした作業を頼んだそうだ。業者は２０００ポンドの見積もりを出してきたが、現金で払うなら４００ポンド値引きする、と持ちかけた。私が彼に街中で偶然会ったとき、彼はちょうど銀行から出てきたところで、１６００ポンドを手にしていた。英国歳入関税局をごまかそうとする謀略のかどで起訴してやればいいのに、と私が言うと、彼はそんなことはしないほうがいいと思う、と言った。業者が所得を申告するかどうか彼にはわからないわけで、支払が現金だからといって業者が税を回避しようとしているという推定的証拠にはならないからだ。私は、昔からある格言を返した。「その手は食わないよ」

だが、電子マネーは全部がムチというわけではない。アメの場合もある。法を順守するビジネスに報いる革新も起こさせてくれるのだ。たとえば、ＶＡＴは信頼のおける銀行口座間の取引であればリアルタイムで自動的に課税（と還付も）することができる。徴税に苦労している国が現金の使用を規制すれば、問題解決への大きな一歩が踏み出せる。とりわけギリシャでは、現在の資本規制を利用して国の現金文化を新しい慣習へと移行するよう促すことで、苦境の中に光を見出すことができるかもしれない。[7]

電子マネーは私の税金を減らしてくれるだけでなく、私たちの道徳心をさいなむ非合法取引を合法取引で補塡するというばかげたサイクルも止めることができる。だが、ここで私が言いたいのは、ブラック経済がホワイトに転じるとすれば、イギリスのＧＤＰは20％かそこらは伸びるということだ。冗談だと思うなら、非合法な麻薬取引と売春をＥＵの規則に準拠してＧＤＰに含めて推計しようという動きがすでに始まっているということを言っておきたい。イギリスにおける売春は年間30億ポンド近いビジネスで、麻薬取引業界は70億ポンドの価値があるとされているのだ！　財務大臣がすべての経済活動について推定値ではなく正確な数字を毎朝車の中で見ることができたら、そして税収が入ってくるべきときに入ってくるべきところへ入ってきてくれたらどんなにいいだろう。

マネーロンダリングとテロ資金

大量の現金がすでに国境を越えて流れている。電子マネーは、この問題を新たに生み出すわけではない(小売レベルでは国境を越えてマネーを動かすのが簡単になるかもしれないが)。小売レベルでの電子マネー利用が広く普及しなくとも、マネーロンダリングに対処するための方策にかかるコストとその煩雑さは着実に上がっている。何年も前、電子マネーの最初の実験が始まったころ、「ファイナンシャル・アクション・タスクフォース(金融活動作業部会)」が「マネーロンダリング類型学」(1999年2月10日)についての報告書で、「[電子マネーの]分野では、ロンダリングの事例は確認されていない」と述べた。ビットコインについてのもっと最近の報告も、同様に述べている。

ロンダリングが必要な犯罪からの売り上げは通常、現金の形を取っている。公式な金融機関経由で預けられた現金のうちどのくらいが犯罪活動にかかわっているのかという疑問に応えようとした最近の調査では、イタリアの事例を検証している。[8] 使ったモデルは当座預金口座への現金の入金と、代理マネーロンダリング。この二つの要素が、違法取引やゆすりに関連する犯罪活動の普及を示す指標となる。この研究では現金を預ける構造上の(法的な)動機と、税回避によって得た利益を隠す必要性について調整をおこなった。イタリアの91の州を2005年から2008年まで調査した結果をもとに、マネーロンダリングの平均的な規模はGDPの7%であることがわかった。そのうち、4分の3が違法取引、4分の1がゆすりによるものだった(興味深いのが、違法取引から得られた「汚れたマネー」の発生率は国の南部よりも中部・北部のほうが高い一方で、ゆすり取ったマネーのロンダリングについては逆になるという事実だ）。

これが、イタリアの話だ。にもかかわらず、イギリス政府が２０１５年10月のマネーロンダリングとテロ資金の割合についておこなった全国リスク評価では、現金は高リスク、電子マネーは中リスク、デジタル貨幣（第９・２４条によれば、ビットコインはここに含まれる）は低リスクに分類されている。デジタル貨幣として規制するべきではない。大きな問題となっているのは現金であって、現金に絡むマネーロンダリング防止（ＡＭＬ）規制が必要なのは現金の送金に関して私たちが無力だからだ。現金は経済の流れの中で追跡することができないため、私たち（社会）は現金が金融システムの中に入ってきたときに確認するためのややこしくて費用のかかる規制を山のように導入した。だが、現金がなかったら？　ビットコインしかなかったとしたら？　その場合、ＡＭＬ規制は必要なくなる。コインの１枚１枚が、ブロックチェーンの中で追跡可能だからだ。匿名のウォレット（またはミキサー）から生まれたコインを調べるよう銀行に義務づける簡単なルールさえあればいい。

現在のＡＭＬ制度では、私のような貧しい人々は最大５０００から６０００ポンド程度までしか入れられない口座に不便をこうむってイライラする一方で、匿名の現金を大量に世界中に送りたい金持ちはまったく問題なくそれができる。これはＨＳＢＣの銀行職員をロンドンの自分の事務所に呼びつけて、２２５万ポンドの支払をスイスでスイスフランにして手渡すよう要求したというあるイギリス人のビジネスマンの事例からもわかることだ。スイス銀行の責任者はその要求の実行を許可した(9)。同じようなテーマが、サウジの王子の随行団をパリ郊外のル・ブルジェ空港へと送る12台編成の車列から現金40万ポンドが盗まれた事件にも見られる。実は、私や読者のみなさんがフランスから４７００ユーロ以上の現金を持ち出したり持ちこんだりしたかったら、税関で申告しなければならない。だが、『タイムズ』誌いわく、ル・ブルジェ空港ではそのような規制は「厳密には」適用されていないそうだ。[10] ここで「厳密には適用されていない」というのはまるっきり適用されていないという意味だろうと思うので、金持ち連中はプライベートジェットに好きなだけ現金を積んでフランスに出入りできるということだ。プライベートジェットを持っていないその他大勢にとって、国境を越えた支払インフラはそこまで簡単ではない。

こうしたことすべてを見ると、わざわざ規制を作る意味があるのかと思ってしまう。厳しいマネーロンダリング規制法は、犯罪活動にはたいして影響を与えられていない。だが、非合法なマネーの流れを追うには相当な量のお役所仕事が必要で、規制の実施にはアメリカでは推定70億ドル（実際にはおそらくもっとたくさん）かかる。[11] このコストは莫大で、しかも増え続けている。銀行の観点からはもはや手に負えないレベルで、抑えこめる見込みはなさそうだ。なのに、莫大な予算をかけて実施された規制はどれだけがんばってもごく限られた成果しか上げられていない。どう見積もっても、AML活動は取引コストを引き上げるくらいのことしかできなさそうだ。犯罪性のある金融の流れのうちごくわずかしか捉えられないシステムは、特にきわめて少額で取引されるテロ資金などまず間違いなく見落としてしまうだろう。

もっといい方法があるかもしれない

ブロックチェーンの世界では、コストを強いるうえに参入の壁が高い（これは犯罪組織にとってはちょっと不便な程度だが、貧困層にとっては大きな負担で、イノベーションを阻むものでもある）AML法を使う代わりに、価値の流れをアプリやスマート契約で監督する。法令順守と監査をリアルタイム監視にまとめることで、AML活動の性質そのものが変わるだろう。ブロックチェーンに伴って生まれるアンビエント・アカウンタビリティ[12]〔公共の場において、公権力や公共サービスの透明性、説明責任、完全性を高めるための環境を形作る努力〕のために、お役所仕事の様々な段階が銀行でも規制当局でも時代遅れになる。

現金の場合、規制に求められるのは、その「不透明性」と扱いにくさを念頭に設計されることだ。一方、ブロックチェーンの場合は逆になる。たとえば、ビットコインはしばしば「電子現金」として説明されるが、決定的な違いを考えてみてほしい（少なくともＡＭＬにとって決定的な違いだ）。いま手元に10ポンド札があったとしても、その札がどこから来たのか、まったくわからないだろう。違法な麻薬密売に使われたのかもしれないし、慈善活動に使われたのかもしれない。どちらなのか、知る手段はない。だがブロックチェーンの資産では、その出自を正確に知ることができる。所有権の履歴をすべて見ることができて、規制当局を含む誰でもが、市場をリアルタイムで観察することができるのだ。

２０１４年11月18日、金融安定・金融サービス・資本市場理事会の欧州委員会委員ジョナサン・ヒルは就任後初の重要なスピーチで、ほかにもいろいろある中で特にデジタルマネーとバーチャル通貨におけるイノベーションに触れ、「電子金融サービスについて考えると、不正行為やハッキング、マネーロンダリングに対して警戒することと、顧客のために使いやすさを追求することとの間で適切なバランスを見つける必要がある」と語った。

この点について、彼はもちろん正しい。だが、何が「適切」かを決める指標はなんなのだろう？　あまりにも厳しく、あまりにも厳格で、あまりにも不条理な基準を適用してしまうと、デジタルマネーが完全に進歩を止めて、発展が妨げられてしまう。私たちは当然、現金よりもすぐれたデジタルマネーの仕組みを構築しているべきなのだが、ヒル委員が挙げた具体的な点のひとつを取り上げて言うなら、まったくもって不適切でコストがかかる無意味なＡＭＬ法を適用するべきではない。特に、ヨーロッパが全体として現金について何も手を打っていないような状況では。

加えて、マネーロンダリング規制は貧困層のために構築された仕組みにあり得ない要求を突きつけている。たとえば、国際送金を受け取る全員から身分証明書のコピーを取るといった「顧客確認 Know-Your-Customer（KYC）」手順などがそうだ。なけなしの稼ぎの中からわずかな額をイギリスからソマリアへ、あるいは南アフリカからコンゴ民主共和国へ仕送りしようとする人々に厳しいKYCだかAMLだかATF（これは「対テロ資金」の略）を強いるのにどんな意味があるのか、不思議でならない。プライベートジェットを持っている金持ちは追跡不可能な現金をいくらでも輸出入できるというのに。(13)

私が見るかぎり、こうした規制の影響には二つの要素がある。まず、犯罪者やテロリストは現金を使うので、彼らの活動を監視することはできない。そして次に、送金にかかるコストは規制がない場合よりもずっと高くなる。このコストは莫大なものだ。イギリスのシンクタンク「オーバーシーズ・デベロップメント・インスティテュート（海外開発研究所）」は、アフリカへの送金は平均より高いコストがかかるため、この大陸が毎年20億ドル近い「送金付加税」を支払っていると見ている。(14) アフリカへ送金する際にかかる平均的な送金手数料は、約12％（世界平均は8％で、国連の目標値は5％）だ。そして、この手数料が故郷に仕送りをする人々の負担になることも忘れてはいけない。

さて、時の権力者たちがこの問題について知らないはずがない。こうした問題の見直しに責任を持つ国際機関は、金融活動作業部会だ。そして２０１３年2月に発表した「対マネーロンダリングとテロ資金対策および金融包摂」についての文書では彼ら自身、過剰に規律的な法案が支払機関を必要以上にリスク回避に走らせ、何百万人もが国際送金を利用できなくなると指摘している。そして、コンサルト・ハイペリオンがこの分野についてイギリス政府からの依頼でおこなった調査で述べたように、支払機関はこのような過剰に規律的な法案に準拠していると思っていても、サービス提供に慎重になっている。将来、事態がどう変わるか

読者カード

みすず書房の本をご愛読いただき，まことにありがとうございます．

お求めいただいた書籍タイトル

ご購入書店は

・新刊をご案内する「パブリッシャーズ・レビュー　みすず書房の本棚」（年４回 ３月・６月・９月・12月刊，無料）をご希望の方にお送りいたします．

（希望する／希望しない）

★ご希望の方は下の「ご住所」欄も必ず記入してください．

・「みすず書房図書目録」最新版をご希望の方にお送りいたします．

（希望する／希望しない）

★ご希望の方は下の「ご住所」欄も必ず記入してください．

・新刊・イベントなどをご案内する「みすず書房ニュースレター」（Ｅメール配信・月２回）をご希望の方にお送りいたします．

（配信を希望する／希望しない）

★ご希望の方は下の「Ｅメール」欄も必ず記入してください．

・よろしければご関心のジャンルをお知らせください．
（哲学・思想／宗教／心理／社会科学／社会ノンフィクション／教育／歴史／文学／芸術／自然科学／医学）

(ふりがな) お名前　　　　　　様	〒
ご住所　　　都・道・府・県　　　市・区・郡	
電話　　（　　　　）	
Ｅメール	

ご記入いただいた個人情報は正当な目的のためにのみ使用いたします．

ありがとうございました．みすず書房ウェブサイト http://www.msz.co.jp では刊行書の詳細な書誌とともに，新刊，近刊，復刊，イベントなどさまざまなご案内を掲載しています．ご注文・問い合わせにもぜひご利用ください．

郵便はがき

料金受取人払郵便

本郷局承認

2074

差出有効期間
2019年10月
9日まで

113-8790

東京都文京区
本郷2丁目20番7号

みすず書房営業部
行

通信欄

（ご意見・ご感想などお寄せください．小社ウェブサイトでご紹介させていただく場合がございます．あらかじめご了承ください．）

がわからないからだ。

金持ちがマネーを好きなだけ動かせるが貧乏人は少額を送るのに12%を支払わなければならない法整備がどこか根本的に間違っていることは、明らかだ。現在の制度では、どこからどう見ても「適切」ではあり得ない。電子マネーは、物理的マネーと同じＡＭＬ法の対象にするべきではない。もっとましな法案の対象とするべきなのだ。

ユニバーサルサービス

マスマーケットでマネーを規制するということは、支払システムを包摂的になるよう規制するということだ。だが、支払市場を規制するにあたっては根本的な問題がいくつもある。[15]

●透明性が欠如しているため、規制当局は銀行、商店、そしてスキームにかかる正確なコストを割り出すことが難しい。

●個人コストが社会コストを反映しない。だが、これは規制当局の最優先事項であるべきだ（そしてこの点については私も強く同意する）。

●規制当局が外因性の要素にばかり注力する。内因性の要素は見えにくいからだ。言い換えると、取引による利益を減らせば関係者（銀行など）が新商品やサービスの導入、または研究開発への投資などをおこなうインセンティブを損なうことになるかもしれない。

次に何が来るのかは、銀行にも商店にも規制当局にも、誰にもわからない。そして支払の代償に余計な手出しをした（ヨーロッパ、オーストラリア、アメリカの）規制当局の経験からは、こういった類の市場参加者間の個人コスト移転には効果がないことが確認されている。

こうした問題を受けて、では何を規制するべきだろう？　まず、電子マネーをユニバーサルサービスとして提供する主な理由として支払システムの社会コストを最小限に抑えることに注力した場合、社会的利益は十分に期待できる。現金の社会コスト（つまり、現金を使うために社会全体が消費するリソース）はかつては見積もるのが難しかったのだが、ベルギーやオランダの中央銀行による最近の詳細な調査では、カード普及率が高い先進国市場でのコストはＧＤＰの０・５％前後であることが判明した（正確に言うとオランダでは０・４８％でベルギーは０・５８％）。

ユニバーサルサービスの議論に関連して、限界コストが明らかに違うことに注目してほしい。現金の限界費用は、電子マネーの限界費用の約4倍にもなるのだ。[16]　したがって、費用を押し付ける現金は厚生最大化戦略ではなく、社会はコストベースの価格設定に切り替えてあとは市場に任せるべきだ。この戦略では、デビットカード取引が価値にして3倍から4倍に増える一方、現金取引は3割ほど減るだろう。ベルギーでの調査を見ると、この取り組みでベルギーとオランダはそれぞれ2億ユーロと1億5０００万ユーロぶん改善すると推定している。これを拡大していけば、調査対象のヨーロッパ諸国は全体としてＧＤＰの約０・１４％を節約できることになる（つまり、社会コスト全体の約3分の1）。

なので、現金を排除できれば、みんなのマネーを節約して、みんなの暮らしがもっと便利になる。まあ、みんなが電子マネーを使っていれば、そうなるはずだ。避けたいのは、電子マネーが二重構造社会の境界線になることだ。電子マネーが勝ち組の証明となる一方で、物理的マネーが負け組の証明となるのは望ましくない。だが、電子マネーへと移行できない、あるいはしたくない人たちはどうする？　実質的には、三つの選択肢がある。

- 自らが費用負担して、紙幣や硬貨の使用を続けることが許される。
- 紙幣や硬貨の使用を続けることが許されるが、その費用は他人が負担する。
- 物理的現金を使い続けることが許されない。

最初の二つの選択肢は人間の保守的な性質に合っているように直感的には思えるかもしれない。そして特定の圧力団体（高齢者、貧困層などを擁護するグループ）は補助金という選択肢を希望するかもしれないが、紙幣や硬貨を一気にやめてしまうという一見極端に思える手段が唯一の現実的な未来なのかもしれない（アナログテレビ放送を一気にやめてしまったのと似たような話だ）。この選択肢はしばしば、なんらかの形の規制か、それでなくとも最低限は政府の確固とした方針によって、社会全体が利益を享受できるようにすることを示唆している。

誤解のないように言っておくと、ユニバーサルサービスを提供するのがリテールバンクである必要はない。金融サービス機関、携帯電話事業者、小売業者、インターネット大手などがサービスを提供することも十分に期待できるし、そのサービスに電子マネーそのものの発行が含まれていてもいい。規制を受けた機関がある種の「ユニバーサル口座」を提供したくなることも予想される。それはプリペイド方式の口座とスマートフォンのアプリだけのシンプルなもので、小切手帳もデビットカードやクレジットカードもなく、計算書等々もない。これなら、規制当局がどうもかなりお気に入りらしい「標準的銀行口座」よりもずっと安く運用できる。こうした口座を運用するために必要な最小限のコストは明示的な補助金でカバーするか、あるいはどこかよそで節約したぶんでカバーすることもできる。たとえば社会給付金の支払自動化などは、かなりの節約が見込める領域のひとつだ(17)。

大災害

ユニバーサルサービスの重要な側面が、回復力だ。近年、複数の大災害を経験した日本が、現金置換物としての電子マネーの議論に有意義な材料を提供してくれる。2011年にマグニチュード9の東北大地震と津波が襲ったあとの混乱の中、カードネットワークで一時的に問題が生じた。だが、日本にはかなり豊かで多様な小売支払のエコシステムがあるため、すべてのカードに支障が出たわけではないことは注目に値する。私はモスクワで2011年におこなわれた電子マネー、カード、支払に関する会議で、中央大学大学院戦略経営研究科の杉浦宣彦教授が現状について非常にいい話をするのを聞いた。教授は、日本における電子マネーの利用率は急速に伸びているが、消費全体の割合としてはまだごくわずかだと語った(300兆円のうち1兆円で、過去3年に300%増加している)。人口の3分の1が電子マネーを使っていて、そのうち半数(つまり人口の6分の1)が電話経由での利用だ。日本の銀行はコストがかかるため少額支払の取り扱いに本腰を入れて取り組んでおらず、ノンバンクが中心となっているこの市場の競争は激しい。あとでまた立ち戻るテーマを補強する話だが、ノンバンク系には取引手数料に基づかない、異なるビジネスモデルがある。たとえば、鉄道会社は電子マネーで稼ぐことは期待していない。彼らの目的は単純に、コストを削減することだ。一方、コンビニエンスストアが電子マネーを発行したがるのは、小口現金を減らしたいからだ。要するに、日本のPOSにおける現金の利用は、電子マネーのために「すでに減少している」状態なのだ。

震災直後、オフラインの電子財布システム（Edyやnanacoなど）は電力があって、バックアップのバッテリーシステムや発電装置が動くかぎり機能し続けた。だから、セブンイレブンで生活必需品を買うことはまだできた。実は、一番苦労したのはマネーを現金の形で持っていた人たちだ。日本では多くの人々、とりわけ高齢者が、財産を現金で自宅に保管している。それはそれでよかったのだが、それも津波が自宅を破壊して全財産を海へと押し流してしまうまでのことだった[18]。

災害後、現金を求める人々が殺到し、ATMネットワークへの需要が急上昇する。だが、本当に現金が必要だったのだろうか？　このような大災害の際、オンラインのPOSネットワークがダウンするがATMネットワークは生きていてATMの中には紙幣が詰まっているような状況では、みんながATMに駆けつけて現金を引き出したくなるのはわかる。だが、ATMがなかったとしたら？

たとえば、イギリスのウォーキングをマグニチュード9の地震と津波が襲ったとしよう[19]。私が水と米を買おうと思ってウェイトローズへ行くと、ジョン・ルイスのマスターカードが使えないことがわかる。認証ネットワークがダウンしているからだ。そしてATMも、電力がないので使えない。ウェイトローズの店長は棚に並ぶ商品が腐るに任せるか、署名付きの借用書払いを受け取るかの選択を迫られる。電子支払システムの不備が原因で売り上げゼロを受け入れるか、合理的な代案を取るかだ。これについては拙著『アイデンティティこそ新しいマネーだ』で論じた。その際に引用したのは、本書ですでに議論したアイルランドの銀行ストライキのケーススタディだ。

核戦争が起こるかもしれないから最終的には現金に頼るしかないという考え方は、時代遅れになっているように思われる。ここに、アメリカの公共ラジオNPRの番組『プラネット・マネー』の「紙かプラスチックか」というポッドキャストからの言葉を引用する。

私は小売店の店長です。どうか、どうか、どうか、神様お願いですから、現金はとっととくたばってください。保管するにも、仕分けるにも、数えるにも、運ぶにも費用がかかるのです。なくなるし、破れるし、くっつくし。会計処理の効率を悪くするばかりです。

この懇願そのものもここで取り上げるだけの価値はあるが、私が特に魅了されたのは、店長がこのあとで触れた電力と代替案についての話だ。きっと、この店のPOS端末は充電可能なバッテリー入りの携帯型機器なのだろう。だから店長は停電しても彼の店ではカードを受け付けられると言っている。ただし、店のレジは安全かつ監査可能（傍点は筆者）な形では使えなくなるとも語った。

そして、数時間経ってPOS端末も電池切れになると、店長はきっと「スクウェア」や「アイゼトル」などのPOSアプリを使えばいいのだろう。ただ、ここで店長が強調した最後の言葉に注目してほしい。「監査可能」というやつだ。紙幣や硬貨を排除して電子支払で置き換えることは、小売業者にとっては現金の取り扱いにかかる基本的コストの節約以外にも、大きな意味があるのだ。

通貨発行益の喪失

効率的かつ効果的、そして安定した支払システムの維持をただの利害関係でなく、相当な利害関係がある中央銀行に任せるのはどこかちょっと間違っているように私には思える。中央銀行が収入を現金から得ているのであれば、経済における数多い代替支払手段のひとつとして現金を中立的な目で見ることなど、到底期待できないのではないだろうか？　あるいは、言い方を変えれば、物理的マネーを電子マネーで置き換えるとしたら、それも公共の利益として中央銀行が提供するべきなのだろうか？　そうでないなら、中央銀行の収入が減るぶんを、民間の発行会社が補塡するべきではないのだろうか？

紙幣と硬貨が電子マネーに置き換えられ、そのマネーが中央銀行によって発行されないのであれば、この問題に対処しなければならない。前述の通り、電子マネーが紙幣や硬貨を置き換えるようになると、中央銀行が失うものは大きい。紙幣や硬貨は中央銀行の無利子債務であって、それがなくなると保有資産が減り、商業銀行が中央銀行からその「変動」を奪ってしまうので、資産から得られる利息（通貨発行益）も減る。国際決済銀行は、電子マネーが硬貨と小額紙幣しか置き換えなかったとしても、イングランド銀行の通貨発行益は半減するだろうと推定している。アメリカでは事情は違うが、あちらでは流通しているドル札の約3分の2が国外にあり、中南米やロシアなどの国々でベッドの下に押しこまれる100ドル札の束で莫大な利益を上げているという点でかなり特殊な状況だ（米財務省は2011年、連邦準備金から770億ドルの利益を受け取っている）。

だから、よく言うように、「何もしなくてもマネーが入ってくる」というわけだ。事実上、これは現金を使う人々に課される隠れた税だ。だが、政府の収益としてはかなりの額になる。イギリスに目を向けると、国家財政委員会への通貨発行益による所得は、金融危機の直前にピークの24億ポンドに達した。これはその大部分が麻薬密売人やマネーロンダリング犯によって負担されているので、かなりの隠れた税と言えると思うが、同時に、貧困層にも負担を強いている。それについては、もっと考慮が必要だ。今年度、通貨発行益はせいぜい5億ポンドかそこらにしかならない。

こうなると、通貨発行益がゼロになったらどうなるか問題も見えてくる。経済にとってより好ましい現金代替物（たとえば、もっと安いもの）が現れたら、それは中央銀行、転じて政府が収入源を失うということになる。ただし、政府が自ら電子マネーを発行することにすれば話は別だが。これは、第14章で検討する選択肢のひとつだ。

そうなると、電子マネーの台頭と流通する現金――言い換えればマネーサプライM０――の減少（ただし犯罪目的を除く）は、収益格差が開くことを意味するのではと私には思える。したがって、政府には二つの選択肢がある。支出を減らして税収をもっと効率良く効果的に使えるようになるか、別の税収源を見つけるかだ。前者は幻想にすぎないので、残された道は後者しかない。よく引用される話だが、ここでもエムペサがこれらの問題をはっきりとさせてくれる。エムペサは広く使われているが、ケニアのM０でないことは明らかだ。エムペサの残高に最終的な責任を持つのは、小銭が預けられる商業銀行だからだ（エムペサの準備率は１００％）。だが、政府の観点からは、エムペサがM０の一部でないことは潜在的な問題だ。エムペサが増え続けてM０が減り続ければ、国家は通貨発行益を失うことになる。これは実際に起こっていて、ケニア政府はモバイルマネー事業者に特別税を課すことで損失を補塡することにした（携帯電話プロバイダー、銀行、送金代理店、その他の金融サービス会社が提供するすべてのモバイルマネー送金サービスの取引手数料に10％の税が課されることが２０１２年の金融法で定められた）。

予想できたことだが、サファリコム（ケニア最大の納税企業）はエムペサの手数料を10％値上げした。銀行を利用できない人々が現金経済の中で紙幣や硬貨に隠された税を支払っているのと同様、彼らは現金置換物になってもそれほど隠されていない税を支払い続けている。それが本当に私たちの求めているものなのだろうか？

外国為替

ヨーロッパ経済の見通しを新しいヨーロッパの通貨がたいして改善しなかったのに、どうして国際通貨が世界経済の見通しを良くすると思う人々がいるのか、私にはよくわからない。だが折に触れて、世界各地で新しい通貨を求める声が上がる。アフリカ通貨、湾岸通貨、それにまったく新しい世界通貨の議論まであるのだ。

たとえば、２００９年のG20サミットでは、カザフスタンのヌルスルタン・ナザルバエフ大統領が国連加盟国に「アクメタル」を受け入れるよう求めた。彼が提案した通貨のこの名前はギリシャ語で「最高」を意味する「アクメ」と「キャピタル（資本）」を組み合わせたもので、新しい通貨が大成功すると彼は確信していた。実際、彼は世界中が「資本主義《キャピタリズム》」の代わりに「アクメタリズム」の話をするようになるのも時間の問題で、カザフスタンはこの新しい通貨の導入にきわめて重要な役割を果たすはずだと語った。(20) 当時の新聞が、ノーベル賞受賞者ロバート・マンデル教授（ユーロの知的構築者）の発言を掲載している。「私は、ナザルバエフ大統領が世界通貨についておこなった発言、この構想について語った内容、考えたプロジェクトに同意すると言わざるを得ない。そして、私は大統領とまったく同じ方向を向いていると確信している」

金融危機に対して新しい形のマネーで実験した世界的指導者は、ナザルバエフ大統領だけではない。ベネズエラ、ギリシャやほかの国でも、地域通貨が検討されたことがある。その例が、ベネズエラの「シマロン」だ。これは丸いボール紙のトークン（脱走する奴隷の絵が描かれている）で、貧困対策と新しい経済の構築を目的としてチャベス大統領の支援のもとに創られた。

こうした通貨は、商品を生産しなければ買い物をするための通貨が手に入らない「生産消費者《プロシューマー》」市場での物々交換に使われることが多い。これと同じようなことがインターネット規模で起こっていると想像してみればいい。市場特有の通貨があって、市場に商品を持ってこなければそれは手に入らない。興味深いが、それはチャベス氏の国家社会主義という観点ではなく、私が大好きなトピックである評判通貨という観点から興味深いという意味だ。

ここでのポイントは、私たちは中央銀行や小売銀行をマネーの発行者として考えがちだし世界共通の通貨本位はひとつしかないと「現在」の頭で考えがちだが、そのどちらも、未来にとって必要ではないということだ。上から押しつけられたのに下から成長していくデジタル貨幣があるかもしれないし、政府が出すもの、企業が出すもの、自治体が出すもの等々もあるかもしれない。

領域規制

電子マネーがまだ初期段階にある今、相対的に言って、早期の規制はただ不適切なだけではなく、完全に有害となる可能性もある。とは言うものの、ある程度の規制構造は避けられないし、望ましい。ここで、新しい考え方が求められる。国際決済銀行の専門家グループが当初採用した規制モデルは、三つの明確に分かれた領域に基づいていた。清算・決済の領域、運用の領域（電子価値が発行され、取得される領域）、そして小売の領域だ。当時、それぞれの領域に適切な規制を適用したヨーロッパ方式の取り組みができるかもしれないと考えられていた。[21] ある程度までは、これが実現した。私は弁護士などではないが、「欧州決済サービス指令」の影響は、運用および小売の領域における支払サービスの規制と、銀行サービスの規制とを切り離したことだったのではないかと思える。改正決済サービス指令（ＰＳＤ２）とその後の単一ユーロ決済圏（ＳＥ

PA）の導入は、かなりの効率向上をもたらすはずだ。[22]
イギリスでは、規制当局はさらに一歩進み、競争を奨励するために清算・決済領域も開放し始めた。即時決済インフラの幅広い利用が可能になるこの「新しいアクセスモデル」は、すでに導入が始まっている。
規制はどこに注力するべきだろう？　アメリカの銀行が最後に私募債を発行したとき、その「自由銀行時代」の銀行紙幣を持つ者にとって一番深刻なリスク、すなわち割引の最大の要因は、不正リスクではなく信用リスクだった。信用リスクというのはもちろん、発行機関の破綻や資金不足などが原因で、紙幣が額面通りの価値で使えなくなるということだ。これが示唆したのは、電子的規制が注力するべきなのはほかの何よりも発行者の「信用状態」である、ということだった。[23]そして私は、この観点を変えるだけの力を持った証拠はまだ見たことがない。私たちはシステミックな信用リスクについては厳しく管理するべきだが、支払についてはもうちょっと気を緩めてもいいだろう。

キャッシュレス経済を管理する

近年、キャッシュレスという概念を議題に引き戻したのは経済学者たちだ。最初は２０１４年5月、ウィレム・ビュイター（シティグループのチーフエコノミスト、欧州復興開発銀行の元チーフエコノミストで、イングランド銀行の金融政策委員会の元メンバーでもある。ビュイターは少し前に、金融危機の中でマイナス金利が中央銀行のツールとして検討されるべきだと提案した[24]）は、私たちが取るべき道をこう語った。

貨幣を廃止する。これは簡単で、ほかにも多くの利点がある。主な欠点は中央銀行の通貨発行益の喪失だ。

……先進工業国はそのような問題もなく、支払を電子支払や銀行口座主体の方法、および交換媒介物に切り替えることができる。

その後ほどなくして、『タイムズ』誌が保守的な日本でさえ「もっとも斬新な金融政策――現金の廃止を検討」し始めていると報じた。与党自民党の複数の議員が、政治的にはデリケートかもしれないが、現金の廃止は技術的に可能かもしれないと考えたからだ。

私は、モバイル決済などの主要なテクノロジーの進歩のおかげで、この概念がようやく技術的に実現可能になったという点には強く同意する。第7章でエムペサに関連して議論した、アフリカでいま起こっていることに目を向けてほしい。ドル建ての銀行口座を持つことが許されない人々が、ドル建てで追加可能なモバイルのトップ・アップ・バウチャー〔プリペイド式携帯電話にチャージするレシート〕を代わりに持っている。ウガンダ人は効果的な電子支払システムを手に入れる前に、ケニアのエムペサを使って国内での取引をケニアシリングでおこなっていたのだ！　銀行ネットワークがいっさいないコンゴの人々も代わりにモバイルマネーを使っていた（そしてその結果、銀行口座など今後もいっさい必要としないし、ほしいと思わないかもしれない）。インド、ナイジェリア、その他の国々でも、銀行はしばらくの間は進行を遅らせようと規制で介入したが、国民からの圧力は強く、マネーはすでに従来の金融機関やネットワークから漏れ出してもっと新しい、モバイル中心の、顧客志向の組織へと流れている。ダムは、いずれ崩壊する。マネーが国際通話可能な携帯の「ハイパー・ハワラ」[25]経由で国境を越えて送金されている中、政府はどうやって通貨供給を「管理」すればいい？

コンサルト・ハイペリオンがずっと昔の１９９７年に開催した第1回のフォーラムでは、故グリン・デイヴィス（『マネーの歴史』というすばらしい本の著者）がマネーに関するあらゆる技術革新が支配の分散化へとつながったと語った。[26] それはいいことだが、同時に、マネーの話になると政府や規制当局の保守的な性質が前面に押し出される理由も説明してくれる。誰もが世界のどこでもどの通貨でも取引できたら、弱者はあっというまに押しのけられてしまうだろう。グレシャムの法則が、世界規模になるのだ。

マネーは、現状を維持したがる保守主義がきわめて確実に悪いものだとみなされる分野だ。慎重さは、必ずしも行動の最善の道筋ではない。なぜか？　現在のシステムが、悪いシステムだからだ。それは情報時代以前の遺産であって、未来のテクノロジーと現代の考え方を組み合わせたものだ。それはうまく機能していないし、発展途上世界では特に機能していない。国際金融公社は、発展途上世界における金融取引のコストが非効率なシステムの改革を通じて最大80％は引き下げられると推定している。現代の経済にメッキを施しただけのものではなく、大きく変貌したキャッシュレス経済について考えるときがやってきたのだ。

11 ゴールドラッシュのあとで

実を言うと、金本位制はすでに、野蛮な遺物となっている。
——ジョン・メイナード・ケインズ『お金の改革論』

「目の前にある」時代の絶頂点は、国際機関（世界銀行、国際通貨基金）のポスト・ブレトン・ウッズ時代、つまり目新しいコンピューターや電子通信、ニクソンが閉ざした黄金の窓、国際通貨と中央銀行の時代だ。マネーの長い歴史と未来にとって、これは非常に短い幕間であることが証明されるだろう。

黄金時代の終焉

「古典的金本位制」とでも呼ぶべきものについては数々の名著が出ていて、そこに付け加えるつもりはないから、手っ取り早くその終焉まで話を飛ばそう。あれだけの大騒ぎにもかかわらず、世界の金本位制はたったの1世紀しか続かず、第2次世界大戦前には崩壊していた。イギリスが近代の形の金本位制を確立したのは1821年で、インヴァーゴードン反乱が起こった1931年にそれは終わった。インヴァーゴードン反乱とは、イギリス海軍の1000人近い水兵が1931年9月15日から16日にかけて起こしたストライキだ。インヴァーゴードンに停泊していた海軍の戦艦がすべてストライキに入ったこの反乱は（イギリス史の中でも数少ない軍ストライキのひとつだ）ロンドン株式市場にパニックを引き起こし、ポンドの取り付け騒ぎが起こった。イギリスの経済問題は危機に陥り、最終的に1931年9月21日、金本位制は永久に追放されてしまった。そして1933年6月5日にはアメリカもあとに続いた。

第2次世界大戦が終わりに近づくころ、連合軍は新しい国際通貨システムを創ろうと決めた。いくつもの国の代表が1944年7月にアメリカのニューハンプシャー州ブレトン・ウッズに集結し、3週間の議論の末にブレトン・ウッズ合意を書き上げた。ここから国際通貨基金と欧州復興開発銀行（現在は世界銀行の一部）が生まれたのだ。当初からの目標は、金本位制に代わる国際的なインフラを考え出すことだった。当時世界でもっとも有名な経済学者だったと思われるジョン・メイナード・ケインズの見方は、金本位制には最初から成功の見込みがない、というものだった。(1) 彼に言わせればあれは19世紀後半にほんの短い期間機能しただけで、それも幸運な事故がいくつか続いたおかげだったそうだ。そして失敗したのは、各国が国際収支不足に気づいたときの苦痛を伴う調整が「債務者にとっては強制で、債権者にとっては任意」だったからだ。(2)

こうして、ブレトン・ウッズの代表たちは古い金本位制を米ドル基準の新しいシステムで置き換えることにした。そして、そのドルを金で裏付けた。合意された条件では、アメリカは金を買いたいと言う外国人には誰でも、1オンスあたり35ドルで売る約束になっていた。

わかりやすい話だ。ただ、1950年代の終わりごろにかけて形を成してきたブレトン・ウッズ・システムは、ケインズやほかの代表たちが１９４４年に考案したものとはだいぶ違うものだった。世界銀行は、大体においてヨーロッパの復興への資金提供を目的に創られた組織だった。だが復興援助計画《マーシャル・プラン》の援助金はどの銀行の融資額よりも20倍は高かった。ＩＭＦは、交換可能通貨のシステムを規制するために創られた。だがそのような計画は戦後すぐに起こったイギリスの危機によって頓挫した（戦時中の債務で圧迫されたイギリスは、ほどなくして自らを「国際通貨システム内でもっともしつこいトラブルメーカー」と呼んだ）。

世界の準備通貨として、ドルはますますシステムの中核的存在になっていった。ドルはまさに文字通り、金と同じくらいの価値があった。だがアメリカが膨大な経常収支赤字を抱え出したころ、ドルを持っている外国人が大量にいて、その大量の外国人が実物の金を欲しがるようになった。しかもかなりの量の金を欲しがり、ドルを借りてでも金を買いたがった。１９６３年、アメリカはドルを借り入れる外国人に税を課した。するとその結果、ロンドンには新しい市場が成長した。ドルを持っている連中は大勢いて（つまり、アメリカに大量の商品を輸出していた連中だ）、ロンドンにいる連中にドルを貸して新しく課せられた税金を逃れることができたのだ。こうして、「ユーロドル市場」が生まれた。

１９５０年代以降、外国の競争相手が商品を次々と生み出す中、全世界の経済産出におけるアメリカのシェアは３分の１から４分の１へと減ってしまう。増え続ける貿易赤字と膨らみ続ける財政赤字（ベトナム戦争の代償）により１９６９年のインフレは６％を超えていて、ユーロドル市場があまりにも巨大化したため（１５０億ドル）、アメリカのマネーサプライを規制しようとする連邦準備制度理事会の努力をアメリカの銀行が容易に回避できたほどだった。ちなみに、この市場は兌換が打ち切られたずっとあとまでも成長を続け、１９９４年までには購入者が３カ月後にロンドンで１００万ドルを借り入れる義務を負うという「ユーロドル先物」が、世界でもっとも多く取引される金融商品になっていた。[3]

アメリカの準備金の流出を、このまま続けさせるわけにはいかなかった。1971年、リチャード・ニクソンが米ドルと金の兌換を終わらせるという有名な決断を下し、法定不換通貨、変動為替相場、コンピューター、国際電気通信と国際取引の世界へと突入した。1973年3月にはまだ米ドルに縛られていたヨーロッパ各国がその縄を断ち切ると宣言し、ブレトン・ウッズの制度は終わりへと向かう。こうして1973年、ひとつの経済時代が終わってまた新しい時代が始まった。(4) 私たちは今、イングランド銀行が紙幣を金の延べ棒ではなく、イギリス政府から買った固定金利商品で裏付ける時代に来ているのだ（そして稼いだ金利を大蔵省に納めている）。

この時点で、世界の国の通貨や超国家的な通貨はすべて「政府が唱える統治権の純然表明(5)」となり、しかもその通貨の大部分が望まれたものではなかった。つまり、人々が市場では使うかもしれないが、価値の貯蔵手段として保管しておきたくはない通貨ということだ。政府は国民に法定不換通貨を持たせるため、公的な取引（税金など）にそれを使うことを強制したりしたが、外国人にはそれが通用しない。人々が金の代わりの法定不換通貨（米ドル、イギリスポンド、ユーロ、スイスフラン等々）をほんの一握りしか手元に置きたがらない世界では、マネーと統治性を結びつける迷信は、ステイルが言うように、「費用がかかり、ときには危険なこともある」。彼はさらに、こう言っている。

通貨的ナショナリズムはどう考えても、グローバル化とは相容れない。世界中の政府が自国の通貨を本質的に無価値にしてしまった1970年代に入ってようやく明らかになったことかもしれないが、実際にはずっと前からそうだったのだ。

私は、国家ベースの法定不換通貨間での変動為替相場の時代が歴史的な「中断」で、マネーの未来の一部にはならないというスタイルの意見に強く同調する。[6] ただ、その反動としてデジタルゴールドへと戻るということはないと思う。新しいテクノロジーによって実現する多くの選択肢があるからだ。これについては、第Ⅲ部で説得力のある説明ができたらと思う。

第III部　未 来――私たちを理解するマネー

未来の経済は、ちょっと違うのだよ。実はな、24世紀にはマネーというものは存在しないのだ。

――パトリック・スチュアート（ジャン＝リュック・ピカード艦長としてのセリフ）『スタートレック　ファースト・コンタクト』（1996年）

マネーの未来は1971年に始まった。そして、いま私たちが頭に思い浮かべるマネーの形は、時代遅れだ。いま私たちがいるのは法定不換通貨の世界だが、その法定不換通貨は「政府が唱える統治権の純然表明[1]」――あるいは、本書の冒頭で私が述べたように、ビットにすぎない。だが、起こっているのはこの脱物質化だけではない。マネーを生み出すのにもう政府は必要ないし、マネーを動かすのにもう銀行は必要ないし、マネーに実体を持たせるのにもう現金は必要ない。私たちはそれが必要だと思っているが、それは私たちの固定概念がいまの形のマネーに捕われているからだ。イングランド銀行の元総裁マーヴィン・キングが書いたように、マネーと銀行はどちらも、近代の資本主義より前に発展した特有の歴史的制度であり、もっと前の時代のテクノロジーにその大部分を依存している（傍点は筆者）[2]。拙著『アイデンティティこそ新しいマネーだ』で、私はその昔ながらの考え方とマネーについての異なる技術基盤を持つ新しい脱工業化経済との間には不一致があり、あと1世代もすればまったく新しい通貨の仕組みが生まれているだろうことを同様の文脈で書いた。

マネーを記憶媒体つきのマネーやプログラム可能なマネーやスマートマネーとして思い浮かべるにせよ、ほかの形のマネーとして思い浮かべるにせよ、未来のマネーを理解するということは、マネーの新しいイメージを抱くということだ。

12

未来の種

ドルの価値は社会的である。社会が創造したものだからだ。
――ラルフ・ワルド・エマーソン『人生の送り方』１８６０年

マネーは、単なるビットにすぎない。そのうちキャッシュレス経済が訪れ、マネーはすべてデジタルになる。これは、未来にとってどういう意味を持つのだろう？　まずは、「デジタルマネー」についての議論が混乱を招くこともあるという話から始めよう。マネーは少し前からそのほぼすべてがパソコン上にしか存在しなくなっているので、先へ進む前に明確化しておかなくてはならない。私が使う定義は、表12－1に示しておく。

これまで、デジタルマネーは保守的だった。置き換える対象である物理的通貨の、電子的な模倣にすぎなかったのだ。支払技術には山のようにイノベーションがもたらされたが、これを金融システムの基本構造とごっちゃにしてはいけない。(1)これは、次の世代で変わるだろうと私は見ている。支払技術がこれまで以上に

表12-1　デジタルマネーとは、何を意味するのか？

過去のマネー	未来のマネー
物理的マネー 部分的にでも、物理的な交換媒介物として存在するマネー	**電子マネー** 物理的な交換媒介物を持たないマネー
現金 人から人へと渡せるマネー	**電子現金** 人から人へと渡せる電子マネー
現実世界の通貨 計算単位である物理的マネー	**バーチャル通貨** バーチャル世界でのみ計算単位である電子マネー
アナログ通貨 計算単位である物理的マネー	**デジタル通貨** 現実世界とバーチャル世界両方の取引で計算単位に使われる電子マネー
法定不換通貨 その価値が発行者の信用によって維持されるアナログ通貨	**暗号通貨** 発行者がおらず、その価値が暗号化によって維持される通貨

急激に変わっていく一方で、金融システムは俗世間というくびきから解き放たれて漂い始めている。誰かがハンドルを握るべき時が来たのだ！

現金が消え失せていく中、現金置換物だけでなく、現金代替物の可能性も広がっていく。マネーの地殻がひずみ、テクノロジーの押す力と社会の（そして規制の）引く力によってひび割れようとしている。10年以上前、当時ロイヤルダッチ・シェルグループ会社のチーフエコノミストだったマイケル・クラインが、通貨体制はだいたい1世代ごとに変化する傾向があると指摘しているが[2]、その時間枠が私の頭の中にこびりついた。変化は、ニクソンが黄金の窓を閉じたからといって止まったりはしないと私に思わせたのだ。今、また次の体制変化の時期がやってきている。

だが、だからといってパニックに陥る必要はない。もう何度も経験してきたことだからだ。私たちイギリス人はもう慣れっこになっている。４００年ほど前、イギリスのマネー事情はとんでもないことになっていた。その当時にマネーの未来についてイギリス人に尋ねたなら、もっと質の高い硬貨があるといいな、などと答えたに違いない。だが実際にやってきたのは、通貨革命と新たなパラダイムだった。そして1世代後、イギリスには中央銀行と紙幣（もっとも、最小額紙幣の5ポンド札でも専門職の給料1カ月分に相当した）[3]、金本位制、当座預金と当座借越があった。

私たちは現在、そのときと同じような地点に立っている。それは、工業時代の紙幣という概念や制度と、まったく異なるマネーの技術基盤がある脱工業化経済との間に不一致が存在する地点だ。あと1世代もすれば、まったく新しい形の通貨の仕組みが生まれているだろう。アイザック・ニュートンが1696年に提唱した、均一で機械化された工業製品の硬貨が産業革命の商業にうまく合っていたのと同じように、情報時代の商業にうまく合う形のデジタルマネーが生まれるはずだ[4]。

頭の中では、私たちはまだ現在にいる。だが、現在を見渡してみたら、未来を構築する要素が配置されているのが見えないだろうか？　私は見えると思う。しかも、それはマネーについてだけでなく、テクノロジーについてだけでもない。未来のデジタルマネーには未来に合ったデジタル・アイデンティティ（識別）が必要だという話はすでにした。そこに、私たちの「過去の」アイデンティティに関するパラダイムが、私たちの「過去の」マネーのパラダイムと同様に、置き換えられていることを付け加えよう。それらは共進化していて、ここでその関係性を探求するためにちょっと脇道にそれたいと思う。

アイデンティティは進化する

アイデンティティを新たに理解することは必要不可欠だし最終的には避けられないことだが、その理解がなんなのかは、テクノロジーとパラダイムの複雑な共進化によって異なる。ほんの数年先でも、これらがどのように共進化していくかを予測するのは難しい。技術屋たち（私もそのひとりだ）は新しいテクノロジーの普及速度を過大評価するが、それが社会に与える長期的影響は過小評価しがちだ。言い換えれば、新しい形のアイデンティティがマスマーケットを再形成するには私のような人間が予期するよりも実際はもっと長くかかるが、実際にそれが起こったときに社会に与える影響は、『デイリー・テレグラフ』紙のウェブサイトにログインするのが簡単になるという以上にずっと大きい。もっと言うなら、数年後より先へと目を向けると、新しいテクノロジーがもたらす社会的変化は、想像もつかないほどのものになるはずだ。

これは、ずっと前から変わっていない。たとえば1988年4月3日付の『ロサンゼルス・タイムズ・マガジン』は、2013年の暮らしを予想した記事を載せている。そこには今のロサンゼルスの暮らしを思い描いたありとあらゆる突拍子もない意見が載っていて、中には超音速ジェットでの移動やタバコを吸う人々など、想像を絶するような妄想も含まれていた。だが読むには楽しい記事だし、昔の人が考える未来の真の精神に免じて、筆者たちが間違えた予想を笑うのではなく、なぜ間違えたかを考えてみることをお勧めしたい。たとえば、記事の中にあるこの話で、何が間違っているだろう？

ビルは、夕食に客を招くことを話したくて妻に連絡を取ろうとしている。家でも会社でも妻を捕まえられなかったビルは……

私の妻が私に連絡を取ろうとして最後に自宅や会社、あるいはそれを言うならどこかの固定電話に電話をかけたのは、もう10年以上も前の話だ。私に用があるなら、私がいるかもしれないどこかではなく、私に電話をかけてくる。携帯電話は公衆電話ビジネスを変えただけではない、コミュニケーション・パラダイムそのものを変えた。コミュニケーションについて考えるとき、私たちが共通して思い浮かべる根幹のイメージを変えたのだ。

不均等

すばらしい小説『ニューロマンサー』（新しい経済についての独創的なフィクションだ）を書いたカナダ人作家であり「サイバースペース」という言葉の生みの親でもあるウィリアム・ギブスンが、「未来はもう来ている、ただ均等に行き渡っていないだけだ」と言ったのは有名な話だ。

彼が言いたかったのは、この世代の社会を形作るテクノロジーはすでに存在するが、ただ私たちがそれにまだ気がついていないだけかもしれないということだ。１９８８年から見たあの２０１３年の未来予想図に欠けていた主な要素のひとつが、携帯電話だった。だが、１９８８年にはもう携帯電話が生まれて10年は経っていた。ただ、携帯電話がどうなるかに気づいていなかっただけだ。

世代を超えて未来を予想することの問題についてコンサルト・ハイペリオンのフォーラムのひとつで発言した未来学者リチャード・ワトソンは、中心的な問題のひとつは、人々が生きているある種のデジタルバブルのようなものが、ある種の未来の「バルカン化」につながることだと語った(5)。テクノロジーが既存のビジネスモデルを脅かしかねない形で使われているかどうかを視界の片隅に捉えておかなければならないが、それは難しい。これを受けて、ウィリアム・ギブスンの精神で考えると、10年前から存在した携帯電話の技術がコミュニケーションの形を変えることをあの『ロサンゼルス・タイムズ・マガジン』の記者たちが予期できなかったのと同じように、今すでに生まれて10年以上経っているテクノロジーが今から20年後には世界中に普及しているかもしれない。それが旧来のビジネスを崩壊させて新しいビジネスを生むだけでなく、考え方にも根本的な変化を引き起こすだろう。

ソーシャルＩＤこそ新しいパラダイムだ

私は、そのテクノロジーが「ソーシャルＩＤ《アイデンティティ》」になるかもしれないと思っている。具体的に「ソーシャルメディア」だとは言わない。たしかに、ソーシャルメディアは驚異的な新技術をいろいろと使っていて、私たちはそれをありとあらゆる楽しい目的のために使えるが、ビジネスや商業、政府にとって脅威なのはソーシャルメディアがアイデンティティに対して何をするかだ。Facebook, LinkedIn, Twitter, Tumblr などはすでに、私たちのアイデンティティのパラダイムがどう代わっていくかを実証してみせてくれている。アイデンティティはファイリングキャビネットにしまいこまれたインデックスカードではなく、ネットワーク上に構築された概念になりつつあるのだ。

私たちは、すでにこのソーシャルネットワーク上のアイデンティティを、原始的な方法であるにせよ、ログインしたりウェブ上を見て回ったりするために使っている。じきに、それを「真剣な」ビジネス目的で使うことになるかもしれない。Facebook のＩＤを使って、イギリスの執行機関「ベネフィッツ・エージェンシー」にログインできてもいいのではないか？　私にとっては非常に便利だし、向こうにとっても便利なはずだ。ただ、現状ではベネフィッツ・エージェンシーはそのＩＤの持ち主が本当に私かどうかを確認することができない。「法的な私」をオンライン上で特定することができないし、Facebook にもそれができないからだ。

だが、識別と認証のテクノロジーが進化を続けるなかで、それも変わってきている。ソーシャルＩＤのセキュリティがもうちょっとしっかりしていたらと想像してみてほしい。この計算式を、より洗練されてより安全になったアイデンティティがどう変えていくかを想像できるはずだ。私が自分の銀行口座を使って

Facebookにログインすれば、Facebookは私がたしかに「デイヴィッド・バーチ」であることが確認できる。そしてFacebookのアカウントを使って、失業保険の申し込みをするのだ。こうなると、私たちはまったく新しい形のオンライン世界へと連れて行かれる。プライバシーが受身ではなく積極的に、暮らしの一部になる新しいオンライン体験だ。

作家ジョン・ランチェスターが、この変動を非常にうまく捉えている。私たちはいま、人類史上かつてないほど多くの人々と様々な形でつながっていて、それが「すべてを変えている。だからそれがマネーをも変えないとすればそのほうがおかしな話だ」(6)と述べたのだ。アイデンティティが大きく変わりつつあるのは私の目には明確で、マネーが同じくらい大きく変わりつつあることも見えている。それも、同じ技術変化のためにだ。この二つの傾向が融合しているので、取引に必要となるのは私たちのアイデンティティに付随する評判《レピュテーション》だけということになる。ここで私が語っている技術変化はソーシャルネットワークと携帯電話の進化を核とするものだが、ここに注目しているのは私ひとりなどではもちろんない。これはプライバシーとセキュリティの両方を強化することができるアイデンティティのインフラを構築してくれる。妥協はしなくていいのだ。

アイデンティティと評判とマネー

これらの傾向が融合するなかで、アイデンティティの変化とマネーの変化をつなぐものはなんだろう？一言で言ってしまえば、信頼だ。信頼に基づく世界では、経済的変化に信頼を生むのは規制ではなく評判だ。(7)「ソーシャル・グラフ（私たちのソーシャルＩＤのネットワーク）」が交換、管理、交流の中核となるのだ。

遠い昔、私たちは今と同じようなソーシャル・グラフで定義されていた。[8] ＩＤカードや信用照会機関、取引履歴はいっさいなかった。そのような信用証明がなかった時代、あなたの評判はあなた自身だった。拡大家族や一族という小さな社会集団内での評判の管理・維持は、文明が進歩して貿易が拡大して繁栄がもたらされると、拡張できなくなった。だが、複雑に関係が絡み合った未来では、ソーシャル・グラフがかつての地位を取り戻すのではと疑う十分な理由がある。これから見ていくが、それが特定の人物のもっとも信頼できる、確実な特徴だからだ。ここが、マネーとのつながりが形を持ち始める地点だ。

強引じゃないかって？ 私はそうは思わない。１６９６年、イングランドには現金は存在せず、「信頼なしで管理されている取引はない」[9]という状態だった。信頼さえあれば、現金はいらない。それは、アイルランドの銀行ストライキの例が示した通りだ（第８章参照）。現金が不在になったときも（すぐに底を突いてしまったからだ）、経済は崩壊しなかった。個人小切手や借用証書が流通可能な交換媒介物となったからだ。当時、アイルランドには小売店が１万２０００軒、そして（こちらのほうが重要かもしれないが）取引サービスを提供するパブが１万１０００軒あった。この出来事についてのアントワン・マーフィーの見事な著書では、このように描かれている。[10]

> どうやら、これらの小売店やパブの店主たちは、顧客に関して相当な量の情報を持っているようだ。結局のところ、誰かに何年も酒を提供しながら、その酒代の出所について何かしら知らずにはいられないものだ。

アイデンティティや身分証は、創るのも壊すのも簡単だ。だが、評判は崩すのがもっと難しい。誰かひとりがどう思うかではなく、みんながどう思うかによって評判が形作られるからだ。評判は、交流の健全な基盤となる。人は他人の評判に基づいて判断を下し、自分の評判を守るために良い行動を取る。[11]　１９７０年代のアイルランドで、地元のパブで誰かに成りすますことはほぼできなかっただろうし、その結果、ソーシャル・グラフが必要なインフラを提供できたことになる。店主は誰の信用証書が有効で誰の信用証書が有効でないかを知っていて、その記憶の代わりに代金を受け取る必要はなかったのだ。

ほら、また階級を持ち出した

２０１３年について昔の『ロサンゼルス・タイムズ・マガジン』が載せた未来予想を覚えているだろうか？　その記事には、現金を引き出すためにＡＴＭに行く話も載っていた。

バンを停めると、アルマはビルのロビーに設置された自動預払機で現金を下ろそうと寄り道をした。ＩＤ番号を入力し、親指を画面に押しつける。何回か試してようやく機械が指紋を認証し、現金が彼女に払われたことを証明するバーコードつきの20ドル札を2枚、吐き出した。

最後にアメリカに行ったとき、私は支払をすべてカードと携帯電話ですませた（スターバックス、電子決済サービス「レベルアップ」、グーグルウォレット）。なのに、テクノロジー情報サイト『ギズモード』が２０１２年に掲載した近未来について論じた記事[12]によると、このような主張がなされている。

プラスチックのクレジットカードやデビットカードが今後数年で完全にモバイル決済システムに置き換えられるかどうかについては、議論が続いている。だが、２０３０年でも私の息子は現金入りの財布を持ち歩いているだろう。未来になってもまだ、紙と金属のマネーを私たちは使っているからだ。

これを受けて私が推測するのは、マネーの取引ロードマップには社会階級の要素が入っているかもしれないということだ。ひょっとすると、あと四半世紀もすれば中流階級は現金を放棄していて、周縁の人々や貧困層にしか現金が使われなくなっているかもしれない。これはかなりありそうな状況だが、そんな未来が訪れるとは、私は思わない。かつて携帯電話として知られたデバイスは、支払を受け取るだけでなく支払うこともできるもので、それが現金の代わりとなるからだ。

小切手の処理が10年以内になくなるだろうという予言に対する英マスコミの反応は、興味深い。「家政婦のおばさんにどうやって賃金を支払えばいい?」とは、『デイリー・テレグラフ』紙に掲載された、変化に向けて乗り越えられない壁の典型だ。これは、携帯電話について1980年代半ばに聞かれた意見とまったく同じように思える。あのころは、「だって、外にいるときに電話がしたかったら、公衆電話を使えばいいじゃないか」といったような意見が聞かれた(いちおう言っておくと、私はうちの家政婦さんには銀行のモバイルアプリで支払っていて、そのマネーは残高が十分であれば銀行間システムを通じて送られる)。

世間は、プラスチックカードがいずれ現金を置き換えていくと考えていたが、そうはならなかった。みんなにカードを発行するのはとても簡単だったが、そのカードを受け付ける端末を誰もが使えるようにするのは実現不可能だったからだ。この力学を大きく変えたのが、携帯電話だった。プラスチックカードと、それを受け付ける端末の両方に代わることができたからだ。そして本当に破壊的な影響を受けたのは、後者だ。

合札は、繰延支払の仕組みを価値の貯蔵手段に変えた。小切手は、価値の貯蔵手段を交換媒介物に変えた。金本位制は、安定した会計単位をもたらした。これらのいずれも、自然の法則で生まれたものではない。テクノロジーによる後押しと、社会による牽引のおかげで生まれたものだ。

現在、私たちは合札で実験を繰り返す中世の裁判所や、工業時代以前の交換媒介物によって身動きが取れない工業化途上のイングランドと同じ立場にあると思う。中年の更年期障害を引き起こしている。パラダイムの不一致が、そこにはあるのだ。マネーは居場所をなくし、孤立し、理解されずにいる。私たちは硬貨の概念や紙幣の制度を用いて新しい経済のマネーをもたらそうとしている。クリスティン・デサンが呼びかけたマネー再構築の議論を始めるときが、いま来たのだ。

13

暗号化を当てにする

純粋にピアツーピアの電子現金は、金融機関を経由せず、オンライン決済を一方から他方へと直接送ることを可能にする。

――「サトシ・ナカモト」２００８年

マネーの象徴的テクノロジーがプラスチックカードだと先に述べたが、現在、未来の象徴的マネーは暗号通貨であるらしい。ビットコインに対する関心の広まりに後押しされ、多くの人々がビットコインの概念に目を向けて暗号通貨――コミュニティ内における信頼ではなく、暗号化に依存するマネー――が新たに生まれつつあるマネーの特徴になるのかどうかを見極めようとしている。もちろん、ビットコイン以外にも暗号通貨はあるし、これから生まれる暗号通貨もある。[1] だが、ビットコインをケーススタディとして見るかぎり、情勢は決定的ではないようだ。世界トップクラスの暗号作成者でデジタル通貨の先駆者のひとりでもあるステファン・ブランズは、ビットコインを「うまくできている」と評し、けなすのは気が進まないと言いながらも、根本的には初期参入者《アーリーアダプター》だけが得をする「ピラミッド構造」のようになっていると説明した。[2] これは、金融市場のほかの観測筋も口にしている批判だ。[3]

これが真実であるかないかはともかく、ビットコインが少しでも使われていることを示す明確な証拠は（マスコミがどれほど注目していようとも）存在しない。ビットコインをめぐる世間での議論は、一番初めのころから、支払システムの匿名性（とされているもの）に注目し、それがブラックマーケットでの購入に使われる可能性を懸念している。[4] だがビットコインのシステムを連邦準備制度理事会が詳細に分析したデータによれば、そもそも商品やサービスの支払にはほとんど使われていないそうだ（銃やドラッグの支払はもとより）。そして、ビットコインの流通パターンと為替レートの動きは小売取引目的でのビットコインの使用率の低さと整合的であることもわかった。[5] 関心は広まっているが、ビットコインは支払の「現実世界」ではあまり勢いづいているようには見えない。

なんだって？　ビットコイン？

ビットコインは分散型の、ピアツーピアの交換手段だ。ビットコインを持っていたら（単なる数字の羅列だが）、そのビットコイン（あるいはその一部）を誰かに送ることができる（ビットコインの仕組みを知りたかったら、手始めに読むべきなのはこれについて最初に書かれた論文『ビットコイン——P2P電子マネーシステム』だ）。私は暗号化の専門家ではないが、生成するのは難しいがコピーするのは簡単なビットの羅列を生み出し、取引にはデジタル署名を使う、という計算的に困難な手法を用いるという基本的な考え方に、疑問を唱えるべき理由は見当たらない。私が自分のビットコイン（数字の羅列）を誰かに送りたかったら、その羅列に私のデジタル署名を追加して送ればいい。取引がおこなわれるたびに、（実質的に）みんなにそのビットが今は誰のものかが伝わるという仕組みだ。これに一番近いたとえは（私の前著で用いた例だが）、ミルトン・フリードマンが説明した南太平洋に浮かぶヤップ島の石貨だ。(6) マネーとして使われた巨大な石の塊は実際にはどこにも持ち運びされなかった。みんな、それが今は誰のものなのかをただ覚えていただけだ。

どうして、みんなビットコインを使うのだろう？　主な理由は三つあるように思われる。まず、安価で取り消し不可能なオンライン上の交換媒介物が求められているということ（21世紀の現金だ）。次に、匿名で代替可能な交換媒介物が求められているということ（21世紀の硬貨だ）。そしてさらに、政府がマネーをきちんと管理できると思えないから、政府の絡まない通貨が求められているということ（21世紀の価値の貯蔵手段だ）。

さて、過去に最初の二つの条件を満たすグローバルで分権化されたピアツーピアの交換媒介物を生み出そうとする取り組み「モンデックス」に携わった人間として、私は必然的に、ビットコインがどう発展していくかに関心を持っている。その目標の多くについては、率直に同感だ。オンラインの世界における「無摩擦《フリクションレス》」な交換手段は取引の新時代を後押しし、それが転じて繁栄をもたらすと私も信じているからだ。送金がビットの移転だけで成立する事実上無摩擦なシステムの中で、克服するべき一番の問題は「二重支払」だ。たとえば、私が誰かにいくらかの価値（ビット）を送ったとする。その誰かは、私がその価値（つまり、そのビットのコピーを別の誰かにもう送っていないかどうか）どうやって知ることができる？　この問題については、１９９０年代に2種類の異なる解決策が模索された。

●通常考えられる解決策は、今も使われているが、中央登録制度を用いることだ。

●モンデックスが提案した解決策は、残高を保存する、不正防止機能つきのハードウェア（スマートカードのチップ）を使うことだった。

ビットコインの解決策は、ネットワーク中に取引履歴を配布することだった（つまり、どのノードも、すべての取引を認識できるということだ）。ビットコインを送ると、受け取り手がそれを使えるようになるまでには数分かかる。ネットワークが更新されるまで待たなければならないからだ。これは、コンセンサス（合意）が調整できていればうまくいく（でなければ、各ノードは取引の順番がわからなくなってしまう）。ビットコインは「プルーフ・オブ・ワーク（仕事の証明、ＰｏＷ）」と呼ばれるよくできた数学的な奥の手を使って、このコンセンサスを覆すのをとてつもなく難しくしている。

どの解決策が一番いいだろう？　それはこの章の主題ではないが、私に言わせれば、中央登録制度と不正防止ハードウェアの組み合わせだろう。これなら少額支払（たとえばエムペサ）はすばやく決済される。特定の環境ではオフラインで機能するように拡張できれば、なおいい。

第9章で述べたように、私は大衆が求めているのは匿名性ではなく、プライバシーだと思っている。私が財布をなくしたら、マネーを取り戻したい。だから私は旅行のときには現金よりもプリペイドカードを持っていくほうを好むのだ。最近、このマネーを取り戻すという行程を実際に体験した。息子がスペインへ修学旅行に行くのでプリペイドのユーロカードを持たせたのだが、まだ70ユーロ残っている状態でなくしたのだ。カードを使うには暗証番号が必要で、券面に名前が書いていない以上オンラインショッピングにも使えないから、ほかの人間には価値がない。おかげで、私は自分のマネーを取り戻すことができた。個人的には、これが新しい経済で理解される現金に近いと思う。すべての支払を追跡し、調査するのは経済的には現実的ではない（計算上は可能だが）。だが何かがうまくいかなくなったときには、修復が可能だ。そして私が違法な目的でカードを使ったら警察が礼状を取って、カードの発行会社が当然のように私を突き出すことになる。
支払に関して無条件の匿名性が約束される社会で暮らしたいかと訊かれたら、私はわからないと応える。悪いやつらが罰も受けずにのさばるのは嫌だ。だが、自分がおこなうどれほど小さな取引でもいちいち企業やマスコミ、政府に探られるのも嫌だ。だから解決策は、プライバシーが組みこまれた支払システムであるべきだ。プライバシーがデフォルトで、取引情報を公開するには法的手続きが必要になるようにしておいてほしい。

全速前進

1938年にマラード号が機関車の世界最速記録を打ち立てたとき、その動力は蒸気機関だった。だが、その2世紀前の1712年に商業利用が始まったトマス・ニューコメンの「大気圧機関」とはかなり違った蒸気機関だった。暗号通貨は実際、未来のマネーになるのかもしれない。だが、それがビットコインになるとは限らない。

ただし、ここには大きな違いがひとつある。ビットコインはオープンだが、蒸気機関は特許によって隠されていたので、発展が遅れた。歴史が与える教訓は明白で十分研究されている。それは、蒸気機関技術が特許で徹底的に守られていたために、技術革新が亀の歩みになってしまったということだ。ボルトンとワットは、水を汲み上げるのに使われた非効率な蒸気機関を、産業革命の原動力となる効率的なエンジンへと変身させる決定的な発明を生み出した。分離凝縮器だ。彼らは1777年にこの技術の特許を取り、1808年に特許が切れるまでは蒸気機関の設計には事実上まったく革新がもたらされず、稼働しているエンジンの効率もほとんど向上しなかった。その結果、性能向上率は年間平均4%にも満たなかった。特許が切れた途端にその成長率は倍以上の年平均８・５％になり、飛躍的な成長がもたらす相乗効果で性能は爆発的に向上し、エンジンに車輪をつけて人を乗せられるまでになったのだった。

競争を特許で抑えこんだのはワットだけではない。より良いエンジンを発明しようという彼自身の努力も、同じ理由で阻害された。ジェームズ・ピッカードの特許が１７９４年に切れるまで、より効率的なピッカード式（回転運動を変換する仕組み）が使えなかった。[7]

この余談の要点はつまり、ビットコインが鉱山から水を汲み出すポンプのようなもので、ブロックチェーンはそのためだけに発明されたニューコメンのエンジンのようなものだということだ。悲しくなるくらいに効率が悪いが、そのたったひとつの仕事（蒸気機関の場合は水を汲み出すこと。ビットコインの場合は検閲防止機能）だけはうまくやれるために受け入れられている。ただ、いつか誰かがもっといい共有台帳技術を発明し（覚えているだろうか。今はビットコインのブロックチェーンが唯一の技術だ）、その副産物としてまったく新しいビジネスを生み出すだろう。そのうえ、特許によって苦しめられることもないので（アメリカの特許庁が共有台帳の些末で明確な用途についても特許を出すほど愚かでないかぎり）、進歩は速いはずだ。

したがって私から見ると、暗号通貨が主流になる可能性は十分にあるものの（これについてはのちほど議論する）、ビットコインがそうなるという話にはならないように思える。

ビットコインはマネーか？

国際通貨基金（ＩＭＦ）自身が示唆していることだが、歴史と経済の理論はおおむね、競争力のある民間の制度よりも、公的機関による通貨の供給をおこなう通貨制度を支持しているようだ。そして、過剰生産になることなく民間銀行が通貨を供給した例があることに触れつつも、公的なマネーのインフレの状況は（Ｉ

MFの言葉によれば）「まちまち」だとも述べている。(8)

IMFは、ビットコインのような通貨は現時点で、マネーが担っている経済的役割を果たしきれてはいないと結論づけている。まず、ビットコインはその変動性のため、信頼できる価値の貯蔵手段ではない（もっとも、時間が経てば変動性が価値の貯蔵手段として容認可能なレベルにまで下がると私は個人的には思っているが）。次に、交換媒介物としての使用もきわめて限られる。広く使われていることを示す数字も、私の解釈では主に投機として使われているだけだ（小売での使用は非常に少なく、これから伸びていくかどうかも私からすればあやしい）。そして、ほかの通貨を測るための独立した会計単位として使われているようには見受けられない。これらの点をまとめると、ビットコインを経済的観点から見ると、マネーではなく、特定のデジタル商品のひとつとしてとらえるほうがわかりやすい。

規制当局のガイダンスは混乱をまねく。チャールズ・エヴァンスは、ビットコインを複数の相に分類し、それぞれの相が異なる要素に向いていることが問題だと述べている。(9) エヴァンスいわく、規制当局は私たち（つまり、社会）にどうすればいいか自ら考え出させてから適切な規制の枠組みを構築するという放任主義的な手法を選ばず、規制対象の一部分を中心に監視して、ビットコインのような新しい手段を、自分たちがコントロールできる既存の区分に無理やりあてはめて見ているそうだ。暗号通貨（IMFが言うところの「バーチャル通貨」）に対する包括的な観点や理論的な規制上の位置づけは存在しない。エヴァンスはさらに、興味深い意見を述べている。これは、テクノロジーとマネーとの関係についての非常に根本的な点を浮彫りにする意見だと私は思う。交換媒介物、価値の貯蔵手段、会計単位、価値の尺度としてのマネー従来の機能はそれぞれ切り離すことができ、それぞれの機能を異なる手段で実行することができるという考え方だ。

これは私の考えを定義づけるものでもある。私が電子マネーについてクライアントのために書いた最初の報告のひとつはもう数十年も前のものだが、テクノロジーによってこれらの機能は切り分けることができ、それぞれを異なる方法で実行できるようになるはずだと私はそこに書いた。よりつながった世界でまたひとつ、「バック・トゥ・ザ・フューチャー」の例だ。ロンドンの若者向けデジタル普通預金口座「Loot（ルート）」を交換媒介物にしたり、イスラムの電子ゴールドを価値の貯蔵手段にしたり、米ドルを繰延支払の仕組みにしたりするのは奇妙な気がするが、携帯電話を使うのは気にならない。マネーが「特定の歴史的制度」であると述べたマーヴィン・キングの論点に立ち戻ると、[10] 技術変化が続く中、マネーが今と同じように機能し続けなければならない理由はどこにもない。まともな考えの人なら、誰もそんなことは期待しないだろう。

ビットコインはマネーの未来なのか？

ビットコインが今のマネーではないのなら、未来のマネーにはなるのだろうか？　私はそうは思わない。ビットコインはマネーの未来ではないし、マネーの未来はビットコインではない。ではなぜ、これほど関心を集めているのだろう？　合理的な推測をするなら、ビットコインへの関心は変化に対する潜在需要の現れであって、都合良く考えれば現在の通貨構造についての議論を生み、そこに注力させてくれるものだ。[11] だから関心の大部分はビットコインだけに向けられたものではなく、私に言わせれば、この40年間続いてきた、国が発行する利付き法定不換通貨によるシステムに代わるものの実現性に向けられているのだ。その関心が未来のマネーに社会が何を求めているのかという議論を活性化させるのに役立つのなら、それはとてもいいことだ。だが、だからといってその過程で生まれるかもしれない要件をすべてビットコインが満たせるということにはならない。

脱工業化経済には、新しいマネーが必要だ。現体制の代表たちが編み出したものではなく、SFの想像の世界にあるような銀河系共通の単一通貨でもない（ドイツとギリシャでも単一通貨を創ることができないのだ、ガニメデとガンマ・ケンタウリで創れるわけがない）。何千、何万もの通貨が生まれるだろう。

その他の暗号通貨

ビットコインのほかにも暗号通貨は生まれ、それはビットコインよりもすぐれている（もっと強力で、もっと効率が良い）だけではない。デジタル通貨を立ち上げるコストが下がるので、もっとたくさんの暗号通貨が生まれるだろう。暗号通貨についての長ったらしい説明に入ることはしないが、巷に登場した最新の暗号通貨をいくつか紹介して、どれだけの可能性が広がっているかを感じてもらおうと思う。

イーサリアム Ethereum

これはブロックチェーンを使うという点でビットコインに似ているが、共有台帳アプリケーションのよりすぐれたプラットフォームを提供することを目的に構築されたものだ。こうしたアプリケーションを使うもっとも興味深いユーザーは、「自律分散型組織 Distributed Autonomous Organization（DAO）」だった。DAOの一般的な概念は数年前、組織の分散化理論から生まれて（ウィリアム・ムーガヤーが言うところによれば）暗号通貨技術と信頼ベースの自動化技術によって加速化されたものだ。[12] だがここで言うDAOは、新種のビジネスとして創られたものだった。投資家主導の投資ファンドだ。2016年6月、ソフトウェアの脆弱性のために攻撃者がファンドの3分の1かそこらを子会社へ移してしまったという事件が、貴重なケーススタディを提供してくれた。

事件を受けて起こった議論は、非常に興味深かった。一方には「法典」派がいて、投資家が潔く罰を受けるべきだと主張した。もう一方には「実際」派がいて、取引を取り消すべきだと主張した。ブロックチェーンはさかのぼって編集することができないので（そもそもそういうふうに創られたものだ）、取り消しはブロックチェーンを「枝分かれ《フォーキング》」させて新しいチェーンを作ることで対応できる。そこでこの処置が取られたが、少数とはいえかなりの数の参加者がこの判断は間違っていると考え、もともとのブロックチェーンを「イーサリアム・クラシック」と呼んでこちらでの取引を続けた。

いまこの本を書いている時点で、イーサリアムの「時価総額」はイーサリアム・クラシックのそれよりもはるかに高い。

リップル Ripple

ビットコインとイーサリアムに注いで3番目に大きな暗号通貨は、リップルだ。最初の二つとリップルの違いは、もともとが地域交換取引のシステムに基づいているという点だ[13]。共有台帳を使う価値の交換プロトコルではあるが、ビットコインのようなブロックチェーンは使わず、「ビザンチン耐障害性コンセンサス形成プロセス」と呼ばれる別の種類のプロセスを採用している。リップルは参加者がネットワーク上でおこなうすべての取引に、デジタル署名でサインをする。各ユーザーは「ユニークノードリスト」と呼ばれるリストを選ぶ。これは、そのユーザーが「検証ノード validating node」として信頼しているほかのユーザーの一覧だ。それぞれの検証ノードはネットワーク上でおこなわれようとしている取引をすべて個別にチェックして、それが有効かどうかを確認する。取引上に正しい署名、つまり資金の所有者の署名があって、取引を成立させるのに十分な資金を参加者が持っていれば、その取引は有効だ。取引が有効であるとノードが判断したら、その取引を最新の台帳に含めるよう「投票」する。ノードの大多数（この場合、80％以上）が取引成立に投票しなければ、システムは取引を拒否し、アップデートされた台帳には反映されない。[14]

面白いことに、リップルの合意アルゴリズムは「許可」のプロセスにかなりの柔軟性を持っていて、取引の立ち上げ者にはまったく許可が要らないアクセス（ビットコインのそれに似た公共の台帳を立ち上げる）という選択肢を与えている。あるいは、参加者が新しいパートナーを信頼したり、既存のパートナーへの信頼を取り消すこともできる。そうなると参加者たちは、「コンセンサス・クォーラム」に誰を入れたいかを選ぶことができる。[15]

リップルは消費者よりむしろ銀行を相手にしていて、支払、送金、国際取引の有効な仲介者として自らを位置づけている。自前の暗号通貨「ザ・リップル（XRP）」を使って支払をおこない、ユーザーにはデジタル署名による台帳の更新をさせ、合意にあたってどのユーザーを信頼するかしないかは、ユーザーの判断に任せている。

Zキャッシュ Zcash

この本を執筆している2016年末現在、一番の新顔は「Zキャッシュ」だ。これは完全な匿名性という秘伝のソースを追加した暗号通貨で、多種多様な不正目的で「サトシ・ナカモト」のシステムを使おうとした人々を困らせた仮名性とは一線を画している。Zキャッシュの生みの親が主張するところによれば、これは代替可能性など、現金の特性を持っているから真の意味での電子現金なのだそうだ。

Zキャッシュには、電子現金をしまっておくための2種類の電子財布がある。「透明」と「シールド」だ。

透明なウォレットでは、そこに出入りする金額がビットコインと同様、ブロックチェーン上で見えるようになっている。だがシールドウォレットを選ぶと、取引は共有台帳では見えなくなる。そして資金の送り手と受け手の両方がシールドを選べば、取引の金額も暗号化されるというわけだ。

取引は、当事者たちが暗号化による保護を「選択的に緩める」ことをしなければ、秘密のままだ。極秘の取引がマスマーケットでどれだけ人気を集めるかについて私は懐疑的だが、だからといって作り手が見当はずれだとは思わない。ある程度のプライバシーを提供する電子現金システムは、匿名性の高いインフラ上に構築されなければならない。逆は無理だ。にもかかわらず……本当の意味で匿名のインフラは不正行為の機会をふんだんに提供することになり、この不正行為が社会全体にとって大きな害となるかもしれない。そうするとどうなるのだろう?

この問題について考えようとすると、私たちが思い浮かべる取引の形に矛盾が出てくるような気がする。私たちは自分がいい人間だと思っているから、取引は匿名であるべきだと考える。だが他人に関しては、もしかしたら犯罪者かもしれないから取引を追跡し、さかのぼり、監視できるようにしておきたい。児童ポルノ製作者やテロリストが匿名の電子現金を手に入れるのはもちろん嫌だが、自由の闘士や抑圧された少数派には電子現金が使えるようにしてもらいたいのだ。

では、この矛盾をどうやって解決すればいいだろう? 第9章に書いたことだが、ひとつの方法としては、匿名の現金を使うのは主に犯罪者であると社会が考え、それを持っているだけで犯罪性の推定的証拠とする、というものだ。個人や企業、政府は基本となる匿名通貨は使わず、それを基盤に創られた、プライバシーを強化するタイプのマネーを使用すればいい。

取引の当事者が取引を見えるようにするかしないか選べるという考え方は興味深いが、研究がまだ不足している。Zキャッシュが成功するかどうかはわからないし、私にはそれを判断できるだけの知識がないのだが、その一般原則がなくなることはないように思えるし、匿名の電子マネーの誕生に際して必要となる制度や構造についての検討がより急がれる。

デジタル法定通貨

どの暗号通貨が成功しようが失敗しようが、「ブリットコイン」が生まれることはないと私は思う。中央銀行が創るデジタル通貨で重要なのは残高と、口座間で価値を移動するための適切な民間のプロトコルだ。私の予想では、これはポンドと1対1の関係にあるブロックチェーンの暗号通貨よりは、リップルとエムペサを足して2で割ったようなものになるのではないだろうか。このようなデジタルの法定不換通貨は、理に適っているだろうか？　私はそう思うし、イングランド銀行も思っている。これについての研究で、このように語っているからだ。(16)

我々は、中央銀行デジタル通貨（CBDC）、すなわち、どこからでもアクセスできる利付きの中央銀行負債を発行し、分散型台帳を通じて運営し、交換媒介物として銀行預金と競合させることによる、マクロ経済的な影響を研究した。金融危機前のアメリカに合わせて調整したDSGE（動学的確率的一般均衡）モデルでは、国債に対してGDPの30％にあたるCBDCを発行した場合、GDPは最大3％の恒久的な上昇を見せる可能性がある。これは実質金利の低下、税による歪み、通貨取引コストの低下のためである。反循環的なCBDC価格や量に対する規制を二次的な金融政策手段として講じることで、ビジネスサイクルを安定させる中央銀行の能力を著しく改善することが可能になる。

私は、この研究者たちの考察には説得力があると思う（と言っても関連する経済理論についての私の知識は限られているのだが）。そして、技術的観点から、私も同じような結論に達した。経済的観点からのイングランド銀行の考察が技術的観点からの私の考察とあまりにも似通っているので、この概念にはある程度の有効性があるに違いないと私は考えている。そこで、迫りくる変化についていくつか意見を述べておきたい。

中央銀行が発行する国家デジタル通貨（つまり、デジタル法定不換通貨）による通貨体制は、今まで世界のどこにも存在しなかった。その大きな理由は、それに実現性と回復力を持たせるためのテクノロジーが今まで存在しなかったからだ。

民間デジタル通貨の貨幣的側面（外生的にあらかじめ定められたマネーを供給する競合通貨）は、政策決定者から見れば望ましくはない。また、「デジタル通貨」というのも、あまり知識がない読者に数々の誤解をもたらしかねないという点で、ちょっと残念なネーミングかもしれない。

デジタル法定通貨は中央銀行が国の通貨建てで利付きのバランスシートへのアクセスをいつでもどこでも、電子的に許可するということだ。イングランド銀行は、取引残高の大部分が商業銀行への預金として保有され続けるだろうと予想し、デジタル通貨は共有台帳や分散型台帳、ブロックチェーンとはいっさい関係ないと（私も先ほど述べたように）考えている。

このようなシステムを運営する一番コストのかからない方法は間違いなく、完全に中央集権化した構造だ（ケニアのエムペサがわかりやすい例だ）。だが、イングランド銀行が指摘しているように、これに付随する回復力低下のリスクは、容認不可能と判断される可能性が高い。ただ、分散型ではあっても許可制の選択肢は決済の効率を向上させ、現状よりも回復力を向上させる。このどちらも、現実経済にコストの低下をもたらす。

こうしたシステムの大きな特徴は、取引の全履歴がすべての検証者に見えるようになっていて、さらには一般大衆にも、リアルタイムで公開される可能性がある。そうなると政策決定者には膨大な量のデータが提供されることになり、特定の政策変更に対する経済の反応がほぼ即自的に確認できるようになる。デジタル法定通貨に対するまともな反対意見は、私に言わせれば、存在しない。じゃあやってしまおう。そして、銀行システムの台帳に記録する通貨の種類には、制限を設けないようにしよう。

ブロックチェーンがやってきた

そのような台帳は、どんなものになるだろう？　少なくとも金融業界で生まれつつある総意は、ビットコインの基盤となっているテクノロジーであるブロックチェーンが業界を混乱させるというもののようだ。[17] ただ、評論家の多くも、それがどうやって起こるかはさっぱりわかっていない（それを言うならなぜ起こるかもわかっていない）。メラニー・スワンは、仮にブロックチェーン業界が構築したインフラがすべて失われたとしても、その遺産はずっと残る可能性があると推測している。[18] これは、ブロックチェーンが金融サービスをどう編成するかについての新たな、もっと大規模な考え方を提供したからだ。スワンやほかの評論家たちも言っているように、分散型モデルを進めるべき強い理由がある。「分散型は機が熟したアイデアだ」と言って、インターネットを共有台帳などの技術を受け入れる新しい文化的テクノロジーとみなしたスワンの意見はたしかに正しい。ブロックチェーンは、すでに述べたように、共有台帳を持つ唯一の存在だ。そして、ビットコインのブロックチェーンは非常に独特な形で機能する。これは破壊的革新に向けて共有台帳を編成する最善の方法ではないかもしれないし、私の意見では、共有台帳テクノロジーの破壊的影響力が社会に最大の利益をもたらす方向を指しているとも思えない。

共有台帳

共有台帳テクノロジーへの関心は、ブロックチェーンへの関心が高まるにつれて再燃してきた。ブロックチェーンは特定の分散型共有台帳テクノロジーで、ビットコインの基盤となっている。[19]そして、これは誰もがコピーし、アクセスできるが、巧妙な設計により取り消しはできない、コンセンサスの取れたデータベースだ。誰もさかのぼって変更することができない、取引の恒久的な記録なのだ。ブロックチェーンを特殊な共有台帳たらしめている主な特徴——そして開発者やその支持者にとってとりわけ魅力的な特徴——は、それが分散され、公的あるいは透明で、タイムスタンプが押され、永続的で、検証可能であるということだ。[20]だが、ブロックチェーンは共有台帳の一種にすぎない。ここでちょっとブロックチェーンを脇に置いて、正しい概念でブロックチェーンを捉えることができ、技術屋と金融サービスのアイデアマンたちに情報をもたらすこともできる、共有台帳テクノロジーの視野を構築してみよう。

共有台帳は市場の今と、その今に至るすべての取引を見るためのツールだ。ネットワークや保存における技術的進歩により、市場の全参加者が全取引の情報をコピーし、適切なときにはコピー間の不一致を解決することができるようになった。コピーは複数の市場参加者が持っているため、エラーや不正で実際に矛盾が生じた際にはどのコピーが正なのかを見極める仕組みが必要だ。これが「コンセンサス・メカニズム」と呼ばれるもので、その内容は台帳の種類によって異なる。

共有台帳が現実にはどのように機能するかを見る簡単な方法は、共有台帳の基本構成要素を見ることだ。それを四つのレイヤーに分けて、表13－1に示した。これはコミュニケーション、コンセンサス、コンテン

表 13-1　共通台帳レイヤー「4C」

レイヤー	機能	理由
Contract（コントラクト、契約）	変更不可能な記録をどうやって活発化できるか？	イノベーション
Consensus（コンセンサス、合意）	取引の変更不可能な記録にどうやって合意を得るか？	整合性
Content（コンテンツ、内容）	取引の内訳は何か？	柔軟性
Communications（コミュニケーション、通信）	取引を適切な事業体にどうやって広めるか？	頑健性

ツ、そしてコントラクトの各レイヤーで、それぞれにデータベースではなく共通台帳を使うべき主な動機がある。

これらのレイヤーが現実には何を意味するのかを示すために、簡単なケーススタディを紹介しよう。例に取り上げるのはイングランド銀行。市場・銀行担当副総裁ミヌーシュ・シャフィクが２０１６年初頭に支払システムの見直しについておこなった講演で、共有台帳テクノロジーについてこのように述べていた。[21]

ひとつの中央当局（中央銀行、手形交換所、証券保管期間など）の台帳で決済がおこなわれる代わりに、強力な暗号化と検証のアルゴリズムによって「台帳に参加する」誰でもがその台帳のコピーを持つことができるようになり、より幅広い仲介者の集団にその台帳の管理と更新をおこなう権限を分散して与える。

だが、イングランド銀行がどうしてこんなことをしたがる？　市場参加者も、どうしてこんなことをしたがる？　シャフィクは本書ですでに説明したイギリスの即時グロス決済 Real-Time Gross Settlement（ＲＴＧＳ）の概念について語っていたのだ。数年前、この重要な国家インフラがちょっとしゃっくりを起こして、ダウンしてしまった。状況があまりにも深刻になったため、イングランド銀行総裁マーク・カーニーが独自の見解を出し、イギリスの銀行支払システムにおける破綻としては7年ぶりに起きた最悪の事態だと述べた（この破綻は、コンピューター決済システム「CHAPS」が9時間以上ダウンしていたというものだった。イングランド銀行はもっとも重要な支払から手作業で処理していかなければならなかった）。

ここまでくれば、イングランド銀行のように思慮深く、保守的で、現実的な機関が共有台帳テクノロジーについて検討し始めた理由がわかってきただろうか。ブロックチェーンもビットコインも、プルーフ・オブ・ワークも採掘《マイニング》も必要ない。では、何が必要なのか？　表13－1の四つのレイヤーを見てみれば、イングランド銀行がなぜ関心を持つのかが、どのレイヤーでも納得できるのがわかるはずだ。

頑健性

仮に、すべての銀行がRTGSゲートウェイを持っているが、実際のRTGSシステムは持っておらず、副総裁が言ったように、台帳しか持っていなかったとしよう。どのゲートウェイにも、台帳の完全なコピーがある（イングランド銀行だって持っているのだ！）。その台帳には、取引参加者の残高が記載されている。もう、ダウンしてしまうRTGSは存在しない。

イノベーション

銀行は、新しい資産に残高を持つことにするかもしれない。そうなると、最終決済は中央銀行の通貨以外の形を取る可能性がある。これこそ、イングランド銀行の元総裁マーヴィン・キングが私たちは将来現金を使っていないかもしれないと発言したときにほのめかしていたことだ[22]。私は一度、当時ドイツ連邦銀行の取締役でのちに欧州中央銀行初のチーフエコノミストとして同行の取締役会にも名を連ねていたオトマー・イッシングと昼食を共にするという大変な幸運に恵まれたことがある。[23] 世紀の変わり目におこなったスピーチで、彼は「将来のある地点で、決済が中央銀行の準備金に頼るという通常の道筋をたどらずにおこなわれるようになるというのは十分あり得る」と語った。[24] 私はこれを、技術的・経済的変化のために決済が企業の社債、エネルギー、イスラムの電子ディナール、水、土地、黄金、あるいはロンドンの電子決済システム「ルーカー」でおこなわれ、そのいずれもがこのタイプの台帳にコンテンツとして記載されるという意味に受け取った。未来の製品やサービスに対する権利を利用して、企業は中央銀行のマネーを完全に清算してしまうのかもしれない。

整合性

取引の各参加者が持っているコピー同士の整合性をほぼ即時に検証できるようにする超高速コンセンサス・プロトコルを使って、カウンターパーティ・リスク〔取引相手の破綻により損失を被るリスク〕が今の中央集権システムと同じくらいのレベルにまで抑えられるはずだ。この整合性は、イギリスの証券決済機関CRESTが使っている証券と資金の同時決済にとっては非常に重要になる。この場合、台帳の整合性は、決済の最終状態（とカウンターパーティ・リスクの低減）を表す。RTGS共有台帳テクノロジー上でイングランド銀行によって法的地位が与えられるからだ。

柔軟性

RTGS共有台帳テクノロジーの参加者が、コンセンサス・コンピューター上で使える共有台帳アプリケーション「SLAPP」を追加したがる可能性は十分にある（私は、ここで「コンテンツ」という誤解を招きかねない言葉を使うのが、本当は好きではない）。[25] そのために新しい金融アプリケーションが開発され、実際、新しい金融市場も生み出されたのだ。現在の中央集権型のシステム（ＲＴＧＳシステムなど）は柔軟性に欠けていて変えるのが難しいが、ＳＬＡＰＰは、市場ツールが業界をまたいで執行可能なカスタマイズされた合意を構築できるようにし、コンテンツのレイヤーで導入される新しいタイプの資産を管理する能力も身につけられる。ＳＬＡＰＰがある世界では、ビジネス上のルールを比較的簡単に生み出し、実施できる。

この新しいテクノロジーを探求しているイングランド銀行は正しいし、そこには何か得られるものがあると私は確信している。だが、それはイングランド銀行が決済システムにビットコインを使い始めるとか、ビットコインがポンドを置き換えるということにはならない！

14

誰がマネーを作るのか？

領域が属するものに宗教は属する cuius regio, eius religio.
——アウグスブルクの和議の原則（１５５５年）

領域が属するものにマネーは属する cuius regio, eius pecunia.
——デイヴィッド・W・バーチ（２０１４年）

キャッシュレス経済にまつわる問題を検証し、ＰＯＳ以降のモバイル中心型の環境に向けたロードマップを検討し、マネーの民主化に必要な新しいツールをいくつか見て、電子マネーという代替物のほうがすぐれていると結論付けたところで、今度は将来、その電子マネーを誰が発行するのかという根本的な問題にもっと深く切りこんでいける。覚えているだろうが、現在、マネーは中央銀行によって「管理」されている。だが、創造しているのは商業銀行だ。経済の中にあるマネーのほとんどは、商業銀行からの融資によって創られた銀行預金の形を取っている。事実上、銀行が融資をするとき、同時に借り手の銀行口座に同額の預金が入る。つまり、マネーを新たに創造するというわけだ。[1] 現時点でこの仕組みを掘り下げる必要はないが、現在のマネー創出の枠組みについてのイングランド銀行による概要に含まれている以下の三つの要点を押さえておくと役に立つだろう。

- 家計が貯蓄をしたときに銀行がそれを預金として受け取ってから融資するのではなく、預金を創造するのは銀行の融資である。
- 商業銀行は融資を通じてマネーを創造するが、制限なく自由にできるわけではない。銀行にとっての制限は、競争の激しい銀行制度の中で利益を出し続けるためにはどれだけ融資できるかである。
- 健全性規制も銀行の活動を制約して、金融システムの回復力を維持している。

まとめると、いま本当の意味で文字通りマネーを創り出しているのは銀行で、国が発行する紙幣や硬貨の形をいまだに取っているマネーの「残りかす」はどうでもよく、そのうちなくなってしまうということだ。

未来のマネー創造者たち——「5C」

その「残りかす」の紙幣や硬貨が消滅し、なんらかの形の電子マネーによって完全に置き換えられるとなると、その創造には数々の選択肢があり得る。可能性は明らかに幅広いが——そしてその幅広さには私の想像を越えるほどの可能性があることは間違いないが——焦点を絞るため、現実的な選択肢を五つに絞り、表

表 14-1　誰がデジタル通貨を創るのか？　「5C」

誰がマネーを発行するのか？	どんなマネーか？
Central Banks（中央銀行）	法定不換通貨 当然だが、ここでのリスクの定義にインフレは含めない
Commercial Banks（商業銀行） 政治規制下の信用通貨	銀行貨幣 実質的に、いま私たちが持っているもの。中央銀行の監督の下、銀行が生み出すマネー
Companies（企業） 商取引規制下の先物としてのマネー	民間資金 将来の製品やサービスに対して引き換えられる通貨
Cryptography（暗号化） マネーの管理を数学に明け渡すべき政治的、経済的、ビジネス的、社会的あるいは技術的理由が生じ得る	機械仕掛けのマネー《ドシュ・エクス・マキナ》 発行者はおらず、発行に対する外的規制もない
Communities（コミュニティ） 商取引規制下の信用通貨（分散型の法定不換通貨や先物、ただし与信なし）	地域通貨 「地域」がバーチャルと実体では違う意味を持つことを念頭に置いておく

14－1の「5C」にまとめた。

これらの選択肢をひとつずつ見て、未来のマネーの実用性について考えていこう。

中央銀行

アナログ通貨をデジタル通貨で置き換える役割を中央銀行に求めるのは自然なことで、実際に多くの人々がすでにこの選択肢を検討している。「ポジティブ・マネー」派がデジタル通貨について発表した報告書には、物理的通貨に代わる通貨を中央銀行が提供することにかかわる問題についてのすぐれた見解が記されている[2]。それによると、中央銀行は六つの主な理由のためにデジタル通貨を発行するべきだとのことだ。

●ゼロ金利制約を克服し、「ヘリコプター・マネー」のような金融政策の新しいツールを可能にすることで金融政策手段の幅を広げるため。

●支払システムでのイノベーションを促進するため。中央銀行のデジタル・キャッシュという選択肢を検討し、ケニアのエムペサのような地元の全住民を対象とした仕組みでの経験を振り返ってみると、システムに加えてすぐれたAPI（アプリケーション・プログラミング・インターフェース）を提供し、それを基盤として新しい製品やサービスを構築するというのは革新的だと私には思える。そして、このほうが本当のイノベーションにつながる可能性がずっと高いような気がする。支払システムがもっと効率良く、もっと効果的により幅広く経済に役立てるようになるからだ。

●銀行口座に代わるリスクのない選択肢を提供することで、金融の安定性を高めるため。これで、流動性リスクと信用リスクの集中を低下させ、金融安定性を高めることができる。特にノンバンク系の金融機関は、無保険の銀行口座の形よりも中央銀行マネーで資金を持てるほうがメリットがある。ちなみに、ダイソンとホジソンは、デジタル法定不換通貨の存在が銀行の取り付け騒ぎを悪化させる可能性が十分あると指摘している。どのような理由であろうと、人々は流動性のあるほかの形のマネーから、リスクのない中央銀行マネーへと走りがちだからだそうだ。イギリスにおけるリスクのないデジタル通貨が存在することで、外国の銀行からポンドのデジタル・キャッシュへと資金が流れこむ可能性が高く、それが転じて為替レートを押し上げることにもなるかもしれない。

●通貨発行益の一部を回収するため。すでに述べたように、私は通貨発行益についての議論がどちらか一方だけ非常に説得力のあるものだとは思っていない。ただ、国民の大半が支出のほとんどを銀行口座からデジタル・キャッシュへと切り替えたら、イングランド銀行の通貨発行益がほぼ倍増する可能性は十分にある。

●新たな金融を生み出すため。マネーの創造を銀行融資から切り離すということは、融資額の減少を意味するかもしれない。それは、経済に影響を与えることだ。銀行の信用供給だけでなく、金融代替物が格差を埋める可能性にも影響を与えるだろう。

●金融包摂を増大させる。金融包摂と社会包摂とのややこしい関係には立ち入りたくはないし、ＫＹＣ（顧客確認）だのＡＭＬ（マネーロンダリング防止）だのといった規制の枠組みへの影響にも触れたくはないが、その方向へと進みたがる主な理由として、少額デジタル通貨口座へのアクセスのしやすさを通じた金融包摂だということは推察できる。思い出してほしい、周縁で現金経済にとらわれたままの人々こそが、現金の存在に一番苦しめられる人々なのだ。

著者らはさらに、デジタル・キャッシュ口座の提供者という概念を探求している。それは実質的には今の「電子マネー機関」のようなものになるのだろうが、中央銀行マネーに１００％の準備金を持っている。ただし、デジタル法定不換通貨を提供するにあたっては、ほかにも影響がある。

デジタル法定不換通貨を提供する

ここまでの問題を見たうえで、訊くべき質問が二つある。まずは、中央銀行がデジタル法定不換通貨を発行することが理にかなっているのかどうか。次に、そのような通貨の経済的、技術的、規制的枠組みがどう機能するかだ。なお、ここで理解しておくべきなのは、この問題については幅広い意見があって、それぞれが技術的ではなく、文化的な差異に根差しているということだ。この点をわかりやすくするために、イングランド銀行を、たとえば、中国人民銀行と比べてみよう。

中国人民銀行総裁の周小川《ジョウ・シャオチュアン》氏は２０１６年におこなわれた詳細なインタビューで、デジタル通貨について同銀行が現在どう考えているかを語っている。[3]「紙のマネーが新しい製品やテクノロジーに置き換えられるという抗いがたい傾向」に言及し、総裁はそのようなデジタル通貨が中国でどのように機能するか、それを取り巻く主立った要因をいくつか挙げた。これらについて総裁は非常に明快で、「デジタル通貨は利用者のプライバシーを守れる最善の形で構築されるべきだが、社会保障や社会秩序にも注意を払わなければならない」と述べている。

私も、総裁の意見には大賛成だ。私たち技術屋がどれだけ物を知っているつもりでも、つまみを回すべきなのは技術屋ではなく、社会であるべきだ。議論はプライバシーのつまみがどこに設定されるべきかではなく（この点については、総裁の意見に同調できない）、誰が設定をするかなのだ。

総裁はさらに、デジタル通貨が中国で完全に現金を置き換えるまでには10年はかかるだろうと述べ、徐々に紙幣からフェーズアウトする計画は立てていると語った（傍点は筆者）。物理的現金の取引に銀行が手数料を取るようになり、現金取引のコストは上がる。だがデジタル通貨と物理的通貨が長期間共存するだろうという総裁の意見は、現実的だ。前にも書いたことだが、私は「キャッシュレス社会」というのが紙幣や硬貨を違法とする社会を意味するとは思わない。ただ、それがどうでもよくなった社会だと思う。この定義と中央銀行の手引きがあれば、中国は簡単に目標を達成することができる。

ブリットコインとブリットペサ　２０１４年、イギリス政府はデジタル通貨について協議をおこない、２０１５年に英国財務省はその協議に対する回答を『デジタル通貨――情報を求める声への対応』という報告書で発表した。政府は、「デジタル通貨が現在の形で広範に普及するにあたっては明確な障害が存在するが、デジタル通貨の基幹である「分散型台帳」技術には、支払技術におけるイノベーションとしての重要な未来の約束が含まれている」と述べた。これは、リンゴとオレンジをいっしょくたにする話だ。デジタル通貨と暗号通貨はまったく別のものだからだ（表12－1に示した通り）。暗号通貨は、暗号技術からその価値を生み出す。デジタル通貨は、内生的に価値を獲得する。

これに反応した組織のひとつがシティバンクだった。デジタル通貨の最大のメリットは、政府が法定通貨のデジタル版を発行することで実現できると述べたのだ。この通貨はもっと安価で、もっと効率の良いものになる。そして、現在の物理的な法定通貨や電子版の手法よりもはるかに透明性が高くなる。

シティが言うようにデジタル通貨の提供を中央銀行に任せるか、それとも商業銀行に任せるかは最終的には技術的判断ではなく（ビジネス判断ですらなく）、政治的判断になる。セントルイスの連邦準備銀行副総裁デイヴィッド・アンドルファットは、中央銀行が小売・卸売レベルでデジタルマネーサービス（暗号通貨という可能性もあるかもしれない）を提供することを検討するべきだと書いた[4]。彼の考察によれば（私も同感だが）、原則として、中央銀行がマネーを保管するのに完璧に安全な場所を個人や組織に保証できる（そして預金保険を必要としない）オンライン口座を提供できない理由などない。また、彼はこの構造が当然、中央銀行に新たな金融政策の選択肢を与えるとも書いた。先に議論した通り、ここには小額通貨に金利を支払う能力も含まれる（おそらくはマイナス金利で）。

私は、マネーの創造は政府の規制下でおこなわれるべきだと思う。たとえ政府がそれをやっていなくてもだ。そして、商業銀行にマネーを創るのを許可することが必ずしも社会にとって最善の結果につながるわけではないと考えるだけの理由はいくつもあるとも思う。だが、中央銀行マネーだけが唯一のマネーであるべきか？　たぶん、そうではないだろう。この章の後半で、民間のマネー供給をめぐる数々の選択肢を見ていく。だが今のところ、競合する通貨代替物を持つことが政府の方策の選択肢に対する縛りの役割を果たすとアンドルファットらが示唆している、と述べておけば十分だろう。

中央銀行のデジタル通貨問題に着目すると、すぐに出てくる質問はどうやってそれを導入するのか、というものになる。ここで、新しい考え方が求められる。アイデンティティとマネーの関係についての新しい考え方だ（驚くことではないだろう！）。そこで、三つの核となる問題を見ていこう。顧客確認（KYC）、検閲防止、そして選択肢としての暗号通貨だ。

顧客確認（KYC）

当然、物理的現金に置き換わる意図を持つものはなんでも、包摂的でなければならない。これは、KYCや従来の形の口座開設プロセスのようなものは存在してはいけないということを意味する。個人的には、私はこれをマイナスとは見ていない。非常に限られた取引額に対する非常に限られた形の電子匿名性を維持することで出す損失よりも、すべての取引が電子化されたほうが、社会にとって利益は大きいからだ。すべての取引がシステム内でおこなわれるようになれば、ビッグデータやその類の分析で犯罪者を突き止めることができる。取引がすべてシステムの中になければ、この選択肢はあり得ない。

たとえば、身元確認をまったくせずにイングランド銀行でデジタルの支払口座を開設し、1000ポンドまで入金できるようにするとする。口座開設に求められるのはせいぜい、携帯電話の番号か自宅の住所だ。ちょっと、gmailのアカウントを作るのと似たような感じかもしれない！　イングランド銀行のサイトにログインして、「DaveBirch」という名前の口座を作ろうとすると、もうその名前の口座が存在しています、と言われるので代わりに「DGWBirch」という口座を作る。そうすれば誰でも、国のデジタル送金制度を通じて£dgwbirch宛てに送金することで私に支払ができる。それとは別に、私が「Lord Tantamount Horseposture」という名前で別の口座を作って、そっちはギャンブルをしたり麻薬を買ったり、人が現金でしかやらないようなその他あれこれをしようとしたとする。口座に1000ポンド以上の残高を持ちたかったら、私は追加で何か有効かつ容認可能な身分証明を提示しなければならない。たとえば、Facebook のアカウントなどだ。そして口座残高を1万ポンド以上にしたかったら（疑わしい取引として通報される金額だ）、パスポートやそういったものを提示する必要がある。要は、口座は誰でも作れるようにするべきだ、ということだ。これらの口座には利息がつく。だが利息はマイナスにもなり得る。残高が1万ポンド未満の口座には0・5％の利息がつくが、1万ポンド以上の口座にはマイナス0・5％の利息がつくような階層型のシステムを持つ経済環境は、想像しやすい。なぜか？　余分なマネーを持っている人々には生産的な事業に投資してもらいたいが、同時に貧しい人々は助けたいからだ。

検閲防止

中央銀行も社会も、決済にあたって検閲防止を望んではいない。だからこれが導入される理由は見当たらない。仮名性を支持する議論は当然出てくるだろう。だから、私が Lord Tantamount Horseposture という名前で口座を作れるわけだ。だが、その口座は当然私の携帯電話の番号や Apple ID、LinkedIn のアカウントやその他の情報に紐づけられているので、その口座を使ってテロを支援したり脱税をしようとしたりしたら、規制当局は礼状を取って、私の仮名性をあばくことができる。これが、条件付き匿名性の「ガラスを割る」行為として私が説明したものだ。だから、私がたとえば £horseposture の正体を知らない誰かと賭けをして、その賭けが不審な活動や極東の賭博シンジケートと関係していることが判明したら、警察はすぐに私を確保することができる。

暗号通貨は中央銀行にとっては意味がない

私がそのような口座ベースのシステムを支持していることは明らかで――このシステムなら、取引コストは最小限に抑えられる。£dgwbirch と £horseposture との間で１００ポンドをやり取りするのにかかるコストは微々たるものだからだ――検閲防止機能が必要条件とは考えない以上、暗号通貨が導入される可能性のあるものとして理にかなっているとは私には思えない。暗号通貨を支持する議論があることは十分に理解できる。たとえば、この重要な国家資源の唯一の障害点が、サイバー攻撃、そして（イギリスではもはや伝統となっている）大規模なコンピューターおよび通信システムの調達と運営における政府の無能力さに対する防御として分散型共有台帳の複製を選択すれば、抑制できると主張する人々もいるかもしれない。これについての証拠を私はまだ見ていないが、まず思いつくのは、これほどの規模で現金を置き換えるシステムについて総意を取り続けるコストは、「９９・９９９％」の利用可能性から１００％の利用可能性へと移行するコストをはるかに上回るのではということだ。また、検閲防止が暗号通貨（ビットコインなど）を使って導入されるのだとすれば、中央銀行が、「プルーフ・オブ・ワーク」による採掘《マイニング》を匿名のマイニングプール、主に極東のマイニングプールに制御させることを許すという状況は、どうしても想像できない。

答えはブリットペサ台帳だ

さて、ではまとめてみよう。中央銀行のデジタル通貨？　これはまったくもって理にかなった提案だ。エムペサのような、だがイングランド銀行が運営するものを想像してみればいい。誰もが口座を持っていて、こっちの口座からあっちの口座へと送金したければ、携帯電話のアプリを使う（これには、最近のスマートフォンに実装されている「ＴＥＥ Trusted Execution Environment」を使えばいい。銀行カードに入っているものと似たような、セキュリティのしっかりとしたマイクロチップだ）。あるいは、二要素認証で、イングランド銀行のAPIを使っている数々のサービスプロバイダーにログインしてもいい。さらには、電話の音声認識・承認サービスを使ってもいいだろう。私の会社が、エムペサ、ナイジェリアでのトークン管理プラットフォーム、その他の地元全住民を対象としたモバイル中心システムにアドバイスをしてきた経験から言うと、イギリス経済に「ブリットペサ」がもたらせる唯一最大のものが、このAPIかもしれないと私は思っている。

取引と産業への明白なメリットに加えて、そして法の執行への明白なメリットにも加えて、イングランド銀行はすでに持っているリアルタイム小売決済のダッシュボードだけでなく、リアルタイムの経済活動ダッシュボードも手に入れられることになる（これはもちろん冗談だ。イングランド銀行はそんなものを持っていない）。財務大臣が朝起きると、前の日の消費者支出が正確にわかるというわけだ。正確にだ。だから、ブリットペサはシティが述べた費用対効果の高い能率を手に入れる手段というだけでなく、経済を管理するのに役立つ大きな改善にもなるはずだ。

エクアドルでのデジタル通貨実験

今、中南米ではデジタル通貨の興味深いケーススタディが実施されている。エクアドル中央銀行（BCE）が、B2B取引を処理する目的で作られた国営のモバイル支払の枠組みを立ち上げた（同時にP2P、トップ・アップ〔入金ができるプリペイド方式〕、現金取引、実店舗での買い物や電子領収書も）。取引手数料は非常に低い（50ドルぶんのチャージにかかる手数料は4セント。約0・08%の金利だ）。事実上、BCEは交換可能な電子通貨を創っているのだ。第8章で議論した小銭が生む大きな問題に対する、中央政府の解決策だ。

18歳以上なら誰でも無料で電子マネー口座を開設することができ、USSDシステムを基盤とするサービスを使うので物理的な登録は必要ない。口座を開設するには、利用者は携帯電話から「＊153＃」をプッシュする。携帯事業者はどこでもかまわない。このサービスは電子マネーのチャージや利用、送金、個人間支払、企業間支払、コンサルティング、銀行送金といった取引から始まり、その後には光熱費や納税、注文等々の電子マネー支払へと移行していった。

この一見ありきたりなプリペイド式送金システムの特に面白いところは、使われるのが米ドルということだ。金本位後の通貨「スクレ」が放棄されて以来の2000年から、エクアドルではずっと米ドルが法定通貨として使われていた（もっとも、「センタボ」硬貨は今でも使われているようだが）。これが、「ドル化」における小銭の大問題に対する現実的な解決法だ。経済学者ジョン・ケイが述べているように、(5) これ自体、何が通貨で何が通貨でないかという議論に対する興味深い見解だ。50セント硬貨はエクアドル政府のために鋳造されているが、アメリカは自国で使うためには50セント硬貨を発行していない（25セント、10セント、1セントだけだ）。だからガラパゴスやキトでは誰でも50セントを受け取ってくれるが、ワシントンだと誰も受け取ってくれない（ケイはほかにも、米財務省のために鋳造された1ドル硬貨がアメリカではまったく普及しなかったが、エクアドルでは広く流通していると指摘している！）

エクアドルで流通したり、ベッドの下に押しこまれたり、エクアドル経済のあまり公式ではない業界に資金を提供している米連邦準備銀行の紙幣が事実上、アメリカ政府への無利子の融資であることを理解しておくのは重要だ。これをすべて電子通貨（あるいは、もっと厳密に言えば、電子通貨理事会）で置き換えれば、BCEは自ら通貨発行益《アンクル・サム》を回収することができる。それはそれでいいし、電子取引ができるようになるということは、国民にとっても大きなメリットがある。

全国規模でノンバンク系のモバイル支払システムを立ち上げる経験が豊富な人々に中央銀行が助言を求め

たとしたら、イノベーションの土台となるような、そして起業家たちがその土台の上に各地に合わせたソリューションを構築できるようなシステムにするべきだ、という助言を受けるだろう。ただ、歴史からの警告を発する大胆さを許してもらえるなら、国民は自分たちで米ドルと同額換金できるという保証がなければ電子通貨を持とうとしないだろうから、そのようなシステムは透明性の高い監査にかなりの恩恵を受けると付け加えたい。政府が準備金として持っている（あるいは相当額を持っている）以上の電子米ドルを流通させるという誘惑に負けてしまったとしたら、幅広い経済で勢いをつけることなど決してできない、崩壊の運命にある電子版のアッシニア紙幣を生むことになる。そして、エクアドル政府は現金からの移行で得られるはずだった数多いメリットを受けられなくなるだろう。(6)

商業銀行

世間一般では「自由銀行制」（民間銀行による兌換性のある通貨と預金通貨の無制限で競合のある発行）(7)として知られているものの下での民間銀行マネーの発行は、比較的よく知られているし、よく理解されている。ヴィクトリア朝時代、イングランド銀行の独占が始まる前のスコットランド系銀行の有名なケーススタディは勉強になる。数百年にわたって、イングランドは徐々にマネーの支配をイングランド銀行の独占体制に取りこんでいた。その間、スコットランドの民間銀行は独自のマネーを発行し、そのマネーの価値を高く維持するために競争を続けていた。その結果生まれたのは、驚異的なイノベーションの時代だった。より厳しく規制されているロンドンや地方の銀行のほうが、そこまで規制が厳しくないスコットランドの銀行よりも頻繁に失敗していた時代だ。(8)この競争は、第4章の「勇敢なるスコットランド」で述べたように、現代の銀行の一部として当たり前に思っている数々のイノベーションを生んだ。表４−１ではそのイノベーションの多く（多色刷り紙幣、当座貸越等々）がそのころに生まれたことを示した。スコットランドでは銀行の破綻はイングランドよりも少なく、被害もそれほど壊滅的ではなかった。多様性が強さをもたらすという、一種の生態学的主張を裏付ける事実だ。

この種の民間マネーに関する議論はわりと最近、「オーストリア学派」と呼ばれる一派の経済学者たちによって確立された。１９７０年代、ノーベル賞を受賞した経済学者フリードリヒ・ハイエクが多様なマネーの在り方を主張した。民間銀行が信用を通じて昔のようにマネーを創るが、それぞれが独自のマネーを創るというものだ。(9)

ニール・マケヴォイと私は何年も前にこのハイエク的観点を研究し、こう主張した。世界の通貨は現在、大まかに言って国境線に沿って整理されているのに対して、通貨が地理的だけでなくバーチャルなコミュニティに応じて（重複する）ニッチを占める未来を想像できるかもしれないと。そのコミュニティには活気あふれる「外国」為替市場が存在し、人々が（というよりは、人々のコンピューターが）その通貨を取引するのだ。(10)ハイエクは、民間通貨の提供のほうが国家の通貨よりも健全なマネーを生む結果になるという主張を押し出した。民間通貨の発行者は、通貨の価値を高く維持するために競争を続けなければならないからだ。これは思考実験としては面白かったが、当時、それ以上のものとして見ることは難しかった。ハイエク自身、現実的な障害を議論し、「レジ」や「自動販売機」が額面も大きさも重さも異なるうえに相対的価値が変動する紙幣や硬貨を扱うことの難しさに触れている。ただし、ハイエクはこのように予見している（彼もベラミーを読んだのかもしれない）。

もうひとつ可能性のある展開は、現在ある硬貨をプラスチックやその類のトークンで置き換えることだ。トークンには電子マーカーがついていて、すべてのレジやスロットマシーンで選別ができ、その「署名」はどのような貴重印刷物ともおなじように偽造から法的に護られる。

今では、デジタルマネーとデジタル・アイデンティティのテクノロジーがあってハイエクの予言を費用対効果が高く、望ましい現実のものにすることができる。そして、ハイエクが予見した「電子マーカーつきのトークン」もすでに存在する。私たちが使っている携帯電話がそれだ。人々は、デジタル法定不換通貨や銀行が発行した国のデジタル通貨よりも（あるいはそれらと一緒に）このような民間のデジタル通貨を使いたがるだろうか？　カナダ銀行は、紙幣にまつわるカナダでの事例（と比較可能なアメリカでの事例）を通じてこの疑問を研究した。そして政府発行のデジタル通貨が民間のデジタル通貨を締め出すことはないが、民間と政府発行のデジタル通貨が統一通貨を形成するには法規制が必要だと結論付けた[11]。EUで策定された規制は正しい方向へと踏み出しているように見えるし、電子マネー機関の規制区分もしっかりと構築されている。さらに好ましい動きは、暗号通貨を製品、サービス、法定通貨と交換可能な商品として扱うという日本の決断だろう。そうなれば、暗号通貨は一種の通貨になる。そしてビットコインやその仲間たちは、通常のビジネス過程に加わることができるようになる。

民営化

銀行と支払との間のつながりが弱まるというのは、すでに議論した通り、いいことだ。たったひとつの機関が支払と融資、両方の機能をおこなうべきという納得できる理由があったことなど、実はないからだ。必要とされる技術と業務の性質は、かなり異なっている。[12] 銀行以外の組織も支払を取り扱うことは十分にできるし、支払の世界にもっと多様なエコロジーを推奨するべき理由はいくらでもある。

ヨーロッパには「電子マネー事業者 Electronic Money Institution」や「支払サービス事業者 Payment Institution」があるし、インドには「支払銀行 Payment Bank」がある。他の国も同様だ。規制されたノンバンクがマネーを発行できるという考えは、簡単でわかりやすい。本書のテーマの中心ではないが、この変化が銀行にとって大きな意味を持つことは明らかだ。銀行が大規模な支払事業を展開することへと否応なくつながっていくような経済原則はないにもかかわらず、銀行はまさにそれをしていて、その事業が銀行の収入のうちかなりの割合を占めている。[13] 経営コンサルタント会社マッキンゼーによれば、支払事業は2011年のアメリカにおける支払業界の収益のうち約半分を占めていたそうだ。だから将来的にノンバンクが支払をおこなうようになるなら、銀行は別の収入源を生むためにかなり努力しなければならなくなる。その収入源のひとつがアイデンティティ管理と認証に関連するサービスになる可能性は十分にある（だがそれは別の本で取り上げるべきテーマだ）。

金融サービスの解体が否応なく続くなか、新しいテクノロジー、新しい規制、そして新しいビジネスモデルは、創造的破壊の波が訪れる可能性を示唆している。様々な事業体が、それまではすべて銀行とマネーという名目の下にあった様々な機能を提供する可能性だ。それは悪いことではない。

企　業

民間企業マネーの発行は、著名な水平思考を唱えているエドワード・デボノが探求したものが興味深い。

デボノは1990年代初頭、ロンドンに拠点を置くシンクタンク「金融革新研究センター」のパンフレットでその思想を展開した。彼の主な論点は、通貨発行コストが下がっていけば、企業が株式を使うのではなく独自のマネーを発行するほうが経済的に理にかなっているというものだった。[14] 彼はさらに、「ビル・ゲイツの後継者たちがアラン・グリーンスパンの後継者たちを廃業に追いこむ」時代が来るのが楽しみだ、とも書いている。

デボノの主張は、いま政府がやっているのと同じようにして企業もマネーを稼ぐことができるはずだというものだった。つまり、紙幣を印刷することで。彼はこの民間通貨のアイデアを、ハイエクが主張した銀行信用ではなく、発行者が提供する製品やサービスに対する権利として提示した。ＩＢＭは、理論上はＩＢＭの製品やサービスと交換できるが、現実には他社のマネーやその他の資産とも交換可能な「ＩＢＭドル」を発行するかもしれない。このような枠組みが実現するためには、ＩＢＭはマネーの供給を管理する方法を学び、(あまりにも多くの引換券が不十分な量の製品に殺到することで起こる) インフレが独自マネーの価値を壊滅させないようにしなければならない。だが、企業はそれを少なくとも政府と同じくらい簡単には管理できるようになるはずだ。なんといっても、有権者のことを気にする必要がないのだから。

この考えは最初は奇妙な感じがするかもしれないが、このようなシステムがどうしてうまくいくか、想像しやすいと私は思う。新興企業が立ち上がり、株式を発行する代わりに、将来のサービスと交換可能なマネーを発行する。なので、たとえば、新興の風力発電会社がキロワット時の形でマネーを発行し、5年後に交換可能にするといった具合だ。最初のうちは、このマネーはベンチャーにつきもののリスクを考慮して、大幅に割り引かれて取引される。だが風力発電所が立ち上がって稼働し、電気を作れるようになると、マネーの価値は上がる。この場合は、再生可能エネルギーに対する需要が、もともとの額面よりもマネーの価値を押し上げるかもしれない。

このようなマネーが何百万、あるいは何千万種類も出回って、外国為替市場で常に取引されるようになると、誰かが誰かに支払をするのは耐え難いほど複雑になってしまうかのように思えるかもしれない。だが、これは私が財布から札を抜き出して誰かに手渡すのとは違うことを思い出してほしい。これは私のコンピューターが、というよりは携帯電話である可能性が高いが、それが相手のコンピューターか携帯電話と通信するという話だ。そして、私たちの携帯電話はお互いに交渉して取引を成立させる能力が十分にある。デボノは著書の中で、このようにうまくまとめている。

事前合意済みのアルゴリズムは、どの金融資産が製品またはサービスの購入者によって売られたのかを、取引の額に応じて判断する。そしてその製品またはサービスの提供者は、入ってくる資金が別の事前合意済みのアルゴリズムによって定められた資産の適切な組み合わせへと配分されることがわかる。該当する資産は、リアルタイムで市場清算価格が存在するなら、どんな金融資産にもなりうる。同じシステムが金融資産の需要と供給を合致させ、価格を決定して決済をおこなう。

ここで、こうした発展のカギは「コンピューターがリアルタイムで通信して関係者の信用力についての即時照合を可能にする能力」であるとデボノが語っていたことを指摘せずにはいられない。これは、いま私たちが「評判経済」と呼んでいるものの初期の形で、私が前著でこのテーマを掘り下げたときには、アイデンティティや信認状は創るのも破壊するのも簡単だが、評判はくつがえすのがずっと難しいと述べた。評判は誰かひとりがどう思うかではなく、みんながどう思うかによって決まるからだ(15)。携帯電話とソーシャルネットワーク、そして強力な認証の組み合わせが評判の計算を（信用力も含め）たとえ少額の取引であっても費用対効果の高いものにした今、ＩＢＭドルを届けるために必要なテクノロジーはもう揃っているのだ。

新しいテクノロジーは、ここで本当に大きな違いを生むかもしれない。マネーでの取引のほうが（事実上）株式やその他の証書の類を取引するよりも安く上がるとするデボノの仮定は、共有台帳テクノロジーへの移行によって反論されている。デボノの提案の精神が魅力的かつ実践的な方法で導入できるだろうとは思うが、それは彼が想像した形にはならないだろう。ＩＢＭの証書が高額な手形交換や決済のインフラを通さなくても動かせるなら、どう考えてもそれこそが彼の想定していたＩＢＭマネー――暗号通貨コミュニティの先駆者たちに気づかれないわけがないものだ。民間のマネーとロイヤルティプログラムの中間のような企業証書（証書を持っていれば、製品またはサービスの形でなんらかの利益を得られるもの）は、ちょっとしたチャンスのように私には思える。

このアプローチを支持するまた別の要素が、企業所有権の透明性に対する欲求だ。すでに説明したような形で新興企業を立ち上げる一種の証券取引所を想像してみよう。そこでは、マネーを発行する代わりにブロックチェーン上の「硬貨」の形を取る株式が生み出される。この硬貨の取引は、電子現金の取引とは区別ができない（手形交換や決済がおこなわれないからだ）。だが、取引が公開されているため、企業の業務の透明性は高まる。そして企業と観測筋が硬貨の受益所有者についてわからなくても（ウォレットはキーでしか特定できないため）、証券取引は適切な顧客確認を経てウォレットを発行するように設定される。通常の運営では取引は非公開だが、不正行為の疑いがある場合は適切な法的条件の下で、所有者が明らかにされる。

暗号化技術

未来のマネーの発行者としてもっとも考えられる最新のカテゴリーは、実質的に、「誰でもない」というやつだ。ビットコインやその他の暗号通貨の到来によって、未来のマネーは本質的に暗号通貨技術に内在するものとなり、そのテクノロジーが発行に関するかぎりでは、制御ができないものになる可能性をもたらした。

これが、これからの世代における政治経済にとってどういう意味を持つのか、推測するのは興味深い。マネーが政治の制御の範囲外に置かれるとしたら、一種の「電子金本位」への回帰が起こるかもしれない。変わり続ける経済環境に対応するための国家経済の選択肢が、非常に限られた状態だ。新しい通貨が現金の匿名性を世界規模で提供する技術的可能性を最大限に活用するとなれば、富と力を持つ者が新たな価値の貯蔵手段を嬉々として取り入れ、民主的説明責任のはるかにおよばない地位を確保するかもしれない。これらのビジョンはどれも、私にはとりわけ魅力的には思えない。

一方、政治の手が届かない範囲でいくつもの通貨が重複して相互に作用し、ショックやパニックにずっと耐性がある環境をつくるという理想郷的なビジョンには、何かしらの意味があるかもしれない。より豊かなマネーのエコロジーは、いろんな意味で魅力的だ。

これまでの経験を振り返ると、暗号通貨のテクノロジー、すでに議論した「コンセンサス・コンピューター」は、確実に幅広く適用され、新しくより良い市場を形成する中である程度の混乱が生じるだろう。その市場が最終決済で用いるマネーも提供することになるかどうかはなんとも言えないが、私はそうならないという予想を変えないことにする。

表 14-2　コミュニティ

コミュニティの種類	コミュニティの性質
政治的	世界とのつながり、自国内での法律の源
場所	領域
バーチャル	市民の構築された文化的アイデンティティ
関心	取引と戦争において主観的・客観的に共有される目的
金融	国の独占通貨の一般的利用

私たちが、たとえば、デジタル通貨――あるいは、もっと面白いのは、資産の取引を許可すること――を導入するために許可された共有台帳を使うようになる理由はいくつも考えられるが、国の暗号通貨を導入するのに共有台帳を使うべきはっきりとした理由は見当たらない。社会に暮らしている以上、社会がある程度はマネーを制御してほしいものだと思う。

コミュニティ

法定不換通貨は国家から生まれた生き物で、したがって、国家自体が代表する利害の一致を反映する。その利害のそれぞれが、マネーを切り分け、生み出すためのテクノロジーによって実現するかもしれない。人類学者キース・ハートがこれらのコミュニティをうまく区分してくれたので[16]、表14－2を作成するのに使わせてもらった。

社会的利益を実現するために社会的、代替的、補完的マネーに目を向けるという伝統はあるが、これまでは経済的考察の周縁に置かれてきた。たとえば、経済活動が一切なかったところに活動を生むためにこのようなコミュニティを基盤としたマネーを使うという概念（リエターが著書『マネーの未来』[17]でその一例について述べている）は非常に魅力的だし、そのような実験は世界中でかなりの数がおこなわれてきた。デジタルコミュニティ通貨は、法定不換通貨より大きな支出乗数を持つようだ[18]。この点から言っても、世界金融危機のあとで世界を再構築しようとしている今、そのことを真剣に受け止めるべきだと私は思う。だが、歴史的に見れば、そうした概念は地理に根差していた。テクノロジーによって表14－2に示したコミュニティを「解体」することができ、潜在的なマネーの発行者として個別に見ることができる。

そして、今がそうするのにいいタイミングだ。コミュニティ・マネーの発行は世界金融危機で新たな後押しを受けた。イタリアやギリシャなど、従来のマネーが不在になったことでコミュニティがもっと急進的に考えるようになった例もある。ここで有意義なケーススタディが、ギリシャのボロスで生まれた「TEM」通貨だ[19]。1TEMの価値は1ユーロに相当し、製品やサービスとの交換に使える。コミュニティの人々はゼロから口座を開設し、製品やサービスを提供することでTEMを入手できる。また、物理的通貨そのものの通帳ももらえるが、それは偽造が難しい特殊な印影が印刷されている。街中の店舗は、TEMを受け付ける（通常は内金として）。個人は300TEMまでを借りることもできるが、一定期間内にその借金は返さなければならない。

代替通貨は限定的、非現実的、あるいは若干いかれたものだとつい過小評価したくなるかもしれないが、偽造問題にぶつからないかぎりは十分機能するし、供給はインフレを避けるようにうまく制御される。たとえば、ニューヨークのイサカという町で発行されている地域通貨「イサカアワーズ」の流通委員会よりもアメリカ政府のほうが発行機関として法的権威があると判断する基準は、感じ方以外の何物でもない。どちらも利用者に現実のマネーを供給しようとする機関で、どちらも成長を促進する方向へと金融政策を賢く動かしていくべく最善の努力を費やしているのだ[20]。

そうなると、これは異なるコミュニティで発生した複数の通貨が同時に存在する世界になる。ここで再び強調したいのは、これが世界共通、または銀河系共通の単一通貨の世界ではないということだ！　単一通貨は取引にとってはより効率的かもしれないが、経済管理者がマネーの関連機関を地元に合わせて調整できなくなる。[21] こうして、より多くのコミュニティが特有の通貨を発行し、参加者間の取引コストを最小限に抑えるという魅力的な見解が出てくるわけだ。代替通貨を地方と世界規模とに分けると、[22] この観点は地方を優遇する傾向があり、そのような通貨はコミュニティ内の成長を支持するのにより適しているとする考えを裏付ける証拠もある。[23] その理由は主に、買いだめを緩和するからだ（買いだめは生まれたばかりのビットコイン経済を悩ませている）。ダグラス・ラシュコフは、「中央通貨の非局在的な、抽出的な力を制限するためのもっとも簡単なアプローチは、コミュニティが独自の地域通貨を採用することだ」[24] と書いている。

だが、経済的効率よりも、地域通貨はコミュニティにとって大事な価値（たとえば環境政策など）を具現化し、それによって利用を促進するものだ。イスラム教徒の離散《ディアスポラ》のための黄金で裏付けられた通貨、環境保護活動のための再生可能エネルギー通貨などが想像できるかもしれない。マネーの再構築には、価値が含まれているべきだ。これらは面白半分かもしれないし、真剣かもしれない。政治的かもしれないし、うわべだけのものかもしれない。何年も前に私が書いたことだが、たとえば人々が従来の交換手段の利用目的とはまったく関係のない理由から「マンチェスター・ユナイテッド・ポンド」や「マイクロソフト・ドル」、または「イスラム電子ゴールド」や「コーンウォール電子錫」で取引をしたいと思うかもしれない（ちなみに、マンチェスター・ユナイテッドのクレジットカードや貯蓄口座はすでにある[25]）。

社会的通貨

この章の締めくくりに、再構築されたマネーの性質がどのように社会に影響を与えるかについて少し考えてみよう。先に述べたウンベルト・エーコのポストモダン版のビジョンを再び持ち出すと、私たちが創るべきなのはバーチャル現金ではなく、ハイパー現金だ。現在のマネーの電子版ではなく、あるべき姿のマネーの電子版だ。[26] そのマネーが生みの親であるコミュニティの価値観を具現化するものになるのなら、私たちは新しい領域へと踏み出していくことになる。２０１４年3月にロンドンで開催されたコンサルト・ハイペリオンの第17回「明日の取引フォーラム」でウェンディ・グロスマンは、「私たちは、私たちが理解するマネーから、私たちを理解するマネーへと移行しつつあります」と語っていた。

貴金属でできた硬貨からソーシャル・グラフ内の計算まで、数千年にわたる金融の進化を包含したこの発言に、私はひどく不意を突かれた。私たちはもはや、通常の典型的な社会の参加者が理解できるマネーは持っていないのだ。大衆はこの決定的な経済的テクノロジーの仕組みを理解できないし、しようとも思っていない。メモリー機能もない愚かな5ポンド札からその出自が明白なブロックチェーン上のビットコインへ、そしてさらに洗練された、もっと賢く、よりつながった形のマネーへと移行するとどうなるかという議論はもっとも重要であり、一般大衆が参加できるように開かれた場でおこなわれるべきだ。

今あるのは、私たちを観察するマネーだ。バークレイズ、VISA、マスターカード、アメックス、シンプル、ループ、アマゾン――そのどれもが昨日私が何を、どこで、何時に、さらにどのくらい頻繁に買っているかも把握している。ただし、私がなぜ、そして誰と一緒にそれを買ったかは知らないだろう。だが、ソーシャルネットワークとの統合により、その情報もすぐに入手することになる。そして、その情報に不満を覚えるかもしれない！　これを受けて私が考えたのは、将来的には異なる価値観を包含する複数のマネーが出現するかもしれない、そして共有台帳と「スマート契約」の世界では、マネーの価値を守れるような履歴がないかぎり、その利用を私たちに許してくれないようなマネーが登場するかもしれないということだ！

これがマネーの未来の見方としては斬新すぎると思う人には、これがただの始まりにすぎないと言わなければならない。このスマートマネーは、ザボ方式の合成通貨の媒体として考えることができる。[27] これはさらに一歩進んで、交換媒介物の代わりに契約で直接使うことができるようになるかもしれない。SF作家が考える、新たな交換のパラダイムだ。「そちら、10銀河クレジットになります、ありがとうございます」も、「ウラヌスまでの往復移動と1キロのプラチナを12カ月以内に配送してくれる約束だよ」もない。物々交換をターボチャージしたような再発明は一見過去への後退のように思えるかもしれないが、実際はそうではない。むしろ、その逆だ。それは評判経済におけるプログラム可能なマネーが生む結末なのだ。

15

マネーを再考する

難しいのは新しい考えを思いつくことではなく、古い考えを捨てることだ。普通に生きてきた我々のような人々の思考の隅々にまで、それは染みついているからだ。

——ジョン・メイナード・ケインズ『雇用・利子および貨幣の一般理論』1935年

すでに述べたように、私たち技術屋は新しいテクノロジーが受け入れられるまでの時間枠を過大評価するが、その長期的影響については過小評価しがちだ。言い換えれば、テクノロジーが日々の暮らしから現金を取り除くまでにかかる時間は私のような人間が考えるよりは長いが、いったんそれが実現してしまえば、社会に与える影響はATMビジネスにおける大量解雇よりもずっと大きいということだ。

近い将来に訪れるこの変化は、新しい経済に向けてのものだ。携帯電話、共有台帳、スマートマネーは複数のアイデンティティを支え、異なる事業体が提供するサービスを通じて複数のマネー（ただし現金を除く）を使い、私たちのアイデンティティ（と類似性）、ネットワーク、評判を管理する。はっきりと見通すことが不可能な社会的・政治的影響があるだろう。どうすればいい？　予測は難しい。特に、昔から言われてきたように、未来を予測するのはとても難しい。だが想定されるシナリオについて今から少しずつ考え始めておくことは重要だ。次に銀行が破綻するとき、あるいはポンドの価値が失われるとき、それらのシナリオのいくつかを試してみる機会が得られるだろう。

第14章で、私は未来ではすべてのマネーが局所的になり、使われているコミュニティに属するものになると提示した。ただ、「コミュニティ」という言葉が、つながった世界では違う意味を持つことになるというだけだ。コミュニティがトットネス〔イギリスのデヴォン州に属する行政教区〕なのか、世界各地の華僑なのか、『ワールド・オブ・ウォークラフト』なのかは関係ない。ただ、「私たち」にとっての取引コストを「彼ら」にとっての取引コストを代償としてでも最小限に抑えたいという共通の欲求は関係ある。小売取引の圧倒的大部分が局所的におこなわれるため、ほとんどの人々のほとんどの取引は地域通貨を使って、最小限の取引コストでおこなわれる。「外貨（つまり、ほかの誰かの地域通貨）」でおこなわれる取引はごくわずかだ。

この観点からは、「代替」マネーが孤立した局所的環境ではうまく機能するが大規模には展開できないという一般的な考え方が間違っているということが言える。ローカル性とグローバリゼーションはネットワーク世界では違う意味を持つようになるだろうし、どのような形にせよ、地域マネー間の（市場を経由した）つながりが世界規模に機能できない理由はないからだ。地域通貨は現在はたしかにマネーではなく電子クーポンでしかないかもしれないが、[1]このコミュニティ中心の未来図では、ロンドンの電子シリング、イスラムの電子ゴールド、ＩＢＭドルがリップルを通じて相互につながり、シームレスで世界規模の交換手段が提供されるようになっているだろうことは容易に想像できる。そして共有台帳が、マネーの新たな形に透明性をもたらす。

これは、一見思えるよりもずっと、過去に再び回帰する行為だ。普通の人々によるマネー管理の歴史を見ると、どんなものでも利用可能なマネー管理手段を使いあってきたすばらしい歴史が見えてくる。たとえばイギリスでは、19世紀になるまで、ポンド以外にも複数の通貨が普通に流通していた。ブレトン・ウッズ後の世界に生まれた国家資本主義によって一時的に追放されたこの状況は再び回復する可能性が高く[2]、携帯電話やスマートウォッチに助けられ、後押しされた人々がそこに順応できない理由は見当たらない。このマネーの「新ローカル」版は、スチュアート朝イングランド（１３７１年―１７１４年）の住民たちにとって中央銀行や小切手が奇妙に思えたのと同じように、今の人々にとっては奇妙に思えるかもしれない。だが、実際には、それほど奇妙なものでもない。１００種類の通貨が詰まった財布やその１００種類の通貨に対応した１００個の硬貨投入口があるコーラの自動販売機はばかげているが、言うまでもなく、携帯電話や自動販売機はそれらの通貨について（もっと言うなら、通貨市場について）数分の１秒で交渉し、合意することができる。iPhoneやサムスンのＭＳＴ、マイクロソフトのＨＣＥウォレットで「タップ・アンド・ゴー」するまでにかかるだけの時間だ。

コミュニティと考え得る通貨

ここで経済的、技術的、芸術的観点を合体させて、マネーを創造するうえで考え得る３種類のコミュニティと、自らの価値を反映する形で生み出されるかもしれない様々なマネーを見ていこう。経済的、文化的、地理的な例を選んでみた。

経済的コミュニティ――ハード電子ユーロ

世界金融危機のころ、イギリスの財務大臣アリスター・ダーリング（当時）がラジオで話しているのを聞いた。彼は通貨統合の難しさについて語っていて、アイルランドやギリシャ、ポルトガル、キプロスでの問題に触れていた。異なる原則に基づく経済間での通貨統合で金融政策を維持するうえでの問題についても語っていた。どれも、その通りだ。だが、それがイギリスではどうして事情が違うのかは説明しなかった。ドイツとルクセンブルク、ギリシャ間で通貨統合を維持しようとする狂気が、イングランドとウェールズ、スコットランド間で通貨統合を維持しようとする狂気とどう違うというのだ？　この3国が政治的には統合されているからといって、現実は変わらない。経済は、根本的に違っているのだ。大臣の主張は、スコットランドが独立を選んだとしたら、イングランドとスコットランドとの通貨統合を維持することは不可能になるだろうというものだった。だが、それが本当だとしたら、今でも状況は同じだ！　イングランドにとって最善の金融政策は必ずしもスコットランドにとって最善の金融政策とは限らないし、テクノロジーの進化は、ナポレオン戦争時代の商売にとって最善だったものが近代経済にとってはもう最善ではないかもしれないことを意味している。

通貨統合の問題が経済圏内の取引コストだけだったとしたら、[3] 元財務大臣ジョン・メージャーが１９９０年に打ち出したユーロの代替案（ただし、その概念自体は１９８３年から存在していた）は前進する道のひとつだった。当時、それは「ハードＥＣＵ」と呼ばれていた。ＥＣＵは「European Currency Unit（ヨーロッパ通貨単位）」の頭文字で、為替変動を最小限に抑えることで国際ビジネスを支援することを目的とした主要通貨を用いる会計単位だ。ハードECUについてのメージャーの考え方は、「切り下げなし」が保証された、本格的な通貨だった。[4] ECUが対象国のインフレ率の加重平均を反映しているのに対し、ハードECUはもっとも強い通貨に紐づけられる（その通貨は当然、ドイツマルクになっていただろう）。この保証は、切り下げが発生した際には参加する各中央銀行が自国通貨を買い戻すか、為替差損を補償するという確約によって裏付けられる。

そのような並行通貨が現在になるとどう見えるか、考えてみてほしい。それは物理的な形は一度も取らない電子通貨だが、それでもEU加盟国の法定通貨だ（それが現実にはどういう意味を持つのかは、脇へ置いておく）。そのため、企業はハードECUで帳簿をつけることができる。イギリスがEUから脱退したあともそれは可能で、最小限の取引コストで国境を越えて取引することも可能だ。観光客はハードECU建てのペイメントカードを持ち、なんの罰則もなくEU中で使うことができる、等々。だがどの国も自国の通貨も使い続け（イギリスの店ではポンドの紙幣や硬貨を使うことができる）、それを交換するコストが節約できる。

このような並行通貨は、経済統合を予期するものではない（それを言うなら、保証するものでもない）。むしろ、コミュニティの取引を容易にするものであって、それが取引需要を容易にするために必要なコミュニティの評判システムと並行に進化していくであろうことが私には予期できる。

文化的コミュニティ――イスラム電子ゴールド

私は以前から、ここにチャンスがあるとにらんでいた。マネーのブランド化の影響を考えるため、マンチェスター・ユナイテッド・ポンド、コーンウォール電子錫、イスラム電子ゴールドの話に戻ろう。その影響は多大なものになるかもしれない！　イスラム電子ゴールドの利用者は10億人にものぼるかもしれず、カードの利便性を保ちつつ、無利息の通貨で取引したいという欲求を考えると、金建てのゴールドカードを提供するというのはわかりやすい提案のように思える。ゴールド支持者はオックスフォード・ストリートで靴を買う際に、チップや暗証番号つきのゴールドカードを差し出す。システムにとっては、それは外貨取引のひとつにすぎない。明細書上ではグラム単位の金に換算されるというだけの違いだ。月末に利用者が口座に持っている以上の金を使っていたら、一定の費用を払って一時的に銀行の金を充当することができる。あら不思議、金利は付かない。そして金の利用者が金を手元に置きたければ、原則としては該当する預託期間に行けば引き出すことも可能だ（当然、取扱手数料は取られる）。ご興味がおありの金利付きクレジットカード発行者のみなさん、どうぞ一列に並んでいただけますか？

地理的コミュニティ――ロンドンの電子シリング

想像してみてほしい。国家ではなく都市がマネーとアイデンティティの源となる世界を（私がもっとも興味を持っている二つの要素だ！）。多くの人々がこれらの考えをなんとなく投機的に感じるだろうことはわかっているし、私もそう思っていたかもしれない。だが、『フィナンシャル・タイムズ』の記事にこのような一文が載っていた。「賢い判断を下すには、投資家と政策決定者は世界を国の集まりとしてではなく、都市のネットワークとして見るべきだ[5]」。まさしくその通り。

私は、『21世紀の貨幣論』の著者フェリックス・マーティン[6]と一緒にポッドキャストを作成した。[7] その中で彼は、テクノロジーとマネーをめぐる「駆け引き」と、統治者と市場との間の「駆け引き」について語っている。これは、故グリン・デイヴィスが（第1回のコンサルト・ハイペリオン・フォーラムで）語ったもので、いつでも統治者の力を弱めるために使われてきた「駆け引き」だ。ついでだが、フェリックスはイングランド銀行がビットコインのようなものを使って電子通貨「イングランド銀行硬貨」とか、何かそのようなものを発行するという話もしていた。

この二つの概念を組み合わせて、国家ではなく都市や地域が発行する電子マネーの議論をしてみてはどうだろう？　ポッドキャストでは、ロンドンが独自のマネーを持ったりスコットランドが初の完全バーチャルな法定不換通貨を立ち上げたりするという私のいかれた理論のいくつかに、フェリックスが分別ある反証を試みている。だが、通貨の下にある地殻は私が考える方向に動いているように感じる。ここでまた『フィナンシャル・タイムズ』をめぐって、私のような純朴な技術決定論者ではなく、偉大にしてすばらしき人々がこれについてどのようなことを言っていたか見てみよう。たとえば、ジャーナリストのマーティン・ウルフはどうだろう？　彼はロンドンのほうがスコットランドよりはるかに裕福であり、財政的に自己充足することは簡単だと述べている(8)。都市の時代を認識し、国家経済がないことも認識するのであれば、「ロンドンが真の都市国家となるべき時が来た」のだ。

ごもっとも。そして、ロンドンに独自のマネーを持たせることで、これ以上ロンドンがイギリス経済をゆがめるのを止める時でもある。イギリスには、もうすでに二つの経済がある。ロンドンと、その他だ。だからそれを認識し、ロンドンを「ポンド地域」から今すぐにでも除外するべきだ！　私は、電子的にしか存在しない「ハード電子シリング」（でもなんでも、未来の市長が通貨単位として選ぶもの）にはまったくなんの問題も見いだせない。電子シリングを法定通貨にして、「西洋のシンガポール」で税金を払う唯一の方法にすれば、すべて1年以内に立ち上がって機能するようになるだろう。

美術学校

脱工業化マネーのまとめに入る前に、想像力を補う最後の脱線として、まったく違う観点からマネーの未来を考えてみよう。20年前から、コンサルト・ハイペリオンはフォーラムを開催してきた。「明日の売買フォーラム」というタイトルで、売買の未来を見るために、毎年春にロンドンで開催しているものだ。その一環として、最近では美大生を対象に「マネーの未来デザイン賞」を授与している。

この賞の意図は、芸術家にマネーや支払、信用の未来について考えてもらうことで技術者たちが視野を広げられるようにすることだ。可能性の幅をわかりやすくするために応募作品をほんのいくつか取り上げて、マネーの未来についての思考プロセスの足しにしてもらえたらと思う。だができれば時間を割いて、www.futuremoneyaward.com で芸術家たちのすばらしい作品をすべて見てみてほしい。

電気マネー――オースティン・ホールズワース（2008年）

オースティンが思い描くのは、電子マネーがハッキングされて新しいシステムが導入されたディストピア的未来だ。電子マネーの新たなシステムは、電力を「通貨」として用いる代替金融システムだ。このシステムの利点は、原動力が電気であるため、システムを保護する暗号化が必要ないということだ。電気は作ったり破壊したりすることはできず、ただ変換できるだけだからだ。

ホームレスを対象とした収入創出ツールは、簡素化されたポンドの原動機を基盤としている。空き缶の上に手をかざせば、温度が上がるために内部の空気が膨張する。膨張した空気が管を通る強磁性流体の中に浮かぶ磁石を動かして、電線に微弱な電流が生じる。

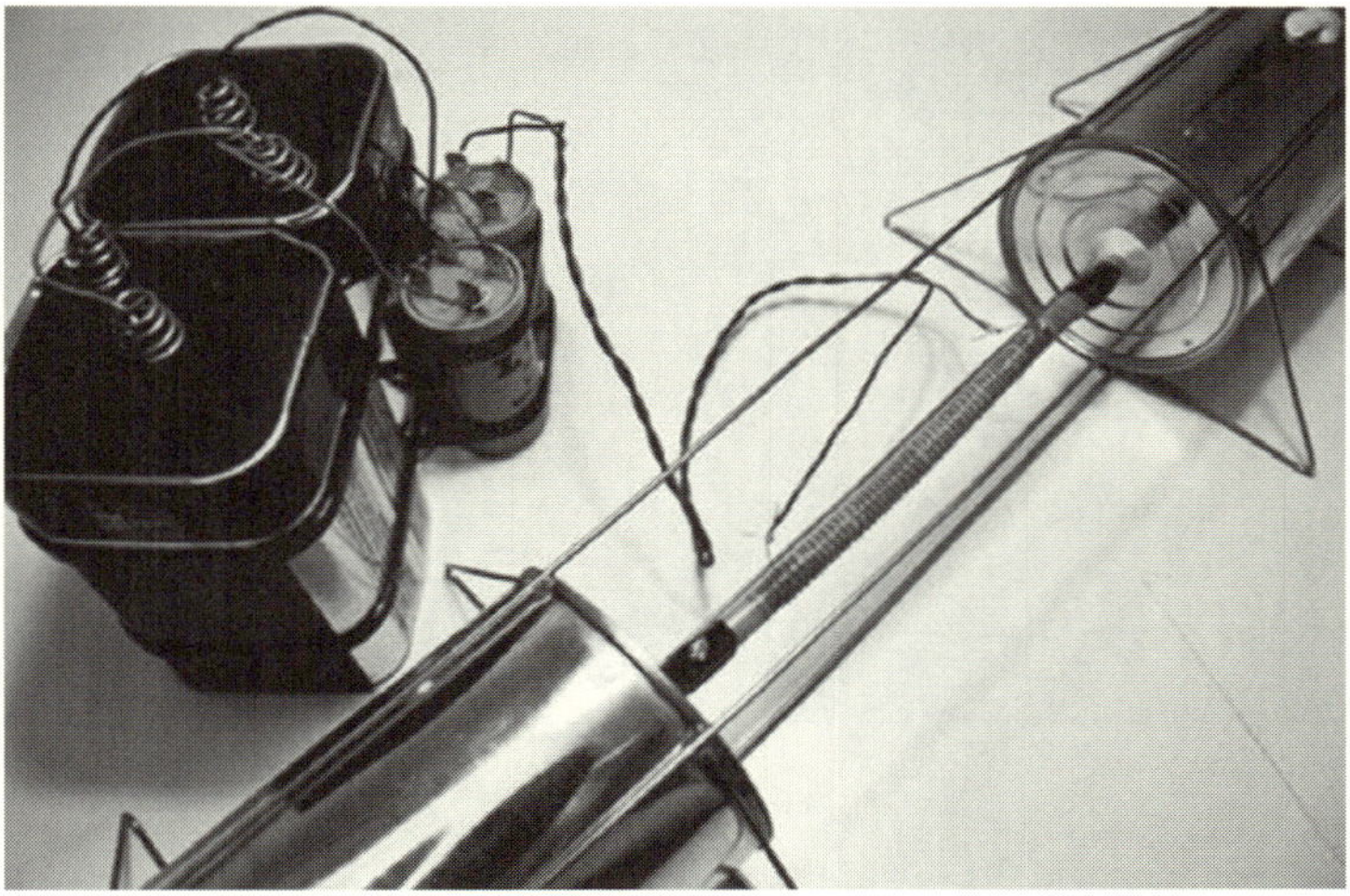

図 15-1　電気マネー（© Austin Houldsworth）

私がこのアイデアに衝撃を受けたのは、テクノロジーとアートがあまりにも美しく融合していたからだ。エネルギーを基盤とする未来のデジタル通貨を想像するのは簡単だが、この分散化を思いつくには芸術家の発想が必要で、その発想はある意味不思議な形でビットコインの電力重視の分散化された構造とも共鳴している。

セルフィーマネー――ジョナソン・キーツ（2014年）

ドルやポンドにとっては厳しい時代だ。紙幣はスクウエアやペイパルに負けつつある。国の通貨という概念そのものが、ビットコインの時代には陳腐化しているかもしれない。

イングランド銀行はマネーの陳腐化を避けるため、10ポンド紙幣の顔をジェーン・オースティンに変えた。チャールズ・ダーウィンよりは若い世代にうけると考えたのだ。だがそのような努力では足りないし、遅すぎる。電子取引の分散した便利さ（暗号通貨の匿名性はその便利さのごく一部にすぎない）に対抗して勝利するには、強烈なナルシシズムに訴えるほかない。

図 15-2　セルフィー紙幣（© Jonathon Keats）

政府は紙幣に印刷された歴史上の人物の肖像を、実際に紙幣を使う当人の顔写真に置き換えるべきだ。紙幣の新たな顔は、セルフィーなのだ。

現代社会におけるセレブリティと富との強いつながりを考えると、セルフィー紙幣はさほど問題なく一般に受け入れられるだろう。さらに、このシステムは不況を食い止めて国家経済にもプラス効果をもたらすことにもなる。他人の財布に自分の肖像を入れたいという人々の欲求が、消費を促進するからだ。ナルシシズムこそ、国家の新たな富となるのだ。

このアイデアは代替性を終わらせ、未来のスマートマネーを過去に経てきた持ち主の地位によって価値が決まっていたアッシニア紙幣と同じようなものにする。この概念は、別の入賞作品によってさらに発展した。

ＴＲＡＩＬ$——ニティパク・サムセン（２０１１年）

あなたのポケットに入っているマネーが、どこから来たか考えたことはあるだろうか？　前の持ち主は誰だったのだろう？　その前の持ち主は？　有名なセレブだったりしただろうか？

ＴＲＡＩＬ$は、新たな金融支払システムの発展を想像させ

図 15-3　TRAIL$ カード（© Nitipak Samsen）

るものだ。偽造が簡単だった20世紀の紙幣を置き換えることだけを目的としたシステムだ。

スマート紙幣は、紙幣そのものに読み取り可能な所有履歴をつけたものだ。マネーロンダリングを予防するためのイノベーションとなる。このシステムは成功するかに思われたが、抜け穴や各紙幣の価値をめぐる予想外の不安定さがあり、やがてはこの物語の主役の終焉へとつながってしまった。

この物語は、公務員から起業家へと転身した人物の観点から語られる。彼は金融業界で働く専門家で、新たな「スマート」紙幣システムをめぐる個人的経験を、その結果生じたメリットやデメリットについて、セキュリティや親しみやすさ、そして経済的および狂信的観点から語っている。

（結局のところ、履歴の中に自分の顔とマンチェスター・シティの名選手セルヒオ・アグエロの顔も入っているレアな50ポンド紙幣を大事にしない人などいるだろうか?!）

ビットコインとフェイスブックを組み合わせたこのシステム——どこにいたか、何に使われたか、誰が使ったかを覚えているスマートマネー——は、未来のデジタル通貨の興味深いビジョンにも思える。電子マネーが匿名で代替可能なものであれば、

図 15-4　ビッグショットの模擬ウェブサイト（© Joe Carpita and Craig Stover）

未来はかなり違って見えるだろう。

ビッグショット――ジョー・カーピタとクレイグ・ストーヴァー（2013年）

匿名のルーティング、暗号の無秩序、そしてクラウドファンディングが合体すると、どうなるだろう？

現在、個人はかつてないほど力を行使することができるようになっている。匿名のオンライン技術の普及により、この力は幾何級数的に発揮できる。かつては不可能だった規模で、正道を踏み外した犯罪行為の可能性も生むのだ。危険な思想の持ち主が、インターネット接続により誰にでも支援を呼びかけられる公共のプラットフォームを与えられた世界を想像してみてほしい。

第10章で紹介した暗殺市場をクラウドソーシングで立ち上げるというアイデアに直面した私たちは、次世代のマネーを創ろうとするときに考慮しなければならない新たな種類の犯罪（そして、私に言わせれば、新たな種類の外交）を想像せざるを得ない。それは、テクノロジーと経済、銀行についての考慮と同じくらい重要なものだ。

16

バック・トゥ・ザ・フューチャー

電子マネーの世界は、我々が過去数百年間知っていた市場よりは、マネーが発明される前の新石器時代の経済のほうに似ている。

――ジャック・ウェザーフォード「金融最前線」(『ディスカバー』誌、1998年)

私がここまでざっと紹介し、いまだに魅了され続けるマネーの歴史がある。そして、人々が未来はこうなると思っていたマネーの歴史もある。そちらには、私はいろんな意味でよりいっそう魅了されている。マネーの未来を人々がどう考えていたかにはずっと興味を持っているし、間違っていた部分に関しては、どうして間違えたのかを知りたくてたまらない。その延長で私がたどり着いたのが、1998年10月の『ディスカバー』誌の記事「金融最前線」だ。この記事では、幾人かの著名な思想家たちにマネーの未来について推測してもらっている。ウェブが生まれたばかりの20年ほど前の彼らのコメントをいくつか振り返って、この物語のまとめに役立てよう。

フィリップ・デイヴィスは、当時と同じく今もブラウン大学で応用数学の名誉教授を務めている。彼は、バーチャルマネーの所有と、実体を持つ資産の所有との間の心理的な因果関係について述べ、有名な「予期せぬ結果の法則」というものに触れた。これについて、私はデイヴィスにまったく同感だ。マネーはあまりにも複雑な集合体なので、その再発明にあたっては予期せぬ結果の法則があてはまることが、まったくもって不可避的に予想される。合札が繰延支払の仕組みとして発明されたのに市場がそれを価値の貯蔵手段へ、そして交換手段へと変貌させたのと同じように、市場がビットコインをどう変貌させるか、誰にわかると言うのだろう?

クリプトグラフィ・リサーチ社のポール・コッフェル社長は、暗号システムに侵入するのは銀行に物理的に強盗に入るよりもずっと難しいが、儲かる可能性ははるかに高いと述べている。なんと正確な予測だろう! サイバー犯罪が手に負えなくなっている一方で銀行強盗は年々減り続け、ピッキングも減少している。暗号については当時も今も世界トップクラスの専門家であるポールは、世界初の数十億ドル規模の強盗は2010年より前には起こるだろうと予言した。実際にそうなったかどうかは、定かではない。起こったが、秘密にされているのかもしれない。報じられる「強盗」はまだ100万や1000万の単位でしかないが、もっと巨額の盗難が世間の目から隠されている可能性は十分にある。

当時オーストラリア国立大学（ANU）の人類学・考古学教授だったクリス・グレゴリーは今も同じ大学で考古学講師を務めているが、「人と人との間での戦争がなくならないかぎり」、黄金がマネーの最高位の形でありつづけるだろうと述べている。当初、私はこれがずいぶん気の滅入るコメントだと思った。人類による人類に対する非人道的行為が続くという意味だと捉えたからだ。だが、考えてみれば、これはマネーに関する非常に深い保守主義を表しているとも言える。

これらは興味深く有意義な見解だが、私はマネーとテクノロジーとの複雑な相互関係をより深く理解したいと思っていたので、マカレスター・カレッジの人類学教授ジャック・ウェザーフォードが当時多大な関心とともに述べた以下の発言を読んだ。

歴史を長い目で見てみれば、マネーはごく最近になるまで必要とはされていなかった。間もなく――私たちが生きている間はないだろうが――歴史の中でマネーの段階は終わり、私たちが知っているマネーは過去の奇妙な遺物となるのだ。

ウェザーフォードはさらに、現金がすでに「貧しい人々と貧しい国家の領域になった」とも述べた。彼は、マネーの新しい形がいくつも見えてくるなか、物々交換とマネーとの間の差があいまいになってくると記している。そして結論として、未来のデジタルマネーの世界はマネーが発明される前の新石器時代の経済とかなり似たものになるだろうと述べた。携帯電話が世界中に普及するよりもずっと前、1億人を超えるアフリカ人がFacebookにのめりこむよりずっと前に彼がこの結論に到達していたことに、私は驚きを隠せない。

私はほかにも、ポール・クルーグマンの当時のコメントにも強い興味を覚えた。当時MITで経済学を教えていたクルーグマンはいくつか要点を述べているが、ここでは四つだけ取り上げよう。

クルーグマンは、電子現金と電子マネーとの間には明確な違いが生まれているだろうと述べている。売り手も買い手も買い手の信用性を問題にしたがらない、少額取引の必要性があるからというのがその理由だ。

私も当時は納得していたが、今はそうは思わない。「インターネット・オブ・シングス」と常時ネットワークにつなぎっぱなしの状態が、両者のコスト差をなくしてしまったからだ。

彼は続けて、世界共通の通貨が現れることは当分ないだろうとも述べている。世界各地で価格の安定性をもたらすために通貨を分けておくことには、大きなメリットがあるからだ。私はと言えば、世界共通の通貨が現れることは絶対にないと思う。経済的に考えても理屈に合わないし、技術的にも社会的にも政治的にもビジネス的にも理屈に合うものではない。

クルーグマンはさらに、企業がそれぞれに独自通貨を発行することはないだろうと述べた。これについては、私はそこまで断言はできない。法定不換通貨よりも多くの種類のマネーが出回るのだとしたら、法人は明らかに取引に使われる交換媒介物の発行者になるし、企業とその顧客は通貨を共有するという動機を持つ一種のコミュニティだ。法人が価値の貯蔵手段を提供できるかどうかは予測が難しい。物事の大きな枠組みの中で見れば、企業はあまり長く続くわけではないからだ。

最後にクルーグマンは誰もが匿名で、信頼のできる交換手段を求めていて、機会さえあれば、政府が後ろ盾になってくれるものを欲しがると語った。彼はこう考えている。

> 純粋にバーチャルなマネーのシステムは、激しい不安定性にさらされるものと想像できる。

すでに議論した通り、匿名性を求める人は大勢いる（と言っても、彼らが本当に求めているのはプライバシーなのだが）。しかも、それがどういうことなのかじっくりと考えたことがないというだけの理由で。[1] 私たちは、本当に取引が匿名な社会で暮らしたいのだろうか？　私には定かではない。すべての取引が匿名である社会は、マネーと権力を持つ者が罰せられることなく行動できる社会だ。腐敗を積極的に奨励する社会なのだ。だからこそ、私は「独自」という言葉をあえて選んでいるわけだ。

前にも述べたが、私が属したいと考えるコミュニティでは、透明性が通貨の主な特徴のひとつになることは十分あり得る。そして、未来の民間支払システムはオープンソースのソフトウェアで構築され、公衆の目にさらされて「プライバシーのダイヤル」が民主的に説明責任の果たせるレベルに設定されていることを確認できるように創られなければならない。当時からスタンフォード大学で神経科学の教授を務めているロバート・サポルスキーはこのように警告している。

認証システムの完成そのものが、どこかの脳無しな技術屋が誰かのフェロモン信号を盗んでマドンナの生誕100周年記念にアンティークのCDを買い集めて巨額の請求が来たためにその誰かが破産するなどという都市伝説を現実のものにするだろう。

これは、オンライン誌『オープン・デモクラシー』にマネーの「武器化」について書いたジム・ベンデルとも同じ意見だ。(2) これらのもっともな懸念を受けて、私たちは、テクノロジーのロードマップ上で進む道筋についてもっと多くの情報を集めたうえで社会の意思決定ができるようにしなければならない。幸いなことに、技術進歩のペースが加速度的に上がっているなかでも、このロードマップは社会的なロードマップよりも明確である。新しいテクノロジーと言えば、当時はＭＩＴでコンピューター科学の教授、今はＭＩＴメディアラボの教授を務めているマーヴィン・ミンスキーがこんなことを言っている。

高速コンピューターと膨大なメモリーがあれば、我々は非線形のデータベースを持つことができる。それはひとりひとりが何を持っていて、何を欲しがっているかをより良く理解できるものだ。そして、複雑なゲーム理論関連の計算を用いれば、「売りたい」と思っている品に対して誰もがより多くを（個人的価値という意味で）一般的に得られることになるかもしれない。

テクノロジーのロードマップからミンスキーが推察したことと人類学者としてのウェザーフォードのコメントとの間には関連があるが、これについてはまたあとで戻ってこよう。ちなみにミンスキーは、マネーと課税の関係についてもさらに述べている。

現在の未回収の税金が多額にのぼるため、税金は今よりも低くなる。

先進国経済の5分の1くらいが非課税で公式な金融システムの外にあることを考えると、税負担は賃金生活者である私たちの肩に重くのしかかる。そして金融危機後の税負担が人口動態の崖っぷちから転げ落ちる寸前まで上がり続けるなか、改革を求める声も高まる。ミンスキーは、私の意見をこのような発言で裏付けてくれている。

電子通貨のシステムは、プライバシーを保護する法律が大幅に強化されないかぎり、容認されることはないだろう。

これらの最後の構成要素が揃えば、マネーの未来にあり得そうな物語の概要が思い描ける。分散型で民間の、コミュニティ中心で、長期的には消え去るであろうシステムだ。だがこの物語は、いつになったら始まるのだろう？　本書の巻末にまとめた世界中の実例をぱらぱらとめくってみれば、もう始まっていることがわかるはずだ。

落ち着いてください

キャッシュレスのスウェーデン！　インドの廃貨！　ユーロの崩壊！　空が落ちてくる！　いや、そんなことはない。

このくらいの規模の金融的変化なら、もう何回か経験してきた。たとえば400年ほど前、イングランドでのマネー事情はとんでもなく間違った方向に転がっていた。私たちは今、似たような地点に差しかかっている。

それはどのような未来になるだろう？　私たちは似たような価値基盤の通貨が何種類も存在する複数の、重複するコミュニティが存在する世界を見据えているのだろうか？　ジャック・ウェザーフォードのような人類学者やナイジェル・ドッドのような社会学者たちの考え方は、新しいテクノロジーが評判で結ばれた集団内に信頼基盤のコマースを再度もたらすことを示唆している。新石器時代の氏族が、未来では世界的な電子氏族になるだけの話だ。誰が誰に何を借りているか、誰がいくらぶんの価値を持っているか、誰が誰からいくら借りているかも覚えておく必要はない。代わりに機械がそれをやってくれるからだ。今あるテクノロジー（携帯電話とソーシャルネットワーク、生体認証とビッグデータのダイナミックな組み合わせ）は流動的に変化する形で交流や取引ができるようにしてくれるが、それは事実上、私たちの評判を使っておこなっているのだ。

そうなると、信頼集団の中での「マネー」の使用について魅惑的な疑問が湧きあがってくる。そして、それらの疑問はもっと熟考するに値する。経済がもっと複雑になり、もっと洗練されてくると、信頼はますます重要になる。デジタル署名や携帯電話、ソーシャルネットワーク、TCP／IP（インターネット・プロトコル）などの幅広いテクノロジーのおかげで信頼が大規模展開できるようになったという事実は、もっと大きな信頼集団がもっとたくさん存在し得るということを意味する。「マネーゾーン」を脱工業化経済の「最適通貨圏」のように考えれば、個人や組織、政府が理解できるコミュニティと信頼集団との間のつながりが見えるだろう。ひょっとすると、すべての信頼集団がそれぞれ独自のマネーを持つようになるかもしれない！　過去の世界のコミュニティは取引によってつながった個人で構成されていたが、近代世界の信頼集団はデジタル・アイデンティティや共有台帳、法定不換ではない通貨で簡素化された取引によってつながっているのだ。

この「未来への回帰《バック・トゥ・ザ・フューチャー》」的なビジョンは一見奇妙に思えるかもしれないが、テクノロジーによる後押しと社会による牽引、そして両者の間のビジネス上のつながりによって展開しつつあるロードマップとは矛盾しないように思える。新石器時代の信頼ネットワークに基づく物々交換制度は、近親者集団を越える居住区や都市の経済にまでは広げられないが、携帯電話やソーシャルネットワーク、そしてその他の新しいテクノロジーの変化がまたしても様相を変えている。そしていろんな意味で、新しいテクノロジーがもたらす豊かさが、過去のやり方を再発明しているのだ。[3]

17 次のマネー

中央銀行は成熟しきったが、まだ老年には達していない。ただ、その絶滅の可能性がないとも言い切れない。社会は、これまでにも中央銀行なしでやってきた経験があるからだ。

――マーヴィン・キング（イングランド銀行元総裁）２０１６年

未来のマネーは、どのように運営されるのだろう？　現在の中央銀行によってでは、たぶんないだろう。第14章で紹介したマネーの未来の選択肢（中央銀行、商業銀行、企業、暗号、コミュニティ）を検討し、第15章で述べたビジョンを検討し、第16章の大局を考慮しても、そして変化を求める圧力を考慮しても、今のような中央銀行という選択肢（法定不換通貨）が脱工業化経済にとって最善かどうかは定かではない。ブリットコインの形を取っていようがブリットペサの形を取っていようが同じことだ。中央銀行は10年前の世界的金融危機から成熟したかもしれないし、まだ耄碌《もうろく》するほどではないかもしれないが、マーヴィン・キングが指摘している通り、だからと言って中央銀行の改革や排除の可能性がないとは言い切れない。[1] 生き残ることはできるだろうが（デジタル法定不換通貨は当然、経済の進化における次の段階に考え得る選択肢だ）、国家政府がマネーを創って管理するのはもう最善ではないかもしれない。近代経済を支えるためにもっとも効果的な通貨圏を定義するのに、国境はもう使えないからだ。

だが、では代わりに何を使えばいい？　長期的に通貨を管理・運営するために必要な信頼や構造を一般企業が持っているかと聞かれたら、私は自信がない。暗号通貨はニッチ市場に食いこめるかもしれないが、それがマスマーケットで交換媒介物になるとは考えにくい。マネーの未来は通貨圏ではなく、評判圏を中心に編成されると私は思う。だからこそ、未来の通貨を発行するのが必然的に国ではなく、コミュニティになるだろうと結論づけているのだ。

コミュニティが通貨の必然的な基盤となるのだとしたら、現在の法定不換通貨の後継者を育てるコミュニティはたくさん（「現実」もバーチャルも）あることになる。著書『我らは黄金を信じる』[2]で、マシュー・ビショップとマイケル・グリーンは法定不換通貨以降の世界に様々な形の通貨が登場するであろうことは十分に予測できると述べているが、たったひとつの選択肢が幅を利かせることを裏付ける反証しがたい主張がないことには私も同意する。さらに、私たちは皆複数の重複するコミュニティに属しているわけだから、未来予想図も複数の、重複する通貨を示している。

限界コストと複数のコミュニティ

どうしてコミュニティにここまで注目するのか？　まず、マネーの未来について聞かれる一番基本的な質問は、金融革命の流れが世界的な調整コストを最小限に抑えることが原動力となるために単一通貨（あのSF作家たちが愛する銀河系共通の単位）に向かう傾向なのか、それとも新しいテクノロジーがその他の取引コストを抑えるために通貨の爆発的増加に向かう傾向なのかということだ。前述の通り、技術屋としての私はもっと多くの通貨だけでなく、もっともっとたくさんの種類のマネーがかつてないほど増えていくと思う。これは、ありとあらゆる種類の支払システムが出てくるというのとはわけが違う。本書で取り上げてきた現金に置き換わるテクノロジー――ペイパル、エムペサ、iDEAL（これはオランダで主流のオンライン支払手段だ）、EMV――は、ポンドが「現実」の通貨で『ワールド・オブ・ウォークラフト』のゴールドがそうではないという事実を理解しない。紙の切れっぱしから効率の良い電子プラットフォームへと移行することで生じる主な影響は間違いなく、通貨がデータセット内のひとつのフィールドにすぎなくなるという事実だ。私はペイパルを使って、米ドルを送金するのと同じくらい簡単に「デイヴ・ドル」を送金することができるようになる。

POSでの支払をしなくなり（デジタルIDのおかげだ）、現金を使わなくなると（デジタルマネーのおかげだ）、私たちはまったく異なる力学に基づくマネーの世界に突入することになる。そこは、新しい通貨を導入する限界コストがほぼゼロの世界だ。そうなると、「千種の花咲く」モードになり、実験的通貨が爆発的に増えることも十分考えられる。この時代の終わりに、ドル札《ビル》とビル・ドル（電子現金派の我々がお気に入りの使い古されたネタだ）のどっちがより使われているかは、誰にもわからない。

POS以降の電子マネー業界は、どんなふうになっているだろう？　ハイエクは1世代ほど前、かつて「境界線内」に住んでいた人々にも複数のマネーは完璧に理解できていたと指摘した（そして今、私たちも間違いなく境界線に立っている。物理的世界とサイバースペースとの境界線だ）。だから、今また同じことができないと考える理由はない。だが、もっと重要なのは、中世時代のマネー交換が携帯電話や24時間営業の外国為替市場なしにおこなわれていたということだ。

たとえば、私が休暇でニューヨークに行くから米ドルを手に入れたくて、同時に週末にはのんびりとオークを殺戮しに行きたいから『ワールド・オブ・ウォークラフト』のゴールドも手に入れたいと自分の携帯電話に教えたとする。そうすると、そこからの私の脳内取引コストはゼロになる。携帯電話が、取引相手の携帯電話と勝手に交渉してくれるからだ。

「そっちにWoWのゴールド、ある?」

「ないよ。ブリティッシュ・エアウェイズのアヴィオスじゃだめかな?」

「いいけど、なんの価値もないジャンクだから95%割引になるよ」

「わかった。送るよ……」

これが突拍子もない考えだと思うなら、私がつい最近飛行機に乗ったときにアヴィオスでコーヒーを買ったことをお伝えしたい（図17-1）。長期的に得られる結果は、テクノロジーがレプリカント（現在の物理的な交換手段を可能なかぎり完全に模倣する電子的な交換手段）を開発するために使われるというものではなく、もっと社会全体のためになる新しい交換手段を開発するというものだ。

コミュニティにおける通貨

この未来のマネーの領域にどんなものが含まれるか、どうやって考えていけばいいだろう？　私の意見で

図17-1　ポイントは賞品となる

は、手始めにいいのはやはり『安全な場所』という報告書で「ロング・ファイナンス」が探究した２０５０年の金融サービスの世界だ。[3] この報告書では四つのシナリオが紹介されているが、どれもマネーの未来を構築する物語の基盤としては十分あり得る（図17−2）。これらのシナリオはランダムに並んでいるわけではなく、二つの軸に沿って構築されている。最初の軸では中央銀行と国際金融機関を取り巻く「ワシントン・コンセンサス」が今後も続くかどうかを検討し（私はしないと思う）、次の軸ではコミュニティがマネーを再定義するのが完全にバーチャルなものになるのか、これまでのように実体に縛られ続けるのかを検討している。

私は、都市国家による「コミュニティ・コンセンサス」というシナリオと「類縁集団《アフィニティ・グループ》」のシナリオがあり得そうだと思う。都市やその他の辺境の地で構成される世界経済は間違いなく、国家経済に基づくものとは異なる金融サービスや機関を要する。これがどういう意味かというと、未来のアイデンティティの考え方が都市中心型になるということで、人々は自分たちをイギリス人とかアメリカ人とか思うのではなく、ロンドンっ子とかニューヨーカーだと考えるようになるということだ。都市は確実に防衛同盟や貿易協定などをお互いに組むだろうが、実際の統治権を放棄することがあるだろうか？　これについて推測するのは興味深いし、楽しい。都市を基本的な経済単位とみなしたジェイン・ジェイコブズの研究に対して私が長らく持ち続けてきた興味に訴えかけるものだ。[4]

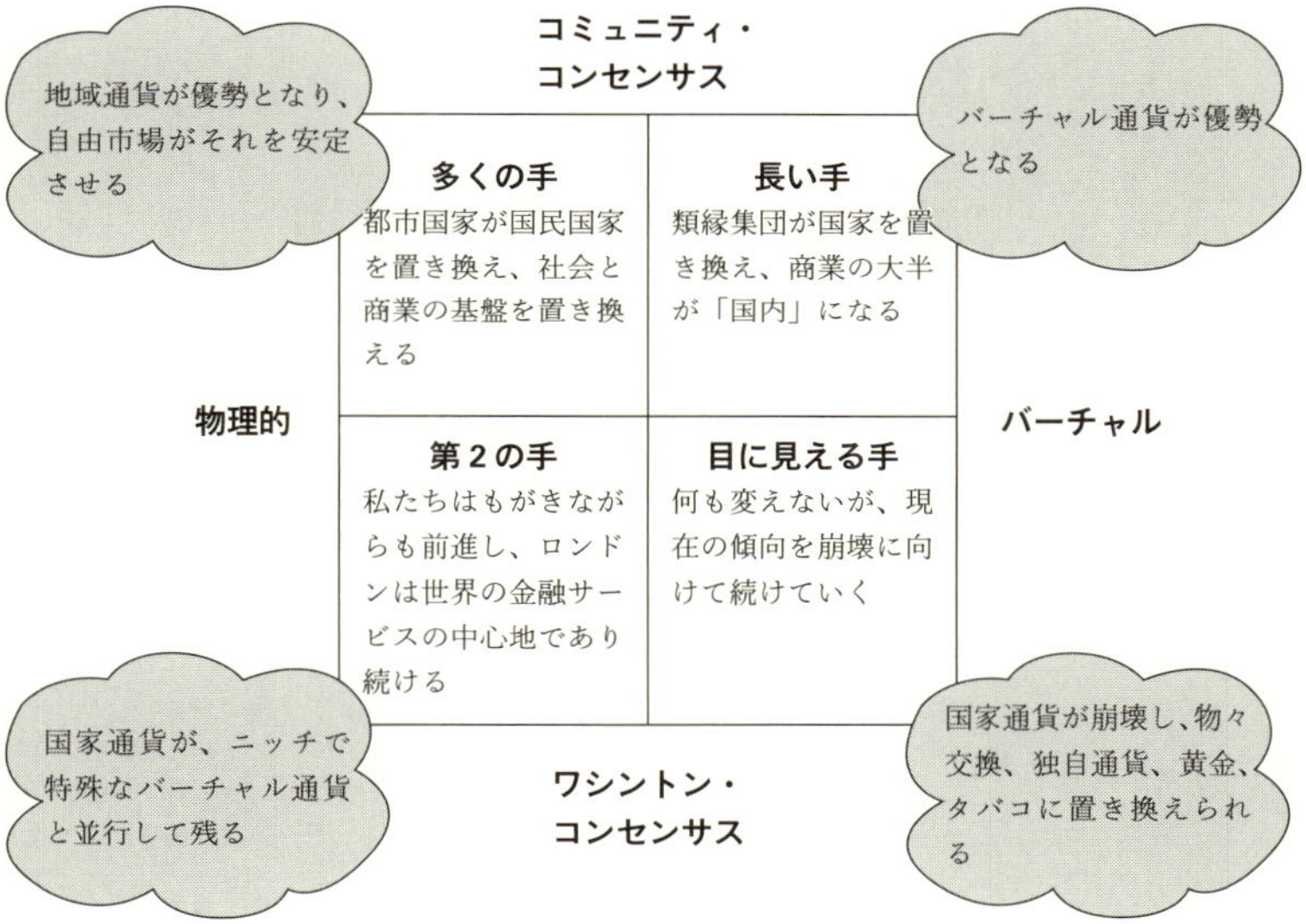

図 17-2　ロング・ファイナンスが思い描く 2050 年のシナリオ

「多くの手」のシナリオについて議論する際、G・リングランドはこの未来について短い、だが強力な意見を述べている。個人は何をおいても自らの「個人識別情報、信用格付け」を守り、通貨協定（国家の法定不換通貨）が崩壊しているだろうから、国際企業のコマーシャル・ペーパーが国際通貨として使われるようになるだろうというのだ。私はリングランドに反論し、単数の「個人識別情報」よりむしろ「社会識別情報」と言いたい。だがリングランドが言いたいことはよくわかる。それらの識別情報のひとつひとつに「信用格付け（個人であれ組織であれ、売買ができることを意味する商業的な評判）」が付随していて、それが経済的な存在にとって中心的な要素になるということだ。前述の通り、これからの社会にとってこれは今使われている従来の信用格付けではなく、ソーシャル・グラフから生まれる可能性が高い。経済はつながっており、ここでの実体経済が市場ではなく、信頼関係によって回る交換であることはすでにわかっている。[5] そうなると、デジタル・アイデンティティ、デジタルマネーとデジタル・ネットワークについてリングランドが予測しているのは、物理世界に縛られたままの評判経済であるように私には思える。私たちは複数のアイデンティティを持ち、異なる事業体が提供するサービスを通じて複数のコミュニティ通貨を使い（その一部はバーチャル・コミュニティに紐づけられていたり、物理的コミュニティ、企業、なかには暗号化コミュニティに紐づけられていたりするものもあるかもしれない）、私たちが属するソーシャルネットワークと評判によって定義づけられる。はっきりと見通すことが不可能な社会的・政治的影響が出るだろうが、強いて予想するなら、それらの変化の長期的影響を過小評価しているだろうことだけは言える。

「長い手」のシナリオを見ればわかるように、これらのコミュニティは地理的に限定されたものではない。むしろ、第14章で説明したように、数々のコミュニティへと広がるものだ。世界経済フォーラムでは「ナチュラル・アイデンティティ・ネットワーク」について議論が交わされた。[6] これは従来の国家あるいは地理的ネットワークに基づくだけでなく、「監督機関」（つまり、ここでは中央銀行に代わる機関）、業界や資産区分（ここには人口動態的な資産区分に関するリングランドの推論も含める）との提携にも基づくものだ。

もっとスマートなマネーがやってくる

未来のコミュニティが生み出すマネーは、今のマネーとはかなり異なったものになる。マネー自体が、スマートになるからだ。経済学者ケネス・ロゴフは著書『現金の呪い』の中で、デジタル通貨がより複雑な取引を可能にするということをうまくまとめている。取引履歴も含め、今よりはるかに多くの情報を扱えるようになるからだ。ビットコインやスマート契約を使った初期の実験が私たちの進むだいたいの方向を教えてくれているが、新しいテクノロジーがこれらスマートマネーの基本構成要素とつながっていく過程で評判や認証、識別、機械学習と人工知能の融合によってもっとスマートなマネーが誕生するだろうというのは乱暴な推理などではまったくない。

これらの新しい観点――「ローカル」マネー、「透明」マネー、「スマート」マネー――が一緒になって、未来のマネーにあり得そうな形を作る。今のマネーよりもうまく未来経済のために働けるマネーだ。私の予想では、様々なコミュニティが様々な組み合わせのマネーを選ぶようになるはずだ。透明性を一番重視するコミュニティもあるだろうし、匿名性を重視するものもあるだろう。中には、もっと洗練された自動化を重視するコミュニティがあれば、もっと洗練された価値（部外者が使えないマネー、特定のサービスにしか使えないマネーなど）を求めるものもあるかもしれない。過去に使われた場所を完全に記憶しているマネーを求めるコミュニティもあれば、何に使われたのかを記憶しておいてほしがるコミュニティもあるだろう。

マネーの物語

というわけで、これが私たちの物語だ。個人や組織間で価値をやり取りするためには、マネーが必要だ。このマネーは、見方によっては物々交換のトークン化から派生するものとも言えるし、負債の「貨幣化」から派生するものとも言える。どちらの見方を取るかはこの際脇へ置いて（とはいうものの、マネーが借入債務と技術的進化との間の創造的緊張から派生するものだという私自身の理論も展開するのにやぶさかではない。言い換えれば、テクノロジーが負債を価値の貯蔵手段や交換手段として使えるようにしたのだ）、歴史的な横糸に注目しよう。

文明の黎明期、そこに存在した唯一のテクノロジーは人間の記憶だった。したがって、マネーが単にその記憶の原始的な形であるという考察ができる（原始的というのは、その使われ方が限定されていたからだ）。文明が進化し、新しいテクノロジーが生まれるにつれ、それらのテクノロジーは少しずつ人間の記憶を置き換えるようになっていき、新石器時代の氏族たちが使うには十分となったが、まだ部族、都市、国家にまで展開できるほどのものではなかった。数千年を経るうちに、文明は利用可能なテクノロジーの範囲内でうまく機能する一連の通貨アレンジメントに落ち着く。過去は、国際取引を支える金本位制を現代に遺した（工業化時代における繁栄の基盤だ）。国家という比較的新しい機関に基づいて組織された通貨、やはり比較的新しい機関だった中央銀行が主に提供したマネー、価値の交換を可能にするための柔軟で効果的な手形（小切手や信用状）、そして小売支払を容易にする多種多様な紙幣と硬貨などがそうだ。

工業化時代が情報化時代に道を譲ると、産業革命のるつぼの中で鋳造された通貨アレンジメントが崩壊を始める。金本位制は薄れていき、私たちが国際機関（国際通貨基金など）によるブレトン・ウッズ協定として知っているものに置き換えられていった。法定不換通貨（「法定」を意味する「フィアット」はラテン語の「フィアト・ルクス」、「光あれ」から来ている）がマネーの一般的な形となったが、すぐに国家から分離し始め（ユーロがその一例）、銀行がマネーの主な製造者となり、ほとんどの先進国経済で流通するマネーのほぼすべてが銀行預金の形になり、「アトムについてのビット」が市場におけるアトム（物質）を置き換え、電子支払のほうが取扱額で上回るようになり（一部の国ではすでに量でも上回っている）、標準化された国家製造の紙幣や硬貨が物理世界の残りかすとして転がっている。

大多数の人々（２０１４年のイギリス国会における「マネーの創造」という議題でも出たように、政治家も含む[7]）はマネーについて理解していないが、金融の歴史の中で１８７１年から１９７１年までの1世紀にあった一時的な脱線のときのマネー・パラダイムをまだ使っている。したがって、前にも述べたように、マネーとアトムとの断絶によって未来が始まったのは１９７１年からだが、まだ集合的な意識を再形成するには至っていない。少なくとも、つい最近までは。何年も前から数々の代替通貨を使った実験や議論や試験運転が（時間銀行からブリストル・ポンドまで）繰り返されてきて、多くの人々（ハイエクがまず思い浮かぶ）がマネーを研究して代替手段を検討してきたにもかかわらず、考え方がリセットされてマネーの未来が哲学的な脱線というよりは戦略決定者たちや政策専門家たちの礼儀正しい会話の種になりだしたのは、世界金融危機が起こってビットコインが登場してようやくだった。

　未来が始まったのはもう1世代以上前だが、これからどう進化していくかを見通すのはまだ難しい。これからのマネーの時代をもっと詳細に見て行けば、テクノロジーとマネーの関係を紐解く糸を何本か引き出して、テクノロジーがマネーをどこへ連れて行くのかについての物語を構築できるようになることを願っている。本書はそれらの糸の意味を理解し、技術革新と金融革新との関係について考え、マネーの未来を予想することが狙いだ。その予想は一見意外かもしれないが、よく考えてみれば理に適っている。その予想とは、最新のテクノロジーがマネーをもとの位置に戻す、すなわち複数の重複するコミュニティ内で、相互借入債務を記録しておくメモリーの代替物としての役割に戻すというものだ。ただし、今度のマネーはスマートになる。マネーを定義するコミュニティの価値を反映するのは、そのマネーになる。マネー自身が自分はどこにいたか、誰に使われていて、何に使われていたかを知っているのだ。

再びの振り返り

シートベルト着用ランプが点灯して、私はベルトを締めながら窓の外に目をやった。そこには、M25号線が見えている。イングランド南東部サリー州の田園風景をくねくねと曲がりながら抜けていく、不思議な美しさを持つアスファルトのリボンだ。はるかウォーキングの上あたりに虹が見えた気がしたが、本当にそこに虹があったのか、すでに記憶から薄れつつあるニューヨークから故郷に戻ってきた熱っぽい興奮のせいで幻覚が見えたのかわからない。深く考えもせず、私は機内誌を手に取ってぱらぱらとめくり始めた。どうしてそんなことをしてしまったのかはわからない。機内誌など、緊急時にしか使わないもののはずなのに。機内誌とは飛行機が墜落しそうなときに読み始めて、その退屈さにすぐ昏睡状態に陥り、不時着したときに生き残る確率を上げるためのものだろう？　意識を失わずに読み進められるのはせいぜい4、5ページだということはわかっていた。だが帰郷するという興奮のせいか、私はモロッコの秘宝についての記事を読破してしまい、ＢＢＣの連ドラ『イーストエンダーズ』でフィル・ミッチェルが育ったロンドンの外国人街イーストエンドの記事を読み始めた。

やがて私の体は力なくシートにもたれかかり、機内誌は手から滑り落ち、大脳皮質は人里離れた山の上に暮らす仙人にしか使えないような省電力スリープモードに入っていった。すぐに、あたたかくて心地よい、永遠の闇に包みこまれる。すると、ほんの数秒にしか思えなかった時間の後、光が見えてきた。そこには「出口とかなんとか」と書かれていて、それは私が横たわっているベッドの反対側のドアの上に掲げられていた。

体中の筋肉が痛い。かつて経験したことがないような、深く座りすぎたときの痛さだ。その意味はわからなかったが、なんとかして克服しようと、私はどうにか起き上がろうとして苦悩の数分間を過ごした。次に気づいたのは、ベッドの脇に置かれた機器から出た管が私につながっていて、ディスプレイのひとつで光が点滅していることだった。足音がする。背後でドアが開いて、男の声がした。

「看護師さん、彼が起き上がっている！」

私は疲労困憊して、ベッドに倒れこんだ。再び目を開けると、親切そうな男性が見下ろしていた。

「信じられない」彼は何度も何度も言って、私の目が開いていることに気づくと、私の顔をまっすぐに見てこう言った。「デイヴィッド、私の声が聞こえますか?」

「ここは、どこ、だ」私はゆっくりと言う。

彼は、私が研究機関にいると言った。私は、どのくらいここにいるのかと聞いた。「ゆうべからここにいるんですか?」

「とんでもない」と彼は言った。「あなたは100年間昏睡状態だったんですよ。昔の暦で言えば、今は2117年です」

聞けば、私はセレブのゴシップやフェイクニュースが人間の脳に与える長期的影響を研究するこの研究機関に移されたのだそうだ。だがあまりにも長い間意識が戻らないので余った部屋に移されて、たまに何かの理学療法をするとき以外は、私のことを忘れていたらしい。目を覚ました今、私は有名人だ! しかも、医療関係者の間だけではない。主なソーシャルメディアがこぞって取材ロボットを寄越し、数時間と経たないうちに私は世界中から何十億本もの電話に応えていた。

翌日、私がベッドから出て散歩に行けるくらい元気になったと医師たちが判断し、近所のショッピングモールまで着替えやその他の日用品を買いに連れて行ってくれた。楽しい買い物だった。モールの衣料品ブースに入ると、着ているものが取り去られる。そこで目の前にある鏡に映った私は、籐で編まれたパジャマのようにしか見えないものを着ていた。気に入らない、と思った瞬間、その服は消えていた。すぐに、考えるだけで目の前の選択肢を変えられることに気づく。そうして数分のうちに、気に入る服を選ぶことができた。ブースから出ると、今選んだ服をレプリケーターが複製するのに数分かかるので、お待ちの間にミーティングセンターで無料のお飲み物をどうぞ、と肉体のない声が教えてくれた。

遺伝子操作によって作られたエナジーコーヒーにキヌアミルクを入れたものを飲みながら、私は医師に、今の服の代金はどうやって払ったのかと聞いてみた。

「ご覧になりたければどうぞ」と医師が言うと、テーブルがスクリーンに変わった。ロンドンの駐車場、Facebookのフローリン通貨、原子力電気や何やらウェセックス自由国家が発行する無金利融資商品が絡む、とんでもなく複雑な一連の交渉が表示された。これらの交渉は私がつけているヘッドバンド、目の前のテーブル、ショッピングモールのブース、その日の朝に首に埋めこんだボーダフォニカのチップがおこなっているらしかった。その仕組みに、私は関心を覚えた。

「デジタル通貨は人だけではなくモノによっても使われているんですか？」

「もちろんです」と医師が言う。「ただ、誰も気にしていないだけですよ。モノに任せておくのが一番です。だって、マネーなんて退屈なものじゃないですか？」

18

終　章――キャッシュレスに向けたマニフェスト

現金は、あと10年もすれば存在しなくなると私は思う。とんでもなく非効率で高価な現金には、必要性がない。

――ジョン・クライアン（ドイツ連邦銀行総裁）２０１６年ダボス世界経済フォーラムにて

本書の第Ⅱ部でキャッシュレスをめぐる九つの主な課題について議論する過程で、私は親友ジェロニモ・エミリと彼の仲間たちが「イタリアン・キャッシュレス・ウェイ」というキャンペーンで四つの政策分野（図18－1）をヨーロッパでの実行可能な「キャッシュレスに向けたマニフェスト」[1]の構成要素として使っているのにインスピレーションを受けた。ここにそれを紹介しよう。

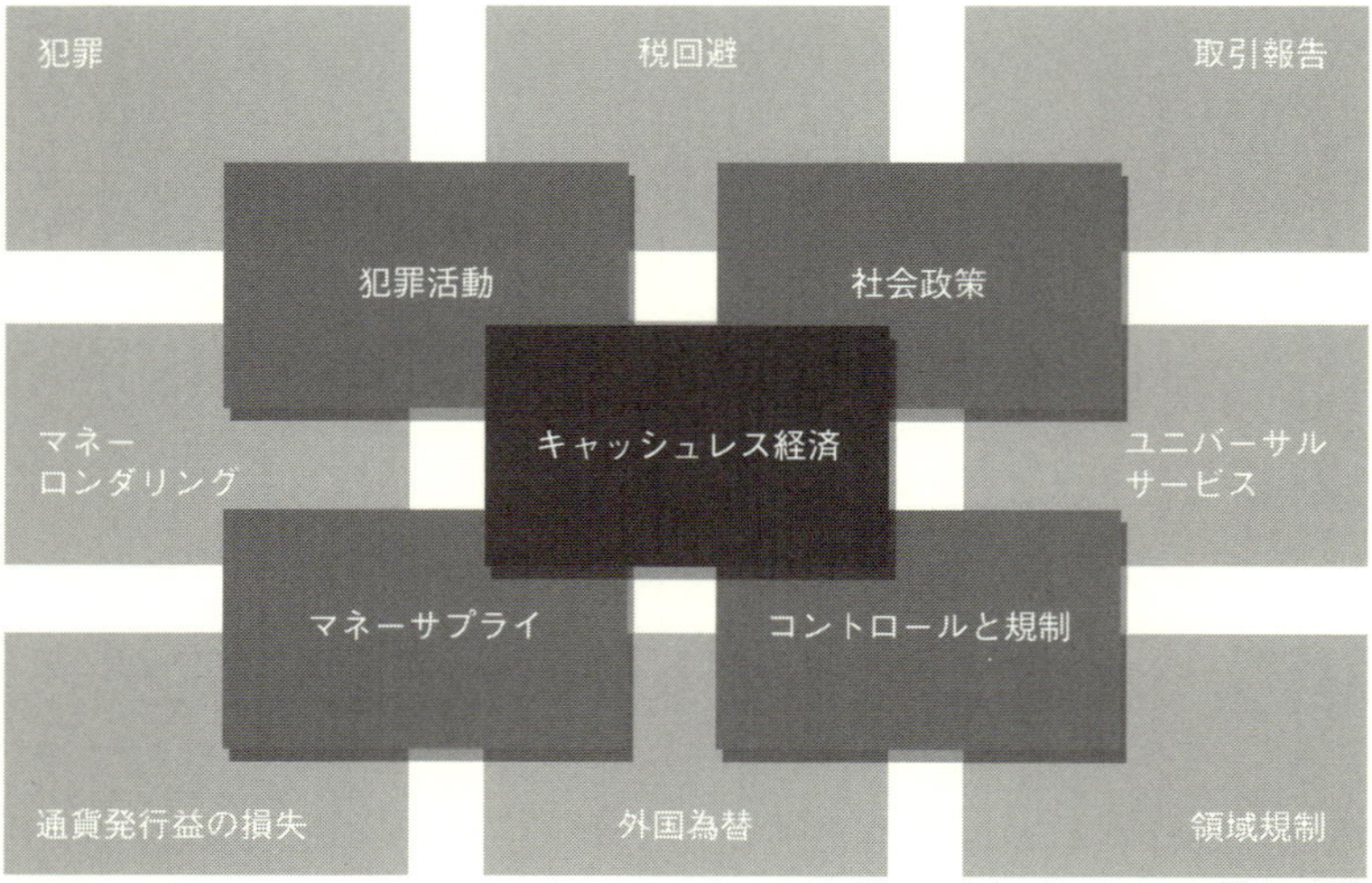

図 18-1　国家電子マネー戦略

マネーサプライ

政府にはマネーサプライを管理する責任があるが、政府が望んでいるのはおそらく、システムが近代に合った効率の良いマネーサプライを提供してくれることだ。だが現在、ヨーロッパのマネーは非効率になっている。Twitter と Square の著名人ジャック・ドーシーは、あるときこうツイートした。「全般的に見て、キャッシュレスな社会への移行は経済的福祉を改善するように思える」。彼はもちろん正しく、私たちはこの未来に向けて消費者を「後押し」していかなければならない。

第８章冒頭で紹介した欧州中央銀行の２０１２年の調査では、小売支払サービスを提供するうえでの社会が負担するコストが膨大であることがわかった。調査対象としたＥＵ各国のＧＤＰの１％近くを占めたのだ。社会コストの半分は銀行やインフラが負担し、残りの半分は小売業者が負担していることを思い出してほしい。

前述の通り、こうした問題に関してはヨーロッパで一番の専門家レオ・ファン・ホーヴェは長年、現金が厚生極大化の戦略にはならないと主張してきた。[2] デビットカードのインフラが非常に発達したベルギーとオランダでは、現金は社会コスト総額の4分の3を占めている（言い換えれば、オランダの各家庭は現金を使うのに毎年300ユーロ払っていることになる）。ルーヴェン大学経済研究センターのラウラ・リナルディが実施した調査では、そうしたコストにもかかわらず、消費者が現金を「ほぼタダ」のものだと認識していたことを確認している。リナルディは、適切な原価基準の価格設定によって、ヨーロッパの小売取引におけるデビットカード利用は4％から25％まで増えるだろうと結論づけている。この変化は、ヨーロッパ経済全体に19ベーシスポイントを加えるものだ。

マニフェスト1　ヨーロッパ政府は支払システムにおける社会コスト総額を今後10年以内に半減させるべきである。まず手始めに、カード提示／カード所有者介在のデビット支払を除く、あらゆる形の支払について手数料を取ることを小売業者に許可すること。

犯罪活動

高額紙幣は多くのOECD加盟国で現存する通貨の半数以上を占めている。その用途は主に隠匿、退蔵、輸出だ。これらの紙幣の「無利用」は欧州中央銀行が2011年に一般家庭や企業を対象におこなった調査でも取り上げられ、流通している500ユーロ紙幣のうち実際に取引に使われているのは3分の1程度にすぎず、残りはユーロ圏で価値の貯蔵手段として貯めこまれているか、外国に持ち出されているとのことだった。イングランド銀行が出した最近の数字からも同様の傾向が見られる。そちらでは流通している現金のうち、取引に使われているのは4分の1程度だ。高額紙幣はもう、貿易や産業を支えることはできないのだ。

前述のラウラ・リナルディの調査ではさらに、ヨーロッパ経済から現金を取り除けば、さらに9ベーシスポイントの成長が見られるだろうと結論づけている。これは、電子マネーへの移行によって現金ベースの「影の経済」が縮小するからだ。

欧州委員会はすでに、現金（具体的には500ユーロ紙幣）とテロとの関係について調査したいと述べている。だが現金は、ただテロだけでなく、ありとあらゆる類の犯罪行為に最適だ。もちろん、現金を排除するだけでは犯罪を食い止められないことはわかっている。電子マネーを確定方針目標にするべき理由は、犯罪活動のコストを引き上げるためだ。おこなわれるのが麻薬の密売であれマネーロンダリングであれ、政治家への賄賂であれ脱税であれ、現金は犯罪を簡単かつコスト効率の良い活動にしてしまう。

マニフェスト2　100ユーロ、200ユーロ、500ユーロ紙幣は5年以内、50ユーロ（と50ポンド）紙幣は10年以内に流通から外す。

社会政策

イギリスの調査では、現金を使う世帯は使わない世帯よりも年間数百ポンド所得が低いらしい。これには、いくつも理由がある。現金取得にかかるコスト、自動引き落としで光熱費を払えないこと、オンライン取引からの除外、その他様々な損失。ここには、はっきりと不公平がある。税金を避けるために現金経済を選ぶ人々（犯罪組織の連中など）は、その他大勢の私たちによって補塡されている。だが現金経済を選ぶしかない人々は、まったく補塡されていないのだ。

現金経済に捕われたままのヨーロッパ人はもっとも盗難や恐喝に遭いやすい人々で、汗水流して稼いだ紙幣や硬貨を失う可能性も高いし、金融政策によって財産を失う可能性も高い。また、信用格付けや身元保証がないために高い取引コストを負担させられてもいる。そして（私が２０１１年にコンサルト・ハイペリオン・フォーラムでグラミン銀行のエリザベス・ベルテから聞いた例では）大事に貯めこんだ貯金をネズミに食べられる可能性も一番高い。では、どうすればいいだろう？

答えは明快だ。口座間のプッシュペイメントができる電子支払口座を、全ヨーロッパ市民に無料で提供すればいい。金融排除はしばしば、身分や住所の証明ができない、無職、基本的にカネに困っている、あるいは学歴が低い人々（移民やホームレスなど）と関連づけて考えられる。電子マネーそのものはそうした要素は問題にしないので、最低残高口座のために顧客確認の条件は緩めるべきだろう。

マニフェスト3　追加の顧客確認なしに、最大1000ユーロまで入れられるオンデマンドの電子支払口座が可能になるよう規制緩和する。

コントロールと規制

電子支払口座を万人に提供し、日々の取引に現金がいらなくなったら、取引のプライバシーには気をつけなければならない。規制当局は経済活動を監視できるようにしておくべきで、実体経済で起こっていることがほぼリアルタイムでわかるというメリットは、国の経済運営において大きいはずだ。ただし、財務省が昨日国内のレストランで国民が１５４万８３９９ユーロ使ったことを知るのと、私が「チポトレ・メキシカングリル」で8ドル47セントのブリトーを買ったことを知るのとではまったく意味合いが違う。

分別のある人々が現金との離別について抱く懸念の大半は、プライバシーとセキュリティにかかわるものだ。プライバシーを守るためにはセキュリティがなくてはならないので、それらの懸念に対処するためにはプライバシーを中心に目標を設定する必要がある。民主的かつ説明責任のある社会のために適切なレベルの仮名性を持たせた支払システムを提供するために必要なテクノロジーは、もうすべて揃っている。

マニフェスト4　ペイメントカードの券面や電子データに所有者の名前を表示させないような法律を手始めに、取引とそのデータ共有のためにプライバシー保護を強化したインフラを整備する。

巻末付録　キャッシュレス世界一周

マネーの価値はその他すべての商品と同じく、需要と供給によって決定される。そして形だけが本質的に異なるものとなる。

——ウォルター・バジョット『ロンバード街——ロンドンの金融市場』1873年

ペイメントカードや決済システム、口座自動振替や郵便振替伝票がキャッシュレスを再び議題に載せている。しかも理想主義的な仮説としてではなく、第10章で見たような携帯電話がもたらす近未来の革命で、政策と計画を要するものだ。だが、その未来とやらはいったい、どのくらい近くにまで来ているのだろう？　世界を見渡せば、いくつかの国はもうキャッシュレス寸前にまでいっている一方、まだ長い道のりが待っている国もある。ちなみに、ここでキャッシュレスというのは、すべての紙幣とすべての硬貨が儀式によって呪いをかけられ、滅びの山へと送りこまれたという意味ではない。現金が金融政策にとって無意味になり、ほぼすべての個人にとっても無意味となり、ほとんどのビジネスから姿を消した状態を指している。未来に目を向け、私たちはきわめて合理的に、デジタル支払技術と支払や銀行業務をめぐる規制の変更が私たちをたとえばあと1世代のうちにキャッシュレスへと導いてくれるかどうか考え始めることができる。世の中がどのように変わってきているか、世界各地からの実例をいくつか紹介しよう。

イギリス

未来について考え始めるにあたって、まずはイギリスを先進国経済のスナップショットとして取り上げてみよう。国家統計局によれば、イギリスでの個人消費は四半期あたり3000億ポンド前後とのことで、これは国のGDP2・3兆ポンドの約3分の2にのぼる。2016年、イギリスでは6470億ポンドがカードで支払われた（1秒あたり469件の取引だ!）

カードでの小売支払は3000億ポンド近くになり、そのうち約4分の3がデビットカードでの支払だった。その支払のうち約4分の1がオンラインで、電子商取引による売り上げは小売り全体の売り上げよりも早い速度で伸びている。量で言えば、小売取引全体のうち現金は半分にぎりぎり届かず、ゆっくりと減少しつつある。額で言えば、2016年の「イギリスカード支払概要」によると、小売支払全体のうち5分の4前後がいまやカードで支払われているのだそうだ。イギリスカード協会は2017年1月16日のプレスリリースで、国内のカード取引4件のうち1件が非接触になっていると宣言した。

現金の最後の砦が陥落しつつある今、私自身、あるタクシー運転手が現金について愚痴を言い、非接触やモバイル決済を称賛しているのを聞いたし、サンドイッチ店の店長が小口現金（と釣り銭）の管理が面倒だと話しているのも、駐車場の精算機についての苦情も耳にしている。イギリスでは、現金をめぐる無気力は変化を妨げる乗り越えられない壁だという思い込みに、多くの人々が疑問を呈するようになってきたのではないかと私は思う。

そう、壁は乗り越えられないものなどではない。実直な小売店も、現金が消えてもっと効率の良い電子支払方法に変わってくれればいいと願っている。

現金の減少は遅々として進んでいないかもしれないが、イギリスではそれが加速するかもしれないと思わせる理由がある。小売店での非接触端末の高い普及率、スマートフォンの高い普及率、そして即時決済はすべて、同じ方向を指し示している。小売チェーンはすでに、キャッシュレスに移行しつつあるのだ。

アメリカ

アメリカの状況は、いろんな意味で、ちょっと奇妙だ。量で言うと、アメリカの紙幣のほとんどは国内で消費されている。取引の大半に使われる紙幣は1ドル札、5ドル札、10ドル札、20ドル札だ。だが、米ドル（特に100ドル札）は外国でも広く使われているため、価値で言うと米国通貨のほとんどは輸出されていることになる。連邦準備制度理事会によれば、小売取引における現金の使用は減っている一方で、流通している紙幣の量はこの20年で倍以上に増えている（135億ドルから313億ドルへ）。そしてアメリカの現金の価値は3倍以上の、1兆ドルを少し超える額にまで増えているのだ。(1)

実際、輸出されている額はどれくらいになるのだろう？　以前ならアメリカの現金は3分の2程度が外国にあると考えられていたが、最近の研究では、その割合は今ではもっと低く、ユーロの保有量が増えてくるにつれて米ドルの保有量が減ってきているようだと言われている。アメリカでは腐敗した政治家のベッドの下に押しこまれているのは今でも100ドル札だが、ヨーロッパ周辺で使われているのは500ユーロ札だ。この傾向が続くかどうかは神のみぞ知るといったところだが、アメリカ政府の現金に関連する政策には大きな影響を与えるに違いない(2)（そんな政策があればの話だが）。

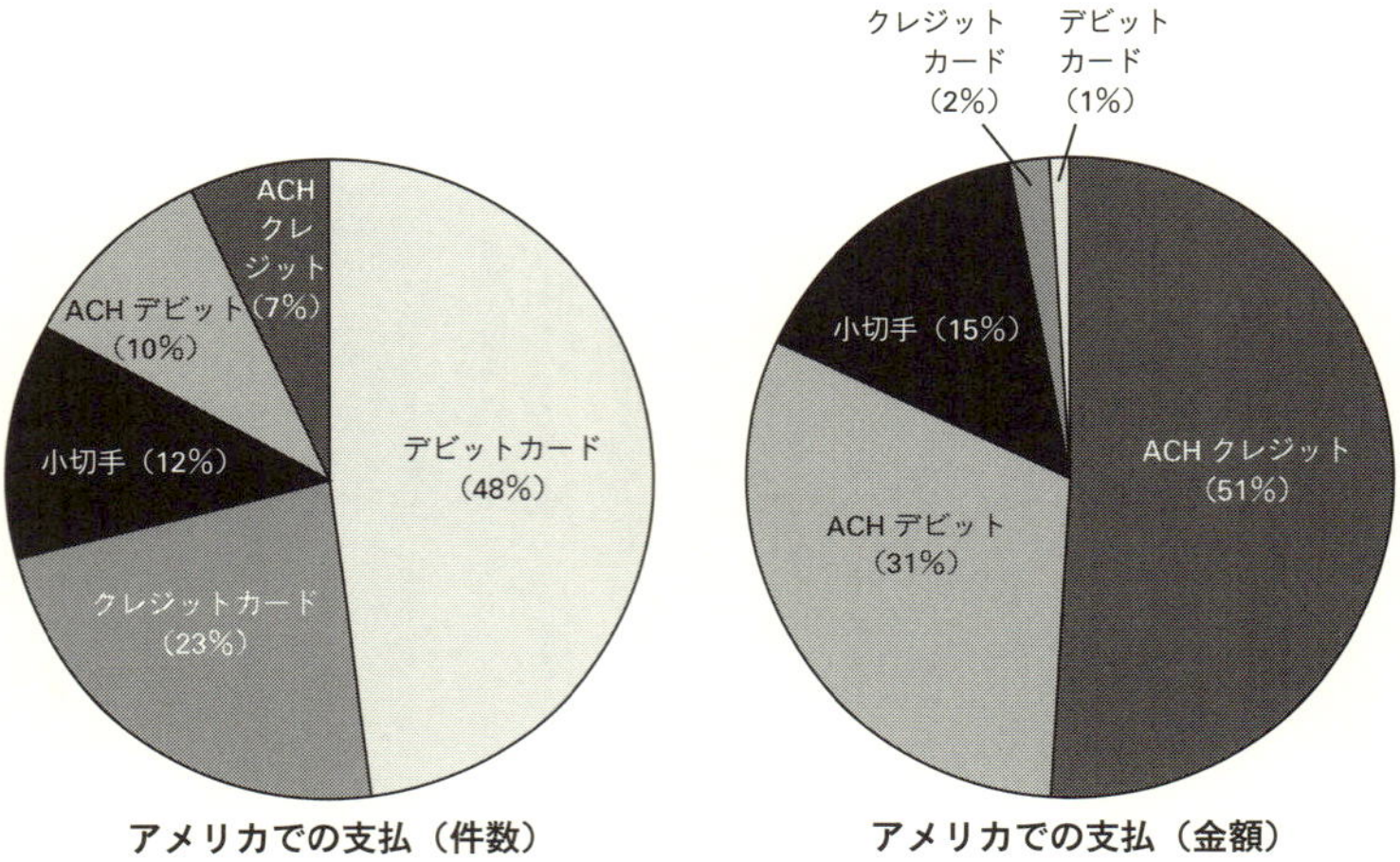

図 付-1　アメリカの非現金支払（出典：連邦準備銀行、2016 年）

結果、アメリカではGDPの割合としてはイギリスなどよりもはるかに多くの現金が「流通」しているが、その現金の現状は、現金の使い道についてはあまり教えてくれない。アメリカについて言えることは、小売業界における非現金支払の大部分をデビットカードが占めていて、企業間の支払は口座振替が大半だということだ（図 付-1）。

携帯電話を使った個人間支払システム「ヴェンモ」がミレニアル世代間で一般的になりつつあり、銀行独自の「ゼル」というシステムが携帯主導の口座間送金を主流に押し上げつつある今、統合された数字は誤解を招く可能性がある。ひょっとするとアメリカは、「流通している」紙幣のざっくりとした数字が示すよりももっと、キャッシュレスに近づいているのかもしれない。

ケニア

ノンバンクの支払システム（第7章の「エムペサ物語」で詳しく述べた）を認めるという当時斬新だった段階から10年経った今、ケニアには３３００万人のモバイルマネー利用者がいて、17万４０００店以上のモバイル代理店がある。ケニア中央銀行が出した最新の数字は、驚愕の傾向を示している。２０１３年２月から２０１６年９月の間に、毎月のエムペサ取引件数はほぼ２・５倍になり、月５３００万件から月１億３１００万件にまで増えた。その一方で、カード取引件数は月３４００万件から１８００万件へと減っている。モバイルマネーの利用が２・５倍に増えている間に、カードの利用が半減しているのだ。私は、信頼できる情報筋からその主な理由を聞きだした。カード端末が１万台程度しかない国でエムペサを受け付ける小売店舗が15万軒ほどもあるという事実は別として、ケニアの銀行利用者向けにＥＭＶ（ユーロペイ、マスターカード、ＶＩＳＡ）カードを再発行する時期になると、利用者は近くの支店に身分証明書を持っていき、列に並ばなければ新しいカードがもらえなかったからだそうだ。そうなると、ほとんどの利用者は面倒くさがって新しいカードを受け取りに行かなくなる。カードの代わりにもうモバイルマネーを使い始めていればなおさらだ。

ケニアの全世帯中、96％という驚異的な割合の家庭に最低１人はエムペサの利用者がいる。ドイツ連邦銀行による電子支払についての報告書にも記されているが[3]、現金支払に変わる手段として電子支払を好むという傾向は、キャッシュレス支払の成長を推進する唯一の要因ではない。人口や経済活動、規制の変化も取引件数に影響を与える可能性はある。私は、「経済活動」分野にもっと注目するべきだと思う。その影響はケニアでは非常にはっきりと見えている。ほとんどの国民にとって、支払手段の選択肢は二つしかない。現金か、エムペサかだ。経済活動のいかだは今、エムペサという名のマネーの川に浮かんでいる。現金オンリーの経済にはどうしても参加できなかった事業が乗ったいかだだ。その理由を知ろうとするのは、いつでも興味深いものだ。

それはつまり、電子マネーの浸透をめぐる社会的、文化的、経済的要因を理解するということだ。これについてイアッツォリーノとワシケが書いたすばらしい報告書には、「合理的計算的アプローチ」だけでは人々の意思決定を理解することはできないとある[4]。報告書で引用されているひとりの男性が挙げた非常に具体的な使用例は、私たちが誰しも理解できるものだ。

飲みに行くなら、エムペサを使うほうがいい。そのほうが安全だからだ。酔っぱらったら、現金を落としてしまうかもしれない。エムペサを使うための番号が押せなくなったら、もう飲みすぎだから家に帰ったほうがいいってことさ。

このような非合理的で非打算的なアプローチは、この国でモバイルマネーが現金を置き換えているがカードにはそれができなかったという、マネーの力学を説明してくれる。10年にわたるエムペサの発展を経て、ケニアは社会構造における「金融デバイス」の浸透を理解させてくれる。そこから私たちは現金やペイメントカード、モバイルマネーがどのように使われているか、そしてそれがどういう意味を持つのかについての仮説を立てることができる（前述の報告書では、ケニア人がカネをプールしているところを見られたがるという「チャマ」集会のケーススタディが使われている）。

スウェーデン

スウェーデンは、デビットカードからキャッシュレス世界への旅路の有益なケーススタディを提供してくれる。その昔、スウェーデンには国内専用のデビットカード、「バンクコルト」と「スパルバンクスコルト」があった。これらは顧客に無料で提供され、主にATMから現金を引き出すために使われていた。クレジットカードの取引件数は少なかった。同じ北欧の隣人たちと比べ、スウェーデン人たちは現金のヘビーユーザーだったのだ（したがって、隣国よりもはるかに武装強盗の件数が多かった）。

1995年、スウェーデンは国内デビットカードを見限り、クレジットカードに乗り換えることにした。そうして双方向性の交換手数料システムとともに登場したのが、ＶＩＳＡスウェーデンとユーロペイ・スウェーデンだ（今ではこのシステムを持つ発行会社は29社、加盟店契約会社が10社あるが、ＶＩＳＡもマスターカードも、私が理解するかぎり、このシステムを管理してはいない）。これらのカードは、現金代替物として出回り始めた。そして大成功を収めた。いまや、店舗販売時点で紙の小切手を目にすることはなく、優勢なのはデビットカード決済だ。

スウェードバンクを例に取ってみると、彼らのデビットカード取引件数は１９９５年の１２００万件から２０１２年には10億件にまで増えている一方で、ＡＴＭ取引件数は５０００万件から８５００万件にしか増えていない。どの尺度から見ても、かなり成功した事例だと言える。スウェーデン人の97％以上がデビットカードを持っていて（子どもでも、7歳以上なら親の許可があれば発行される）、99％以上の商店がカードを受け付ける。その結果、小売取引の80％以上でカードが使われるようになったのだ（イギリスでは約半数、アメリカでは約3分の2だ）。

世界でも数少ない「流通している」現金の量を実際に減らしている国になったという意味では、スウェーデンの中央銀行にあたるリクスバンクの目標は達成されかけている。国際決済銀行の最新のデータ（２０１５年9月）では、スウェーデン経済の中で現金が占める割合は２％だ（ユーロ圏全体では10％）。そして小売取引の５分の１しか占めていない。

だが、リクスバンクが２０１２年に述べているように、社会コストを基準に考えるとスウェーデンでも現金利用はまだまだ多すぎる（デビットカードの総社会コストが一番低いからだ）。スウェーデンは現金の利用率をさらに引き下げたいと思っていて、その結果、スウェーデン王立工科大学のニクラス・アルヴィドソンは、紙幣や硬貨がスウェーデン社会から消えるだろうと予測した。ただし、「２０３０年より前ということはないだろう(5)」。ただ、誰もがこの道筋をたどっているわけではない。スウェーデンのほぼすべての銀行支店はもう「キャッシュレス」になってはいるが、反動勢力はまだ存在する。スウェーデンの大手四つの銀行のうち3行では、合計７８０支店中530店でもう現金の預かりや支払をやめている。ノルデア銀行の場合、300の支店のうち200店がすでにキャッシュレスだ。スウェードバンクの支店も、4分の3がもう現金を扱っていない。だが、ほかの銀行がキャッシュレスに移行しつつある中でも、ハンデルスバンクは現金の取り扱いを拡大している。この競争がどんなふうに展開するのか、見てみよう。

言うまでもなく、スウェーデンの現金が入った棺に最後の釘を打ちつけるのはカードではない。その栄誉が与えられるのは、携帯電話だ。とは言え、そのときに備えるため、社会計画段階でやるべきことはまだたくさんある。ニクラスはこのように述べている。

［デジタル通貨は］複数の要件も満たさなければならない。たとえば、緊急時のすぐれたバックアップ体制などだ。電気系統がクラッシュしたりハッキングされたりしたとき、または停電時でも、支払ができるようにしておく必要がある。今のところ、絶対に破綻しない唯一のシステムは現金支払なので、完全にキャッシュレスになるためにはどうすればいいか、見通すのは難しい。

私は、この点については彼が間違っていると思う（第10章「大災害」の項目を参照）。だが、彼の考え方はわかる。とにかく、スウェーデンの状況を詳しく伝えたかった主な理由は、この国のアンチ現金同盟がかなり門戸を広く開いていて、銀行や法執行機関だけでなく、労働組合や小売業者まで含めているからだ。しかも、最高の宣伝塔までいる。ABBAのメンバー、ビョルン・ウルヴァースだ。彼の発言を聞いてみるといい。完璧な論調だ！

●いけ、ビョルン！「スウェーデンの中央銀行が2015年から新しく紙幣を発行しようとしているのがなぜなのか、まったく理解できない」

●いけ、ビョルン！「500クローナや1000クローナ札なんか、誰が使うんだ？」（私が理解しているかぎり、スウェーデンの各銀行もまったく同じことを中央銀行に訴えている）

●いけ、ビョルン！「物乞いの問題は、支払や支払技術の問題ではない」

彼は、ABBA記念館までキャッシュレスにしたのだ！　そしてそのことについて聞かれると、彼はこう応えた。「札束を握りしめてやってくるロシア人たちを追い返したいのか、と一部の人に聞かれたよ」。これは、多くのヨーロッパ諸国の首都でおこなわれている活動についての概評とも言えるのかもしれず、スウェーデンがキャッシュレスになった暁に増える可能性のある輸出品が東欧系犯罪者だという点をうまく強調している。[6]そうなると、スウェーデンに限らずほかの国でも、多種多様な不正行為を後押しする（事実上、補完する）現金利用について国民がなぜもっと怒っていないのかが不思議なくらいだ。

電子支払業界は、もっと効果的にこれらの問題を国民に伝えられるようにならなければならない。問題について説明しようという努力をしていないのなら、国民がこの文明社会における現金のおそるべき有害な影響について無知でいることを責めたりなどできない。

中国

中国では、実体に対する攻撃の先頭に立っているのはモバイル支払だ。中国には非常に活発なモバイル支払市場がある。2015年、中国の小売支払件数の3分の2が非現金で、近いうちにすべての小売支払額の3分の1がインターネットかモバイルで決済され、現金支払は5分の1を下回るだろう。市場の中心にあるのは銀行では

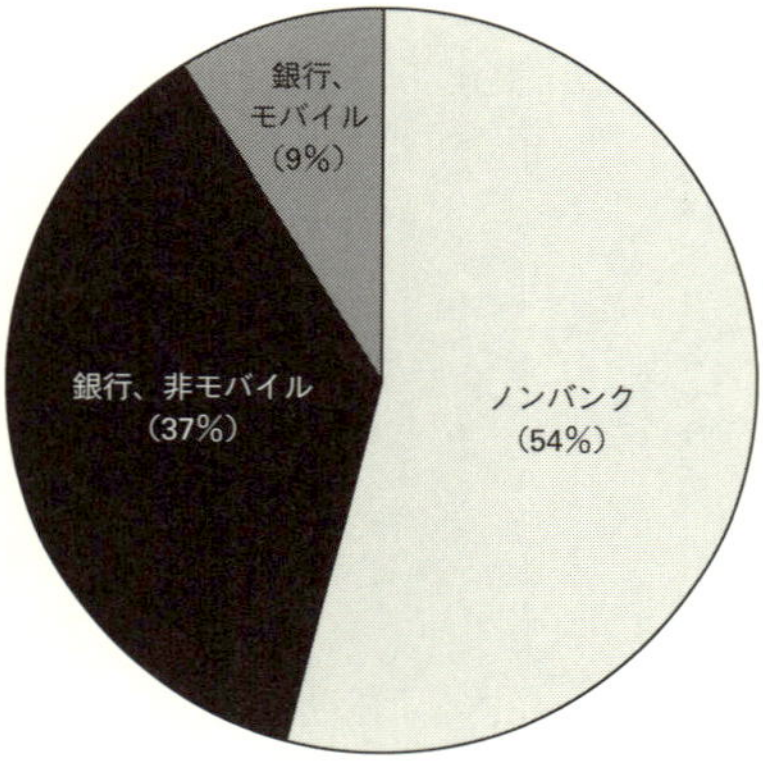

図 付-2　中国の電子支払件数、2016 年第 2 四半期
（出典：*China Daily,* November 2016）

なく、アント・ファイナンシャルの「アリペイ」とテンセントの「ウィーチャット」だ。中国の消費者が紙幣や銀行カードを持たずに日々を送れているのは、主にウィーチャットのおかげだ[7]。

どちらの会社も、支払事業を自社のエコシステム内に構築している。２０１６年、アリペイは１・７兆ドル近い支払を扱い、ウィーチャットは１・２兆ドルだった。それだけでモバイル支払は年間３兆ドル近い。それを支えているのが、簡単で広く普及しているＱＲコードだ。余談だが、通信各社はこの「新しい」テクノロジーで再び勝負に戻れるのではと期待している。中国最大の移動通信事業者「中国移動《チャイナ・モバイル》」はＮＦＣ（近距離無線通信）に注力しているが、Bluetooth や Wi-Fi その他のテクノロジーも出てくると思われる。「最後の１ミリ」問題は、もう薄れつつあるのだ。

一方、図 付-２に示した通り、中国のモバイル中心電子支払革命において、銀行はあまりうまくやれていない。国が、先進国市場に襲いかかりつつある「カードマゲドン（非現金小売支払件数でカードが半数を下回る日）」への見通しを提供している。中国の消費者が第三者のＱＲコードサービスに切り替えたため、銀行は２０１５年の手数料収入にして２００億ドル前後を失った[8]。

だが、考えてみれば、もっと大きな問題が迫っている。銀行が手数料収入を失うのは大変なことかもしれないが（手数料収入はどっちみち失われているのだ。手数料を引き下げろという圧力はどこにでもあるのだから）、結局のところ、所詮はカネだけの問題だ。実は、銀行はもっと大事なものを失いつつある。銀行が支払を扱わなくなるということは、データもわからなくなるということになる。従来の融資事業が金利の自由化による圧力を受け、債務不履行が増えてくると、これは非常に大きな問題となる。ビッグデータは、新しい事業分野に乗り出そうとする能力には欠かせない要素だからだ。

インド

これを書いている時点で、インドは現金で斬新な実験をおこなっている最中だ。２０１６年11月8日、ナレンドラ・モディ首相は国民に対し、腐敗とテロに対抗するため、５００ルピーと１０００ルピー紙幣を流通から引き上げることを宣言した。[9] それを受けて、大混乱が生じる。それらの紙幣が流通している現金の85%を占めていたからだ。ＡＴＭには長蛇の列ができ（金持ちは貧乏人に賃金を払って列に並ばせた！）、商売が崩壊すると考えた商人たちが国中で抗議の声を上げた。

ケニアや中国のようなインフラはなぜ整備されなかったのだろう？　インドに出現していた支払環境と、インド準備銀行がモバイル支払規制に向けた「調整された」アプローチ（２００９年の非常に厳しい規制から始まったもの）はインド人消費者の潜在的需要を引き出すこともできなければ、インド企業に内在する起業家精神や創造性を引き出すこともできなかった。世界銀行の貧困層支援協議グループが出した数字を見ると、世界中で銀行にアクセスのない人の5分の1がインドにいて、携帯電話の契約台数は10億台近い一方、２０１６年になってもインドの成人のうちモバイルマネーを利用しているのは1％の3分の1にも満たないそうだ。

このせいで多くのインド人が機会を失っていることは数年前から明白だった。そして、モバイル支払の様々なメリットを国内に広めるために何かしなければならないことも。モバイル支払は金融包摂に大きな役割を果たすもので、それはインドにとっては何よりも重要なことなので、進捗のなさは社会的・政治的問題になりつつあった。2013年、『ニューヨーク・タイムズ』に掲載された記事はこんなタイトルだった。「モバイル支払の新興企業が消極的なインド消費者の壁にぶつかる」[10]。当時、私はこの記事の見出しはこうするべきだと提案した。「モバイル支払の新興企業が消極的なインド規制当局の壁にぶつかる」！

規制の環境がようやく変わり始めたのは、2015年になってからだ。2015年、規制の状況は金融機関に新しい区分を作るという決定でようやく変わり始めたのだ（ヨーロッパで取られたものと同様のアプローチだ）。こうして新しい「支払銀行」に許可が下りるようになった。

インド準備銀行は最初の11件の許可証を金融ITやIT、電気通信など様々な分野の企業やコンソーシアムに与えた。その中には携帯会社ボーダフォン・エムペサ、バーティ・エアテル、IT企業フィノ・ペイテックとテック・マヒンドラ、郵政局、さらにはモバイル商取引事業ペイティーエムの創立者ヴィジャイ・シャカール・シャルマも含まれていた。モディ首相による改革のころ、バーティ・エアテルはまだ事業に乗り出したばかりで、ラジャスタンで支払銀行を立ち上げたところだった。エアテル支払銀行はラジャスタン州内に1万店あるエアテル小売店舗に端末を置き、数カ月以内に10万軒の商店を加盟させる狙いだった[11]。ペイティーエムはもうしばらく前から立ち上がって稼働し始めていて、実際、モディ首相の発表直後は、取扱件数が倍増していた。

これを書いている時点で廃貨活動は続いているが、モディ首相の論調は腐敗と闘うというよりはむしろインドをキャッシュレス経済へと移行させることを重視している[12]。そうなると、インドが少キャッシュ経済への移行を加速化させているのは事実かもしれず（キャッシュレスにはまだしばらくかかる）、それが本当に期待された通りの経済効率をもたらすのだとしたら、ほかの国も間違いなくインドの結果を詳細に研究するだろう。

韓国

中央銀行の調査によれば、韓国人は平均1・91枚のクレジットカード、2・03枚のモバイルカード、そして1・26枚の小切手保証カードまたはデビットカードを持っているそうだ。言い換えれば、彼らはじきに、財布の中より携帯電話の中のほうにたくさんのカードを入れるようになる。調査の回答者10人中4人がもっともよく使う支払方法としてクレジットカードを選んだが、これは前年の10人中3人より増えている。その一方で、現金を選ぶ割合は減り続けている。

韓国人が現金を持ち歩く量は減っている（平均は昨年が7万4000ウォンで、前年より3000ウォン減っている）し、中央銀行が発行する現金の量も減っている。昨年発行した1万ウォン紙幣の数は前年より12・3%減っているし、5000ウォンと1000ウォン紙幣の発行もそれぞれ5・9%と3・7%減っている。(13)

韓国銀行は、2020年までに「キャッシュレス社会」を目指している。たとえば買い物客が9500ウォンぶんの品物を買って1万ウォン札で払ったら、釣りとして500ウォン硬貨を受け取る代わりに、プリペイドカードに500ウォンが入金されるのだ。このほうが、硬貨発行コスト（ほら、あの「小銭の大問題」だ）が硬貨を流通させる経済的利益をすでに上回っている先進国経済ではずっと理に適っている。

デンマーク

スウェーデンと同様、デンマークも現金との戦いに本腰を入れつつある。政府は一部の小売店に対し、現金支払を受け付ける義務を免除することを提案している。(14) デンマーク政府の野望は、今の現金を受け取る法的義務から衣料品店やガソリンスタンド、レストランなどを免除するというものだ。ちなみに、これはデンマーク特有の状況だ。慣習法に基づく国（イギリスやアメリカなど）では、小売業者は特定の形式の支払を受け取らなければならないという義務は一切ない。現金も含めてだ。「法定通貨」という言葉が持っていると思わせる意味には、誤解がある。だがデンマークに限っては、特定の小売業者が現金を受け付けなければならないということが法律で定められている（私の親友クリスチャン・ソーレンセンによれば、政府の連立右翼からの強い反対に対応するため、この提案はのちにもっと軽い内容にすり替えられたとのことだ。そちらの案では、ごく限られた特定の商店が、1日のうち特定の時間帯だけ現金を拒否できることになっている。たとえば、ガソリンスタンドで夜中に現金を拒否できる、など）。

ここでも、実現へのカギは携帯電話だ。デンマークでは成人のほとんどがモバイルペイを使っている。これはモバイル主導の口座間即時決済サービスで（アメリカの「ゼル」やイギリスの「ピンギット」と同等のものだ）、デンマークのダンスク銀行が導入した。立ち上げられたのは２０１３年で、人口５７０万の国で３４０万人の利用者を引きつけた。人口動態を見ると、取りこみ可能な市場（つまり、15歳以上のデンマーク人スマートフォン利用者）全体の70％をすでに獲得していることになる。現在は毎日約50万件の取引を処理していて、その平均取引額は約33ユーロだ。この頻繁な利用のおかげで、モバイルペイはデンマークで3番目に多く利用されるアプリになっている（上位二つはFacebookとFacebook Messengerだ）。

これを書いている時点でモバイルペイはデンマーク中の4万店舗で使うことができ、オンラインショップなら1万店舗近くで使える。もっと小さな店舗も「小規模事業受付」アプリに登録し、ＰＯＳ端末がなくても電子支払が処理できるようになっている。店舗は支払1件あたり０・３から０・７５クローネの手数料を取られるが（この金額は年間取引件数によって上下する）、私は（非常に信頼のおける情報源から）モバイルペイでの不正の件数はカードよりもはるかに低いと聞いている。モバイルペイはさらに、ＰＯＳ用に非接触ＮＦＣ（近距離無線通信）とBluetoothの選択肢も提供できるよう、アプリを改良したとのことだ。デンマークのロードマップで一番興味深いのは、この国には非常にすぐれたＡＰＩ（アプリケーション・プログラミング・インターフェース）があって、それを一部の商店で試験運用しているということだ。誰でも知っている通り、商店は最高の顧客サービスを提供するために独自のアプリを持ちたがるもので、未来は「アプリ・アンド・ペイ」だからだ。

イギリスでは、銀行間支払に２種類の携帯向けインターフェースがある。バークレイズが提供している前述の「ピンギット」と、その他大勢が提供している「ペイエム」だ。ペイエムには約２００万人の登録者がいて、２０１４年には約２６００万ポンドを処理した。我が家はたまたまバークレイズ中心の世帯なものだから、私はいつでもピンギットを使っていて、とても便利に感じている。だから、２０１５年２月に携帯電話番号だけでなくTwitter のハンドルネームも使えるようにしてくれたときには、ものすごく興奮したものだ！

（ちなみに、これを自分でも試すと同時に人助けもしたいと思ったら、ただ携帯電話でピンギットのアプリを立ち上げ、テスト目的でささやかな額――たとえば、２５０ポンドとか――を選んで、@dgwbirch に送ってみるといい。その金額が「デイヴ・バーチの南仏の別荘」緊急支援要請基金に届いたらすぐにお知らせする）

イギリスでは成人人口の半数がピンギットもペイエムも使っていないし、人々の邪魔にならないように現金をなくしていくこともできていない一方で、北海のモバイルペイはデンマークをキャッシュレスに近づける上で大きな役割を果たしている。

ソマリランド

ソマリランドがソマリアとともにイギリスから独立を勝ち取ったのは、１９６０年のことだった（１８８８年に大英帝国の一部になっていた）。「アフリカの角」に位置し、人口は約３５０万。１９９１年にソマリアからの分離を宣言し、以来おおむね独立国として機能してきた。独自の大統領、国会、憲法もある。独自通貨「ソマリランド・シリング」を印刷する中央銀行まであるが、[15] 一方でソマリアにはもう25年も法定通貨が存在していない。

アフリカのほかの多くの貧困国と同様、ソマリランドにも活発なモバイル業界が存在する。そしてその活発なモバイル業界の中で、モバイルマネー送金は成功している付加価値サービスだ。たとえば、「Zaad（ザード）」はソマリランド最大のネットワーク事業者「テレソム」が提供するモバイルマネー送金サービスだ。テレソムの登録者は50万人で、領域内の全人口のうち40％が携帯電話を持っていると推定している。２００９年5月に立ち上げられたザードを、30万人以上のソマリランド人が使っている。このサービスは一般利用者の取引額を上限５００ドルに制限しているが、商店は一度に２０００ドルまで送金することができる。より裕福な利用者には、銀行口座の残高に応じてソマリランド・テレソムが「特別措置」と呼ぶ処理が施される。

この国で、モバイルは飛躍的に成長している。国内にATMは1台もなく、クレジットカードはばかげていると地元住民は考えている。[16] 私は一度もソマリランドに行ったことがないが、ザードや電話通信システムがそれほど成功している理由のひとつはまさしく、政府がそれを規制しきれていないからではないかと思う。マンフォードは市場に適切な交換手段を提供しようという民間部門の取り組みに伴う活力、独創性とダイナミックさが（ジョージ・セルジンが述べたバーミンガムのボタン工場の話が思い出される、[17]）予想外の結果を生んだのかもしれないと考えている。ソマリランドが世界初のキャッシュレス国になる可能性は、十分にあるのだ！

ニュージーランド

ニュージーランドは、着々とキャッシュレスへの道を歩みつつある。何度か訪問した中で見たかぎり、ほぼ誰も現金は使っていなかったし、小売取引の圧倒的大多数はカードで支払われていた。前にオークランドのホテルに到着してスーツケースを開けたとき、デオドラントを入れ忘れたことに気づいたので近所にドラッグストアかコンビニがないかと思ってホテルの外へ出てみた。目についた最初の店に入って、デオドラントスティックを手に取る。レジに向かい、デオドラントに20ドル札を添えて差し出した。驚いたことに、そして私にとっては嬉しいことに、店員は夜7時以降は現金を受け取らないのでカードしか使えないと言ったのだ。そこで、私はその店の先進的な方針を称えるため、巨大な板チョコもついでに買った。このときの旅行で現金が必要だったことは、レストランでもタクシーでもファストフード店でも、一度もなかった。

非接触端末は山ほど見たし、モバイル支払や非接触カード、そして（おかしなことに）硬貨も使える自動販売機まで何台か見た。QRコードを使った地元の支払サービス「クイックタップ」がなかなか興味深かったので試してみようと思ったのだが、アプリをダウンロードしようとしても何もできなかった。ニュージーランドのiTunesストアにログインするとかなんとかしないといけなかったのかもしれない。とにかく、銀行と携帯電話事業者が連携して近距離無線通信サービスを立ち上げた今は、代わりにそちらを使うことにする。

ニュージーランドは、私の一番のお気に入りである格言を体現する先進国だ。それはウィリアム・ギブスンの「サイバーパンク」の名作『カウント・ゼロ』に出てくる言葉だ。その作品の未来では「[現金を]持つことは実際違法ではないのだが、ただ誰も現金を使って合法的なことは何もしないというだけだ」。未来はたしかに均等には行き渡っていないかもしれない。だが、その一部は間違いなくニュージーランドには届いている。

デイヴィッド・バーチ
ビットコインはチグリス川を漂う
マネーテクノロジーの未来史
松本裕訳

2018年5月16日　第1刷発行

発行所　株式会社 みすず書房
〒113-0033 東京都文京区本郷2丁目20-7
電話 03-3814-0131(営業) 03-3815-9181(編集)
www.msz.co.jp

本文組版　キャップス
本文印刷所　萩原印刷
扉・表紙・カバー印刷所　リヒトプランニング
製本所　東京美術紙工

ISBN 978-4-622-08694-9
［ビットコインはチグリスがわをただよう］

著者略歴

（David Birch）

コンサルト・ハイペリオン社取締役．サリー・ビジネス・スクール客員教授．金融イノベーション研究センター技術フェロー．電子認証と電子マネーの国際的権威．『Wired』誌のビジネス情報についての世界トップ15人に選出されている．ホームページ http://www.dgwbirch.com/

訳者略歴

松本裕〈まつもと・ゆう〉翻訳家．訳書 レヴィンソン『例外時代——高度成長はいかに特殊であったのか』（みすず書房，2017）トンプソン『どうしても欲しい！——美術品蒐集家たちの執念とあやまちに関する研究』（河出書房新社，2017）ほか．

原 注

まえがき

1. Birch, D. 2014. *Identity Is the New Money.* London Publishing Partnership.

はじめに

1. その後、博士は現実ではオフラインの事前承認型デビットカードに相当する説明を続けるのだが、まあそれは余談だ。
2. Dodd, N. 2014. Utopia. In *The Social Life of Money,* pp. 318–384. Princeton University Press.
3. Bellamy, E. 1946. *Looking Backward 2000–1887.* Cleveland, OH: World Publishing〔邦訳 エドワード・ベラミー『顧みれば――2000年より1887年をかえりみる』山本政喜訳、岩波文庫、1953年〕
4. Fallows, J. 2013. The 50 greatest breakthroughs since the wheel. *The Atlantic,* November, p. 56.
5. Jevons, W. 1884. Representative money. In *Money and the Mechanisms of Exchange,* pp. 102–105. New York: Humboldt.
6. Maurer, B., and L. Swartz. 2014. The future of money-like things. *The Atlantic,* 22 May.
7. Desan, C. 2014. Money reinvented. In *Making Money: Coin, Currency and the Coming of Capitalism,* pp. 11–22. Oxford University Press.
8. たった12枚しか現存が確認されていないその硬貨のうち1枚は、2016年8月にテキサスのコレクターによって購入された。購入金額は非公開。
9. Gardner, J. 2009. Innovating in banks. In *Innovation and the Futureproof Bank,* pp. 67–106. Chichester: Wiley.
10. Sayers, R. 1965. Computers and money. *New Scientist,* 1 April, p. 13.
11. IBSintelligence. 2013. In the fast lane. *IBS Journal,* 4 April, p. 22.
12. Bruno, G., and J. McWaters. 2016. The future of financial infrastructure: an ambitious look at how blockchain can reshape financial services. World Economic Forum, August.
13. Birch, D., and N. McEvoy. 1996. DIY cash. *Wired UK,* April.
14. Vigna, P., and M. Casey. 2015. Genesis. In *The Age of Cryptocurrency,* pp. 41–68. New York: St. Martins〔邦訳 ポール・ヴィニャ、マイケル・J・ケーシー『仮想通貨の時代』コスモユノー訳、マイナビ、2017年〕

第I部

第1章

1. Steil, B. 2007. The end of national currency. *Foreign Affairs,* May.
2. Graeber, D. 2011. The Middle Ages. In *Debt: The First 5,000 Years,* pp. 251–306. New York: Melville House〔邦訳 デヴィッド・グレーバー『負債論』酒井隆史監訳、高祖岩三

郎・佐々木夏子訳、以文社、2016年〕

3. Davies, G. 1995. From primitive and ancient money to the invention of coinage. In *A History of Money: From Ancient Times to the Present Day,* pp. 33–64. Cardiff: University of Wales Press.
4. Pringle, H. 1998. The cradle of cash. *Discover,* October, p. 52.
5. Kahn, R. 2015. Currencies are easy, policies are hard. Macro and Markets, Council on Foreign Relations, 5 July.
6. Einzig, P. 1966. Maize money of Guatemala. In *Primitive Money: In Its Ethnological, Historical and Economic Aspects,* pp. 177–178. Oxford: Pergamon.
7. Graeber, D. 2011. Primordial debts. In *Debt: The First 5,000 Years,* pp. 43–72. New York: Melville House〔邦訳　グレーバー『負債論』〕
8. 同上。
9. Goetzmann, W. 2016. Financial architecture. In *Money Changes Everything: How Finance Made Civilization Possible,* pp. 46–64. Princeton University Press.
10. Hudson, M. 2000. How interest rates were set, 2500 BC-1000 AD. *Journal of the Economic and Social History of the Orient* 43(Spring), 132–161.
11. ちなみに、この重さはそこまで標準化されていたわけではなかった。たとえば、カナン人のシェケルはバビロニア人のシェケルよりも重かった。下記を参照。Hockenhull, T. (ed.). 2015. The shekel. In *Symbols of Power: Ten Coins that Changed the World,* pp. 12–23. London: British Museum Press.
12. Pringle, H. 1998. The cradle of cash. *Discover,* October, p. 52.
13. Del Mar, A. 1885. *A History of Money in Ancient Countries from the Earliest Times to the Present.* London: George Bell & Sons. (Reprinted by Kessinger Publishing).
14. Dyer, C. 2002. The growth of the state. In *Making a Living in the Middle Ages: The People of Britain 850–1520,* pp. 50–57. New Haven, CT, Yale University Press.
15. Leighton, B. 2014. How smart was that? *Swindon Evening Advertiser,* 21 May.
16. Whittaker, M. 1996. Welcome to Mondex city. *The Independent,* 11 May.

第2章

1. Spufford, P. 2002. From court to counting house. In *Power and Profit: The Merchant in Medieval Europe,* pp. 140–173. London: Thames & Hudson.
2. Dyer, C. 2002. Making a new world. In *Making a Living in the Middle Ages: The People of Britain 850–1520,* pp. 265–270. New Haven, CT, Yale University Press.
3. Desan, C. 2014. Priming the pump: the sovereign path towards paying for coin and circulating credit. In *Making Money: Coin, Currency and the Coming of Capitalism,* pp. 231–265. Oxford University Press.
4. Wood, G., and A. Buchanan. 2015. Advancing egalitarianism. In *Handbook of Digital Currency* (ed. D. L. K. Chen), pp. 385–402. Academic Press.
5. Davies, G. 1995. The Treasury and the tally. In *A History of Money: From Ancient Times to the Present Day,* pp. 146–152. Cardiff: University of Wales Press.

6. Shenton, C. 2012. Worn-out, worm-eaten, rotten old bits of wood. In *The Day Parliament Burned Down,* pp. 40–57. Oxford University Press.
7. Postman, N. 1993. The judgement of Thamus. In *Technopoly,* pp. 3–20. New York: Vintage〔邦訳　ニール・ポストマン『技術 vs 人間』GS 研究会訳、新樹社、1994年〕
8. Edgerton, D. 2006. Significance. In *The Shock of the Old —— Technology and Global History Since 1900,* pp. 1–27. London: Profile Books.
9. Raphael, A. 1994. Coffee house to catastrophe. In *Ultimate Risk,* pp. 17–41. London: Bantam〔邦訳　アダム・ラファエル『ロイズ保険帝国の危機』篠原成子訳、日本経済新聞社、1995年〕
10. Home Office. 2016. Action Plan for anti-money laundering and counter-terrorist finance. Home Office, April.
11. Jacomb, M. 1998. The city to come. *The Spectator,* 8 November, p. 17.

第 3 章

1. Perez, C. 2005. The changing nature of financial and institutional innovations. In *Technological Revolutions and Financial Capital,* pp. 138–151. Cheltenham: Edward Elgar.
2. Glasner, D. 1998. An evolutionary theory of the state monopoly over money. In *Money and the Nation State* (ed. K. Dowd and R. Timberlake), pp. 21–46. New Brunswick, NJ: Transaction.
3. Chown, J. 1994. Money in the commercial revolution. In *A History of Money from AD 800,* pp. 23–31. London: Routledge.
4. Mayer, M. 1998. The nature of money. In *The Bankers: The Next Generation,* pp. 37–62. New York: Plume〔邦訳　マーチン・メイヤー『ザ・バンカーズ——銀行に明日はあるか』阿部司訳、時事通信社、1998年〕
5. Spufford, P. 2002. Helps and hindrances to trade. In *Power and Profit: The Merchant in Medieval Europe,* pp. 174–223. London: Thames & Hudson.
6. Giraudo, A. 2007. The beginnings of the paper economy at the medieval fairs. In *Money Tales* (ed. M. Westlake), pp. 112–117. Paris: Economica.
7. Martin, F. 2013. The great monetary settlement. In *Money: The Unauthorised Biography,* pp. 109–122. London: Bodley Head.
8. さらに詳しくは、ニール・ハンソンのすばらしい本『The Confident Hope of a Miracle: The True History of the Spanish Armada』（2004年）を心からお勧めする。
9. Glasner, D. 1998. An evolutionary theory of the state monopoly over money. In *Money and the Nation State* (ed. K. Dowd and R. Timberlake), pp. 21–46. New Brunswick, NJ: Transaction.
10. Jay, P. 2000. Globalisation: boats not bytes. In *Road to Riches or The Wealth of Man,* pp. 130–178. London: Weidenfeld & Nicolson.
11. Norman, B., R. Shaw and G. Speight. 2011. The history of interbank settlement arrangements: exploring central banks' role in the payments system. Bank of England, June.
12. Jay, P. 2000. Globalisation: boats not bytes. In *Road to Riches or The Wealth of Man,* pp. 130–178. London: Weidenfeld & Nicolson.
13. Shorto, R. 2013. The company. In *Amsterdam,* pp. 89–127. New York: Vintage.

14. 'Was tulipmania irrational?', *The Economist,* 4 October 2013.
15. Levinson, T. 2009. The undoing of the whole nation. In *Newton and the Counterfeiter,* pp. 109–116. London: Faber & Faber.

第4章

1. Chown, J. 1994. The development of banking and finance. In *A History of Money from AD 800,* pp. 129–137. London: Routledge
2. Thornbury, W. 1878. The Bank of England. In *Old and New London,* volume 1. British History Online（アクセス日2018年2月28日）.
3. Martin, F. 2013. The great monetary settlement. In *Money: The Unauthorised Biography,* pp. 109–122. London: Bodley Head.
4. Spufford, P. 2002. The transformation of trade. In *Power and Profit: The Merchant in Medieval Europe,* pp. 12–59. London: Thames & Hudson.
5. Sinclair, D. 2000. Bankers' hours. In *The Pound,* pp. 171–188. London: Century.
6. Daley, J. 2008. Who cares if cheques become extinct? *The Independent,* 2 February.
7. Selgin, G. 2008. Britain's big problem. In *Good Money: Birmingham Button Makers, the Royal Mint, and the Beginnings of Modern Coinage 1775–1821,* pp. 4–37. Ann Arbor, MI: Univerisity of Michigan Press.
8. Josset, C. 1962. Bank notes until the early nineteenth century. In *Money in Britain,* pp. 112–115. London: Frederick Warne.
9. Lanchester, J. 2016. When Bitcoin grows up. *London Review of Books* 38(8), 3–12.
10. Ellinger, B. 1940. The deposit banks. In *The City,* pp. 111–236. London: Staples Press.
11. Ellinger, B. 1940. The deposit banks. In *The City,* pp. 111–236. London: Staples Press.
12. *Economist.* 2008. Under threat. *The Economist,* 7 February.
13. Ferguson, N. 2001. The money printers. In *The Cash Nexus,* pp. 137–162. New York: Basic Books.
14. Odlyzko, A. 2011. The collapse of the railway mania, the development of capital markets, and Robert Lucas Nash, a forgotten pioneer of accounting and financial analysis. *Accounting History Review* 21(3), 309–345.
15. Spang, R. 2015. Conclusion: money and history. In *Stuff and Money in the Time of the French Revolution,* pp. 271–278. Cambridge, MA: Harvard University Press.
16. Spang, R. 2015. Liberty of money. In *Stuff and Money in the Time of the French Revolution,* pp. 135–168. Cambridge, MA: Harvard University Press.
17. Davies, G. 1995. Aspects of monetary development in Europe and Japan. In *A History of Money: From Ancient Times to the Present Day,* pp. 547–592. Cardiff: University of Wales Press.
18. Spang, R. 2015. Making money. In *Stuff and Money in the Time of the French Revolution,* pp. 97–134. Cambridge, MA: Harvard University Press.

第5章

1. この話は、グレン・ブラッドリーの1913年の著書『The Story of the Pony Express』で

読むことができる（ケッシンジャー・パブリッシングが2010年に発行したファクシミリ版で入手可能）。

2. Christensen, C., S. Anthony and E. Roth. 2005. Competitive battles. In *Seeing What's Next,* pp. 29–51. Boston, MA: Harvard Business School Press〔邦訳　クレイトン・M・クリステンセン、スコット・D・アンソニー、エリック・A・ロス『イノベーションの最終解』櫻井祐子訳、翔泳社、2014年〕
3. 同上。
4. 以下を参照。'STOP - Telegram era over, Western Union says' from 2006: http://nbcnews.to/2mioF2U
5. McLeay, M., A. Radia and R. Thomas. 2014. Money creation in the modern economy. *Quarterly Bulletin,* Bank of England, January.
6. Malkin, L. 2008. *Krueger's Men: The Secret Nazi Counterfeit Plot and the Prisoners of Block 19.* Boston, MA: Back Bay Books.

第6章

1. とはいえ、SF作家にとっては想像できない話ではなかった。例として、ロバート・ハインライン『未知の地平線』（斎藤伯好訳、早川書房、1986年）を参照。
2. だが、この映画についての世界的権威であるヴァージニア大学のラナ・シュワルツに話を聞いたところ、直接的な経済的支援があったという証拠はないと言われた。
3. Nocera, J. 1994. Here come the revolutionaries. In *A Piece of the Action: How the Middle Class Joined the Money Class,* pp. 89–105. New York: Simon & Schuster〔邦訳　ジョセフ・ノセラ『アメリカ金融革命の群像』野村総合研究所訳、野村総合研究所情報リソース部、1997年〕
4. 同上。
5. Lascelles, D. 2016. A walk on the Wilde side. *Financial World,* April, p. 34.
6. Hock, D. 2005. House of cards. In *One from Many: VISA and the Rise of Chaordic Organization,* pp. 75–88. San Francisco, CA: Berret-Koehler.
7. Day, J., and J. Reed. 2001. A brand new line. In *The Story of London's Underground,* pp. 158–173. London: Capital Transport.
8. Ellis, D. 1998. The effect of consumer interest rate deregulation on credit card volumes, charge-offs, and the personal bankruptcy rate in bank trends. *SSRN Electronic Journal,* March.
9. モイゼス・ナイムの著書『Illicit: How Smugglers, Traffickers and Copycats are Hijacking the Global Economy』（2010年）で、国境を越えた事業規模の組織犯罪の誕生については楽しく読めた。
10. この話について議論しているときに支払業界の専門家スコット・ロフテスネスがツイッターでつぶやいたことだが、私たちは犯罪の「割れた窓」理論を忘れてはならない。
11. Nilson Report. 2013. Global card fraud losses reach $11.27 billion. Nilson Report, August, p. 1.
12. Calder, N. 1956. Automation in banking. *New Scientist,* 29 November, p. 18.

13. *New Scientist.* 1961. How far have the banks gone with automation? *New Scientist,* 29 April, p. 278.
14. 銀行のオンラインガイドを参照。http://bit.ly/2miUEzL
15. Benson, C., and S. Loftesness. 2012. Core systems: ACH. In *Payment Systems in the US.* San Francisco, CA: Glenbrook.
16. 出典はコンサルタント会社キャップジェミニの「ワールド・ペイメント・レポート」www.worldpaymentsreport.com

第 7 章

1. ただし、鉄道会社サウスウェスト・トレインズだけは例外だ。ここの券売機だけが非接触型の支払方法に対応しておらず、アプリ内の決済手段も提供してくれていない。
2. http://bbc.in/2fjzkYf
3. Omwansa, T., and N. Sullivan. 2012. *Money, Real Quick: The Story of M-Pesa.* London: Guardian Books.
4. ニックがアイデアを発展させるためにコンサルト・ハイペリオンを引き入れたのはこのときだったが、私は慎み深いのでそんなことは大きな声では言えない。
5. コンサルト・ハイペリオンは当時、かなり詳細な運用リスク監査を実施する依頼を中央銀行から受けていた。
6. コンサルト・ハイペリオンは、ソフトウェアやバックオフィスでの確認に頼るよりも、ハードウェアを使ったセキュリティ（つまり SIM カードを使ったもの）を推奨した。
7. Iazzolino, G., and N. Wasike. 2015. The unbearable lightness of digital money. *Journal of Payment Strategy and Systems* 9(3), 229–241.
8. Bergen, M. 2013. Mobile payment startups face reluctant Indian consumers. Blog, *New York Times,* 4 October.
9. Realini, C., and K. Mehta. 2015. Mobile phones are a potent solution. In *Financial Inclusion at the Bottom of the Pyramid,* p. 256. Victoria, BC: Friesen Press.
10. King, B. 2014. Why kids don't have signatures. *Medium,* 5 May.
11. NPR, Planet Money, Episode 564, 29 August 2014.
12. もちろん、これは完全に仮想のケーススタディだ。

第 8 章

1. Schmeidel, H., G. Kostova and W. Ruttenberg. 2012. The social and private costs of retail payment instruments: a European perspective. European Central Bank, September.
2. Cleland, V. 2015. Working together to deliver banknotes for the modern economy. Bank of England, 2 September.
3. 同上。
4. よく知られている話だが、イギリス人コメディアンのケン・ドッドは屋根裏部屋のトランクに33万6000ポンドを保管していた。

5. Drehmann, M., and C. Goodhart. 2000. Is cash becoming technologically outmoded? Or does it remain necessary to facilitate 'bad behaviour'? An empirical investigation into the determinants of cash holdings. London School of Economics.
6. *Economist.* 2014a. The treasure of darkness. *The Economist,* 11 October.
7. 2014年に電子マネーについて語った際、チャールズ・グッドハートは前進する方法として親切にも私の「プライバシー・マネー」関連の意見を引用してくれた。
8. van Hove, L. 2006. Why fighting cash is a worthy cause. *ProChip,* October.
9. Sargent, T., and F. Velde. 2002. Our model and our history. In *The Big Problem of Small Change,* pp. 373–374. Economic History of the Western World Series. Princeton University Press.
10. Agence France-Presse. 2013. Denmark frees Chinese duo held in 'fake' coin mix-up. URL: http://bit.ly/2nTnOFX（アクセス日2018年２月28日）
11. BBC. 2013. Chinese tourists detained in Paris over one-euro coins. URL: www.bbc.co.uk/news/world-europe-24524699（アクセス日2018年２月28日）
12. Pantaleone, W. 2014. Italy seizes 556,000 euros in fake coins minted in China. *Daily Mail,* 12 December.
13. Roberds, W. 1997. What's really new about the new forms of retail payment? *Economic Review,* 1 January.
14. Murphy, A. 1978. Money in an economy without banks. *The Manchester School* 46(1), 41–50.
15. Cockburn, P. 2015. We can all get by quite well without banks - Ireland managed to survive without them. *The Independent,* 12 July.

第９章

1. Keohane, D. 2015. Buiter on the death of cash. *FT Alphaville,* 10 April.
2. たとえば、以下を参照。Bolt 2006.
3. Bagnall J., Bounie D., Huynh K. P., Kosse A., Schmidt T., Schuh S. D. and Stix H. 2014. Consumer Cash Usage: A Cross-Country Comparison with Payment Diary Survey Data. Bundesbank Discussion Paper No. 13.
4. McWilliams, D. 2014. Prostitutes and software developers: a short history of the Italian black economy. Gresham College Shorts Lecture, 14 February.
5. Coyle, D. 2014. *GDP: A Brief but Affectionate History.* Princeton University Press〔邦訳　ダイアン・コイル『GDP』高橋璃子訳、みすず書房、2015年〕
6. Hill, K. 2014. 21 things I learned about Bitcoin living on it a second time. *Forbes,* 15 May.
7. Cohen, B. 2006a. New frontier. In *The Future of Money,* pp. 179–202. Princeton University Press.
8. Cameron, K. 2005. The laws of identity. Microsoft, 11 May.
9. Eco, U. 1986. *Travels in Hyper Reality.* San Diego, CA: Harcourt Brace.

第10章

1. Kobrin, S. 1997. Electronic cash and the end of national markets. *Foreign Policy* 107(Summer),

65.

2. Buiter, W. 2009. Negative interest rates: when are they coming to a central bank near you? *Financial Times* blogs, Maverecon, 7 May.
3. Wiesmann, G. 2009. ECB warns of eastern Europe risk as demand for euro cash rises. *Financial Times*, 10 July, p. 8.
4. Greenberg, A. 2013. Meet the 'assassination market' creator who's crowdfunding murder with Bitcoins. *Forbes,* 18 November.
5. Coyle, D. 1997. *The Weightless World: Strategies for Managing the Digital Economy.* Oxford: Capstone〔邦訳　ダイアン・コイル『脱物質化社会』室田泰弘・矢野裕子・伊藤恵子訳、東洋経済新報社、2001年〕
6. これは以下の概要部分を参照した。*Study on the Feasibility of Alternative Methods for Improving and Simplifying the Collection of VAT through the Means of Modern Technologies and/or Financial Intermediaries*（20 September 2010, http://bit.ly/2m3UWP0）.
7. *Financial Times.* 2015. The case for retiring another 'barbarous' relic. *Financial Times*, editorial, 23 August.
8. Ardizzi, G., C. Petraglia, M. Piacencza, F. Schneider and G. Turati. 2013. Money laundering as a financial sector crime–a new approach to measurement with application to Italy. Working Paper, Centre for Economic Studies & Ifo Institute.
9. Leigh, D., J. Ball, J. Garside and D. Pegg. 2015. HSBC files reveal mystery of Richard Caring and the £2m cash withdrawl. *The Guardian*, 9 February.
10. Bremner, C. 2014. Playboy Saudi prince 'blackmailed' after Paris ambush. *The Times,* 21 August.
11. Kenny, C. 2015. Why the world is so bad at tracking dirty money. *Bloomberg News,* 23 February.
12. これは、建築用語から借りてきた言葉だ。以下を参照。Zinnbauer, D. 2012. 'Ambient accountability': fighting corruption when and where it happens. Transparency International, 29 October.
13. ちなみにソマリアは、貨幣的進化における魅惑的なケーススタディだ。すでに 1 世代分は通貨というものがなく、人口の 3 割以上がモバイルマネー口座を持っている一方で、銀行口座を持っているのは10分の 1 にも満たないからだ。そして、流通している貨幣のほとんどが、偽造だ。
14. Blas, J. 2014. Africans face $2 billion yearly 'remittance supertax' says report. *Financial Times,* 16 April.
15. Wang, Z. 2010. Regulating debit cards: the case of ad valorem fees. *Federal Reserve Bank of Kansas City Economic Review,* First Quarter, p. 71.
16. van Hove, L. 2006. Why fighting cash is a worthy cause. *ProChip,* October.
17. Salter, J., and C. Wood. 2013. The power of prepaid. DEMOS, 30 January.
18. Schneier, B. 2011. Unanticipated security risk of keeping your money in a home safe. *Schneier on Security,* 15 April.
19. お気づきの通り、これは非常に可能性が低い話だ。何しろ、ウォーキングで最後

に自然災害が起きたのは、1万1700年前の氷河期なのだから。

20. Blomfield, A. 2009. Global currency 'could save world economy'. *Daily Telegraph,* 26 March.
21. Lelieveldt, S. 1997. How to regulate electronic cash. *American University Law Review* 46(4), 1163–1175.
22. Wandhofer, R. 2016. Ready in an instant. *Financial World,* February, p. 44.
23. Roberds, W. 1998. The impact of fraud on new methods of retail payments. *Economic Review,* Q1.
24. Buiter, W. 2009. Negative interest rates: when are they coming to a central bank near you? *Financial Times* blogs, Maverecon, 7 May.
25. ハワラとは、マネーブローカーの巨大なネットワークを使った非公式な決済システムで、主に中東、北アフリカ、アフリカの角とインド亜大陸にあり、銀行システムの外で機能している。
26. Davies, G. 1997. Monetary innovation in historical perspective. Consult Hyperion Digital Money Forum, London, 7 October.

第11章

1. Conway, E. 2014. Bedlam. In *The Summit: The Battle of the Second World War,* pp. 121–150. London: Little, Brown.
2. ケインズの狙いは、この調整を公平なものにする構想を立案することだった。世界中に商品を輸出して多額の余剰金を積み上げた国は、そこから商品を輸入している債務国と同様に不均衡の調整に責任を持つべきだというのが彼の主張だった。
3. Mayer, M. 1998. What money does. In *The Bankers: The Next Generation,* pp. 63–94. New York: Plume.
4. Conway, E. 2014. The Bretton Woods system. In *The Summit: The Battle of the Second World War,* pp. 365–385. London: Little, Brown.
5. Steil, B. 2007. The end of national currency. *Foreign Affairs,* May.
6. Steil, B. 2007. Digital gold and a flawed global order. *Financial Times*, 5 January.

第Ⅲ部

1. Steil, B. 2007. The end of national currency. *Foreign Affairs,* May.
2. King, M. 2016. The good, the bad and the ugly. In *The End of Alchemy,* pp. 15–50. London: Little, Brown.

第12章

1. Schlichter, D. 2011. Beyond the cycle: paper money's endgame. In *Paper Money Collapse,* pp. 221–240. Wiley.
2. Klein, M. 2000. Banks lose control of money. *Financial Times*, 15 January.
3. Levinson, T. 2009. The undoing of the whole nation. In *Newton and the Counterfeiter,* pp. 109–116. London: Faber & Faber.
4. Birch, D. 2001. Farewell then, Beenz. *The Guardian,* 27 September.

5. Watson, R. 2011. Scenarios for the future of money. Consult Hyperion Digital Money Forum, London, March.
6. Lanchester, J. 2016. When Bitcoin grows up. *London Review of Books* 38(8), 3–12.
7. Birch, D. 2000. Reputation not regulation. *The Guardian*, 2 November.
8. Lessin, S. 2013. Identity+30. South-by-Southwest Interactive, March, Austin, TX.
9. Levinson, T. 2009. The undoing of the whole nation. In *Newton and the Counterfeiter*, pp. 109–116. London: Faber & Faber.
10. Murphy, A. 1978. Money in an economy without banks. *The Manchester School* 46(1), 41–50.
11. Dyson, E. 2001. Who am I talking to? *New York Times Syndicate,* 21 May.
12. http://bit.ly/2nsczb2

第13章

1. Birch, D. 2015. What does cryptocurrency mean for the new economy. In *Handbook of Digital Currency* (ed. D. L. K. Chen). Academic Press.
2. Wallace, B. 2011. The rise and fall of Bitcoin. *Wired,* November.
3. Robinson, J. 2014. BitCon: the naked truth about Bitcoin. Amazon Digital Services, 26 September, p. 149.
4. Greenberg, A. 2011. Crypto currency. *Forbes,* 9 May, p. 40.
5. Badev, A., and M. Chen. 2014. Bitcoin: technical background and data analysis. Staff Working Paper, Divisions of Research & Statistics and Monetary Affairs, Federal Reserve, 7 October.
6. Friedman, M. 1992. *Money Mischief: Episodes in Monetary History.* Orlando, FL: Harcourt Brace Jovanovich〔邦訳　ミルトン・フリードマン『貨幣の悪戯』斎藤精一郎訳、三田出版会、1993年〕
7. Nuvolari, A. 2004. Collective invention during the British Industrial Revolution. *Cambridge Journal of Economics* 28(3), 347–368.
8. He, D., and 10 others. 2016. Virtual currencies and beyond: initial considerations. International Monetary Fund, January.
9. Evans, C. 2015. The blind economists and the elephant: Bitcoin and monetary separation. *Southwestern Journal of Economics* 11(1), 1–19.
10. King, M. 2016. The good, the bad and the ugly. In *The End of Alchemy,* pp. 15–50. London: Little, Brown.
11. Jansen, M. 2013. Bitcoin: the political 'virtual' of an intangible material currency. *International Journal of Community Currency Research* 17(A), 8–18.
12. Mougayar, W. 2016. Lighthouse industries and new intermediaries. In *The Business Blockchain,* pp. 109–123. Wiley〔邦訳　ウィリアム・ムーゲイヤー『ビジネスブロックチェーン』トーマツ監修、黒木章人訳、日経BP社、2016年〕
13. Peck, M. 2013. Ripple credit system could help or harm Bitcoin. *IEEE Spectrum,* 14 January.
14. Rosner, M., and A. Kang. 2016. Understanding and regulating twentyfirst century payment systems: the Ripple case study. *Michigan Law Review* 114(4), 648–681.
15. Kelleher, T. 2015. Ripple's overlooked path to decentralization. *American Banker,* 23 July.

16. Barrdear, J., and M. Kumhof. 2016. The macroeconomics of central bank issued digital currencies. Bank of England, July.
17. Raymaekers, W. 2015. Cryptocurrency Bitcoin: disruption, challenges and opportunities. *Payments Strategy and Systems* 9 (1), 22–29.
18. Swan, M. 2015. Limitation. In *Blockchain: Blueprint for a New Economy,* pp. 83–91. Sebastopol, CA: O'Reilly.
19. Wood, G., and A. Buchanan. 2015. Advancing egalitarianism. In *Handbook of Digital Currency* (ed. D. L. K. Chen), pp. 385–402. Academic Press.
20. DuPont, Q., and B. Maurer. 2015. Ledgers and law in the blockchain. *King's Review,* 22 June.
21. Shafik, M. 2016. A new heart for a changing payments system. Bank of England, 27 January.
22. King, M. 2016. Innocence regained: reforming money and banking. In *The End of Alchemy,* pp. 250–289. London: Little, Brown.
23. 彼はたぶん、私が直接会ったことのある人物の中で誰よりもマネーについて詳しい。
24. Issing, O. 2000. New techologies in payments: a challenge to monetary policy. European Central Bank, 28 June.
25. だが、「4C」というのは覚えやすいからしかたない。

第14章

1. McLeay, M., A. Radia and R. Thomas. 2014. Money creation in the modern economy. *Quarterly Bulletin,* Bank of England, January.
2. Dyson, B., and G. Hodgson. 2016. Digital cash: why central banks should start issuing electronic money. *Positive Money,* January.
3. Shuo, W., Z. Jiwei and H. Kan. 2016. Zhuo Xiaochuan interview. *Caxin Online,* 15 February.
4. Andolfatto, D. 2015. Should the Fed issue its own Bitcoin? *Newsweek,* 31 December.
5. Kay, J. 2013. A currency is anything that two people agree is a currency. *Financial Times,* 6 August.
6. *Economist.* 2014. Money from nothing. *The Economist,* 3 September.
7. White, L. 1989. Free banking as an alternative monetary system. In *Competition and Currency: Essays on Free Banking and Money,* pp. 13–47. New York University Press.
8. *Economist.* 2008. Under threat. The Economist, 7 February.
9. Hayek, F. A. 2007. *Denationalisation of Money.* London: Profile〔邦訳　F・A・ハイエク『貨幣発行自由化論』川口慎二訳、東洋経済新報社、1988年〕
10. Birch, D., and N. McEvoy. 1997. Technology will denationalise money. In *Financial Cryptography,* pp. 95–108. Springer.
11. Fung, B., S. Hendry and W. E. Weber. 2017. Canadian bank notes and dominion notes: lessons for digital currencies. Staff Working Paper, Bank of Canada, February.
12. Brown, R. 1973. The bank clerk goes electronic. *New Scientist,* 9 August, p. 307.
13. Radecki, L. 1999. Banks' payments-driven revenues. *Federal Reserve Bank of New York Economic Policy Review,* July, p. 53.
14. de Bono, E. 2002. The IBM dollar. In *The Money Changers* (ed. D. Boyle), pp. 168–170. Lon-

don: Earthscan.

15. Birch, D. 2014. *Identity Is the New Money.* London Publishing Partnership.
16. Hart, K. 2012. A crisis of money: the demise of national capitalism. *openDemocracy,* 14 March.
17. Lietaer, B. 2001. Work-enabling currencies. In *The Future of Money,* pp. 125–178. London: Century.
18. Groppa, O. 2013. Complementary currency and its impact on the economy. *International Journal of Community Currency Research* 17(A), 45–57.
19. Donado, R. 2011. Battered by economic crisis, Greeks turn to barter networks. *New York Times,* p. A8, 2 October.
20. Wolman, D. 2012. Time for cash to cash out? *Wall Street Journal,* Life & Culture, 11 February.
21. Castronova, E. 2014. *Wildcat Currency.* New Haven, CT: Yale University Press〔邦訳　エドワード・カストロノヴァ『「仮想通貨」の衝撃』伊能早苗・山本章子訳、角川EPUB選書、2014年〕
22. Kenny, C. 2014. Alternative currencies. Parliamentary Office of Science and Technology, August.
23. Groppa, O. 2013. Complementary currency and its impact on the economy. *International Journal of Community Currency Research* 17(A), 45–57.
24. Rushkoff, D. 2016. Reimagining money. *The Atlantic,* 7 March.
25. World Economic Forum. 2016. A blueprint for digital identity: the role of financial institutions in building digital identity. World Economic Forum, August.
26. Eco, U. 1986. *Travels in Hyper Reality.* San Diego, CA: Harcourt Brace.
27. Szabo, N. 1997. Formalizing and security relationships on public networks. *First Monday* 2(9).

第15章

1. Naqvi, M., and J. Southgate. 2013. Banknotes, local currencies and central bank objectives. *Bank of England Quaterly Bulletin,* Q4, p. 317.
2. Hart, K. 1999. The future of money and the market. In *The Memory Bank,* pp. 294–326. London: Profile.
3. 違うのはわかっている。だが、ここで言いたいのは別の話だ。
4. Hasse, R., and T. Koch. 1991. The hard ECU - a substitute for the D-Mark or a Trojan horse? *Intereconomics* 26(4), 159–166.
5. Naqvi, A. 2014. Cities, not countries, are the key to tomorrow's economies. *Financial Times,* Comment, 25 April.
6. Martin, F. 2013. The great monetary settlement. In *Money: The Unauthorised Biography,* pp. 109–122. London: Bodley Head.
7. http://bit.ly/2nYWWFu
8. Wolf, M. 2013. Capital gains fuels visions of a breakaway London. *Financial Times*, 17 May.

第16章

1. Birch, D. 2013. Talking 'bout your reputation. *Crossroads: The ACM Magazine for Students,* Fall, p. 32.
2. Bendell, J. 2015. What happens to democracy in a cashless society? *Transformation*, openDemocracy, 8 April.
3. Davidow, W., and M. Malone. 2015. How new technologies push towards the past. *Harvard Business Review,* 8 May.

第17章

1. King, M. 2016. Heroes and villains: the role of central banks. In *The End of Alchemy,* pp. 156–210. London: Little, Brown.
2. Bishop, M., and M. Green. 2012. *In Gold We Trust? The Future of Money in an Age of Uncertainty.* London: Economist Newspaper Limited.
3. Ringland, G. 2011. In Safe Hands? *The Future of Financial Services.* Newbury: SAMI.
4. Jacobs, J. 1985. *Cities and the Wealth of Nations.* Toronto: Random House〔邦訳 ジェーン・ジェイコブズ『都市の経済学——発展と衰退のダイナミクス』中村達也・谷口文子訳、ティビーエス・ブリタニカ、1986年；ジェイン・ジェイコブズ『発展する地域 衰退する地域——地域が自立するための経済学』中村達也訳、筑摩書房、2012年〕
5. Pentland, A. 2014. Social physics and the human centric society. In *From Bitcoin to Burning Man and Beyond* (ed. D. Bollier and J. Clippinger), pp. 3–10. Boston, MA: ID3.
6. World Economic Forum. 2016. A blueprint for digital identity: the role of financial institutions in building digital identity. World Economic Forum, August.
7. 'Money creation and society', *Hansard*, 20 November 2014, Column 434.

第18章

1. 私はこのキャッシュレスに向けたマニフェストを2016年にコペンハーゲンで開かれた『Money2020 Europe』というイベントで発表した。

2. van Hove, L. 2006. Why fighting cash is a worthy cause. *ProChip,* October.

巻末付録

1. Oliver 2012.
2. Fiege M., 2012. The Republic of Nature: An Environmental History of the United States. University of Washington Press.
3. Mai, H. 2014. US payments keep going electronic. Deutsche Bank Research, 18 February.
4. Iazzolino, G., and N. Wasike. 2015. The unbearable lightness of digital money. *Journal of Payment Strategy and Systems* 9(3), 229–241.
5. Foss, A. 2013. The cashless society is closer than you think. *ScienceNordic,* 7 May.
6. Rugaard, M. 2014. Money, money, money - but not in cash. *Digital Values,* January, p. 16.
7. *Economist.* 2016. WeChat's world. *The Economist,* 6 August.

8. Wildau, G. 2016. China banks starved of big data as mobile payments rise. *Financial Times*, Financials, 29 August.
9. 'Text of prime minister's address to the nation,' Press Information Bureau, Government of India（8 November 2016）.
10. Bergen, M. 2013. Mobile payment startups face reluctant Indian consumers. Blog, *New York Times,* 4 October.
11. Realini, C., and K. Mehta. 2015. Mobile phones are a potent solution. In *Financial Inclusion at the Bottom of the Pyramid,* p. 256. Victoria, BC: Friesen Press.
12. Shepard, W. 2016. A cashless future is the real goal of India's demonetization move. *Forbes,* 14 December.
13. Ja-young, Y. 2016. Korea shifting to cashless society. *Korea Times,* 1 March.
14. Reuters. 2015. Denmark moves step closer to being a cashless country. *Daily Telegraph,* 6 May.
15. *Economist.* 2011. Mo money mo problems. *The Economist,* 24 July.
16. Munford, M. 2012. Somaliland's mobile payments boom. *The Kernel,* 18 May.
17. Selgin, G. 2008. Britain's big problem. In *Good Money: Birmingham Button Makers, the Royal Mint, and the Beginnings of Modern Coinage 1775–1821,* pp. 4–37. Ann Arbor, MI: Univerisity of Michigan Press.